スポーツ事故の
法的責任と予防

競技者間事故の判例分析と補償の在り方

日本スポーツ法学会
事故判例研究専門委員会（編）
❖
望月浩一郎・棚村政行・入澤充（編著）

道和書院

はじめに

本書のねらいと構成

　本書は，スポーツ法学を学ぶ学生，スポーツ指導に当たる競技指導者，大会を主催するスポーツ団体関係者，スポーツ紛争に対応する法曹実務家に向け，スポーツの競技者間で生じた事故に対する法的責任と関連する諸問題を扱ったものである。特に，本書は，競技者間の事故に対する法的責任を論ずるだけでは無く，スポーツ事故の予防の実務や事故後の被害者の補償の在り方についても，具体的に分析し，論じた点に特質がある。本書は，これまでのスポーツ事故関連書籍には類を見ない切り口として，スポーツの競技者間における事故について，予防から事後の補償まで広く関連する法的問題を対象とすることで，スポーツ現場に携わる各関係者からスポーツ法を志す学生まで，幅広い読者層をカバーする書籍の完成を目指した。

　本書の出発点となったのは，令和2年10月31日に共催された日本スポーツ法学会と国士舘大学大学院法学研究科によってシンポジウム「スポーツ事故と法的責任～競技関係者の法的責任をめぐる日本の裁判例の分析と海外の動向～」である。同シンポジウムでは，国士舘大学大学院法学研究科の入澤充教授の協力を得て，日本スポーツ法学会会員の相川大輔弁護士（大阪弁護士会），飯田研吾弁護士（第二東京弁護士会），松原範之弁護士（神奈川県弁護士会），横山幸祐氏（国士舘大学法学研究科博士課程）が競技者同士のスポーツ事故に関する裁判例を紹介して分析し，棚村政行教授（早稲田大学法学学術院，弁護士）がスポーツ事故と民事責任における日本の裁判例の分析と海外の動向を紹介し，望月浩一郎弁護士（東京弁護士会）がスポーツ事故の予防に向けた具体的な解説と提言を行った。

　同シンポジウムは，日本スポーツ法学会事故判例研究専門委員会が，現在も繰り返されるスポーツ関連事故を可及的に防止していくため，研究者，法曹実務家，スポーツ関係者等の相互の連携と協力の下で，スポーツの現場の実情を意識した研究をより一層深めていく一環として，国士舘大学大学院法学研究科と共催したものであった。これまで，広くスポーツ事故事例を扱ったシンポジウムや書籍は存在したが，同シンポジウムにおいては，スポーツの現場を意識した研究を深める視点から，競技者同士のスポーツ事故を対象として限定し，競技の特徴等による一定の類型化を試みながら，判例等の分析を踏まえて競技規則と法的責任の関係性に考察を加えることから出発し，さらに発展して，スポーツ事故を防ぐ安全なプレーと安全指導の在り方に関する議論まで行った。これは，スポーツ事故が発生した場合，競技規則を守っていた場合と守っていなかった場合で，事故に対する競技者の責任は異なるのか，さらには，スポーツの種類によって違いは生じるのか，という視点から出発したものである。

このシンポジウムで得られた成果を基として，シンポジウムの時間的制約を離れ，より理論的にも実務的にも議論を深めた結果を広く提供するために本書は企画された。競技者同士のスポーツ事故に関する法理論や競技規則に関する考察をし，類型ごとに対象とすべき判例・裁判例をより多く取り上げて解説を試み，加えて，事故が起きた後の補償や調査方法まで広く紹介して，議論の対象とするため，本書籍は19名の執筆者の協力の下で作成された。

　そのため，本書の構成は，スポーツ事故における法理論の整理や，競技規則との関係に関する法的考察，我が国を含めた各国の法理論等の比較分析から始まり，具体的な国内の判例・裁判例を紹介して分析を加えた上で，事故を防ぐための法的観点からのアドバイスまで踏み込み，さらには，事故が生じた場合の補償の必要性やその在り方についても，諸外国との比較や予防の施策としての事故調査方法まで広く網羅した上で論じるものとなった。

　具体的には，まず，第1部において，第1章でスポーツ事故問題と法理論の基本的理解を深めるために固有法と国家法の関係について整理し，第2章でスポーツ事故における競技規則の機能と限界について整理した上での類型化を試み，第3章でスポーツ事故と法的責任に関する法理論について我が国の学説を整理して判例・裁判例を概観した上で，諸外国の法理論と裁判例を渉猟した。次に，第2部においては，第1部で整理された法的知識を前提として，競技者同士のスポーツ事故の類型に従い，11名の執筆者が具体的な判例・裁判例を紹介して分析し，試論として，法的観点からスポーツ事故予防を論じることを試みた。そして，第3部においては，スポーツ活動を安心して行うための社会制度の確立に向け，スポーツ事故賠償責任保険の拡充の必要性を論じた上で，諸外国の補償の在り方を整理して紹介し，事故予防の施策としての事故調査方法を具体的に説明した。

　スポーツ事故に関する法的研究と判例等の分析にとどまらずに，スポーツ事故の予防をスポーツ現場での当然の前提としてもらうため，本書が特に対象とするのは，スポーツ関係者や今後スポーツに携わるべきスポーツ法学を志す学生である。もちろん，スポーツ事故に携わる法曹実務家にとっても，法理論のみならず，判例・裁判例の紹介と分析の観点から実務的に役立ち得る内容を目指した。

　本書を参考として，スポーツ現場における競技者の事故が少しでも減ることを願うと共に，本書の企画・執筆に協力いただいた関係諸氏，編集に尽力下さった道和書院の片桐文子氏に心から感謝を申し上げる。また，今後発展を続けるスポーツ法学に携わる誰しもにとって，本書が共に研鑽を続ける一助となることを願う。

令和4年春

阿部　新治郎

（弁護士　井澤・黒井・阿部法律事務所）

Contents

はじめに　本書のねらいと構成（阿部新治郎）　…………………………………　3

第1部　事故予防における競技規則の機能と限界 … 13

第1章　スポーツ事故と法理論（入澤充）…………………………… 15
　　　　　──スポーツ固有法（競技規則）と国家法（制定法）との関係

　1 スポーツのあるべき姿と問題解決及び課題形成 …………………… 15
　　(1) スポーツ界の「問題」と「課題」を考える視点……15
　　(2) スポーツのあるべき姿とは……15

　2 スポーツ事故研究──競技規則と国家法の関係からの考察 ………… 16
　　(1) 日本スポーツ法学会のスポーツ事故と法的責任研究の取り組み……16
　　(2) スポーツ事故研究の「問題」と「課題」……16
　　(3) スポーツ国家法の「遠慮」……18
　　(4) ルールに違反しなければ必ず違法性は阻却されるのか……20

　3 スポーツ事故と法的責任研究の課題 ………………………………… 23
　　(1) スポーツ活動と安全の確保……23
　　(2) スポーツ固有法研究の課題──特にプレイヤー自身の安全認識と指導者資格について……24
　　(3) 残された課題……24

第2章　事故予防における競技規則の機能と限界（望月浩一郎）…… 27
　1 はじめに………………………………………………………………… 27
　2 部分社会の内部的な係争と司法判断の限界──法律上の争訟 ………… 28
　3 競技者に対する「生命・健康に対する侵害」と違法性の阻却 ………… 31
　　(1) スポーツに内在する危険と違法性阻却……31
　　(2) 許容される法益侵害の限界……33
　　(3) スポーツの有する社会的な価値……36
　　(4) スポーツとして社会的に認知されるための要件……38
　4 競技団体の競技規則の目的と限界 …………………………………… 40
　　(1) 競技規則の目的と競技規則による「生命・健康に対する重大な侵害」の回避……40
　　(2) 競技規則で禁止されていないプレーヤーの行為は、常に「正当な業務による行為」となるのか……40

Contents

（3）競技規則が前提としない試合におけるプレーヤーの行為と競技規則の限界
……42

（4）練習中のプレーヤーの行為と競技規則の限界……49

（5）他者と競うことを目的としないスポーツ活動中のプレーヤーの行為と競技
規則の限界……51

5 まとめ ………………………………………………………………………………… 58

第3章　スポーツ事故と民事責任 （棚村政行） ………………………… 63

1 はじめに ……………………………………………………………………………… 63

2 日本における裁判例 ………………………………………………………………… 64

（1）ママさんバレーボール負傷事件……64

（2）スキーヤー同士の接触・衝突事故事件……65

（3）草野球大会スライディング負傷事件……66

（4）スノーボードクロス競技中の転倒衝突での負傷事件……67

（5）ボクシングジムでのスパーリング後意識不明事件……68

（6）大学ラグビーのリーグ戦での危険タックルによる負傷事件……69

（7）社会人サッカーリーグでの試合中のトラップボールでの接触負傷事件……70

（8）総合格闘技ジムでキックボクシングの対面練習中の負傷事件……71

（9）社会人サッカーでの練習試合中のスライディング負傷事件……72

（10）自転車リングリレーの競技者間での衝突事故事件……73

（11）バドミントンのダブルスの練習中のペア間の負傷事件……74

3 スポーツ事故と民事責任 ………………………………………………………… 75

（1）スポーツ事故の類型・責任主体の多様性と不法行為責任……75

（2）裁判例・学説の動向……77

4 アメリカにおけるスポーツ事故と損害賠償責任法理 ……………………… 79

（1）不法行為の損害賠償責任とネグリジェンス法理……79

（2）ネグリジェンス訴訟と危険の引き受け・比較過失法理……81

5 アメリカにおける裁判例 ………………………………………………………… 82

（1）空手のスパーリング中の負傷事件……82

（2）タッチフットボールの試合中の負傷事件……83

（3）アマチュア・ボクシングの練習中の死亡事故……85

（4）大学ラグビーの試合中の受傷事件……87

（5）ラグビーの試合中の事故での重過失事件……88

（6）ラグビー試合中の事故（5）の加害選手に対する損害賠償請求事件……90

(7) 脳損傷で死亡したアメフトの選手の妻が全米大学体育協会(NCAA)を訴えた
　　事件……91

(8) バスケットボールのリクリエーションの試合中の受傷事件……93

6 イギリス・オーストラリアでのスポーツ事故と民事責任の概観 ……… 95

7 おわりに ……………………………………………………………… 97

第2部　判例分析 …………………………………………………… 99

第4章　判例にみるスポーツ事故の原因と予防 ……………… 101

第1節　格闘技における事故（横山幸祐）………………………… 101

1 はじめに ………………………………………………………… 101

2 三つの事案の概要・判決要旨・分析 ………………………… 102

(1) 東京地裁平成29年11月1日判決……102

(2) 水戸地裁平成10年12月16日判決……103

(3) 札幌地裁平成9年7月17日判決……104

3 事故予防のポイント ………………………………………… 107

第2節　サッカーゴールポスト負傷事故（中嶋翼）…………… 110
　　　　　横浜地裁横須賀支部昭和52年9月5日判決

1 はじめに ………………………………………………………… 110

2 事案の概要 ……………………………………………………… 110

3 判決の要旨と分析 …………………………………………… 110

4 事故予防のポイント ………………………………………… 112

(1) 検討の前提──サッカー競技規則……112

(2) 本判決の疑問点……113

(3) 本事案における事故防止策の検討……115

(4) 近時の裁判例を踏まえた補足……116

Contents

第3節　サッカー競技中ファウル負傷事故（松原範之）……………………… 119
東京地裁平成28年12月26日判決

1　はじめに……………………………………………………………… 119

2　事案の概要…………………………………………………………… 119

3　判決の要旨…………………………………………………………… 120

4　分析…………………………………………………………………… 123

5　関連判例の検討……………………………………………………… 125

6　事故予防のポイント………………………………………………… 126

(1) プレーヤーの安全を確保するためのルールの遵守……126
(2) リスペクト・フェアプレー……127
(3) ルール違反に対する懲罰（ペナルティー）について……127
(4) 事後検証資料の保存……128

第4節　バドミントン競技中負傷事故（岡本大典）………………………… 129
東京高裁平成30年9月1日判決

1　はじめに……………………………………………………………… 129

2　事案の概要…………………………………………………………… 129

3　判決の要旨…………………………………………………………… 130

4　分析…………………………………………………………………… 131

5　加害競技者の注意義務から導かれる事故予防のポイント………… 132

6　裁判当事者以外の責任主体を踏まえた事故予防のポイント……… 132

第5節　技量・経験・運動能力に応じた競技規則の修正と事故予防
（多賀啓）……………………………………………………………… 134

1　はじめに……………………………………………………………… 134

2　裁判例の分析………………………………………………………… 134

(1) 長野地裁佐久支部1995年3月7日判決……134
(2) 関連裁判例……137

3　事故予防のポイント………………………………………………… 139

(1) 大会主催者による競技規則の加除修正……139

（2）大会主催者による周知徹底……139

（3）審判員・運営スタッフによる制御……140

（4）プレーヤーによるフォロー……140

第 6 節　ゴルフの競技者同士の事故（堀田裕二）……………………… 141
東京地裁平成元年 3 月 30 日判決

1 はじめに……………………………………………………………… 141

2 事案の概要…………………………………………………………… 141

3 裁判所の判断………………………………………………………… 142

4 分析…………………………………………………………………… 142

5 加害競技者の注意義務から導かれる事故予防のポイント………… 143

（1）後行プレーヤーの打球が先行プレーヤーにあたった事例……143

（2）プレーヤーが打った打球が同伴プレーヤーにあたった事例……144

（3）先行プレーヤー，同伴プレーヤー以外の者にあたった事例……145

（4）実際の対応についての考察……145

6 裁判当事者以外の責任主体を踏まえた事故予防のポイント……… 146

（1）施設管理者としてのゴルフ場運営会社の責任……146

（2）キャディーの使用者としてのゴルフ場運営会社の責任……147

第 7 節　市民地区運動会における事故（冨田英司）……………………… 149
東京高裁平成 30 年 7 月 19 日判決

1 はじめに……………………………………………………………… 149

2 事案の概要…………………………………………………………… 149

3 裁判所の判断………………………………………………………… 150

4 分析…………………………………………………………………… 151

5 加害競技者の注意義務から導かれる事故予防のポイント………… 153

6 裁判当事者以外の責任主体を踏まえた事故予防のポイント……… 153

（1）主催者による適切な計画策定と説明……153

（2）主催者による競技環境の整備 ……155

7 まとめ………………………………………………………………… 156

Contents

第8節　高校野球部練習中の事故（飯田研吾）……………………… 157
大阪地方裁判所平成 11 年 7 月 9 日判決

1 はじめに…………………………………………………………… 157

2 事案の概要 ……………………………………………………… 157

3 裁判所の判断 ……………………………………………………… 158

4 分析 ……………………………………………………………… 159

（1）練習特有の規則・ルール……159
（2）責任能力……160

5 関連判例の検討 ………………………………………………… 161

（1）名古屋地裁平成 18 年 11 月 28 日判決……161
（2）横浜地裁昭和 63 年 3 月 30 日判決……161
（3）神戸地裁尼崎支部平成 11 年 3 月 31 日判決……162

6 競技規則の限界をふまえた練習時の事故予防のポイント …………… 163

（1）プレーヤーに求められること……163
（2）指導者・コーチに求められること……164

第9節　スキーヤー同士衝突事故（合田雄治郎）……………………… 167
最高裁第二小法廷平成 7 年 3 月 10 日判決

1 はじめに…………………………………………………………… 167

2 事案の概要 ……………………………………………………… 167

3 裁判所の判断 ……………………………………………………… 168

4 分析 ……………………………………………………………… 169

5 関連判例の検討 ………………………………………………… 170

6 事故予防のポイント …………………………………………… 171

（1）スキー場利用者の事故予防……171
（2）その他の関係者のスキー場での事故予防……172

第10節　サーフィン中接触事故（飯島俊・三輪渉）……………………… 174
大阪地裁平成 9 年 6 月 13 日判決

1 はじめに…………………………………………………………… 174

2 事案の概要 ……………………………………………………… 174

3 裁判所の判断 ──────────────────────── 175

4 分析 ──────────────────────────── 176

5 水上スポーツにおける事故予防のポイント ────── 177

6 まとめ ──────────────────────────── 179

第3部　スポーツ事故の予防と補償 ────────── 181

第5章　スポーツ事故の予防と補償 ─────────── 183
─スポーツ活動を安全に行うための社会制度の確立

第1節　スポーツ事故の現状と保険の概要（相川大輔・中村周平）────── 184

1 日本のスポーツ事故をとりまく現状 ───────── 184

2 スポーツ事故により生じる「損害」 ───────── 185

3 保険制度の現況 ───────────────── 186

(1) 公的保障……186

(2) 傷害保険……188

(3) 損害賠償責任保険……191

(4) その他……193

4 訴訟の中での保険金の扱い──弁済、損益相殺について ────── 194

(1) 傷害保険金の支払……194

(2) 損害賠償責任保険に基づく支払……195

5 まとめ ─────────────────── 195

第2節　スポーツ事故対応の課題と海外の動向（川井圭司・中村周平）
──────────────────────── 197

1 スポーツにおける重篤な事故の現状と対応 ───── 197

2 スポーツ事故対応をめぐる課題 ─────────── 197

3 不法行為責任による被災者の救済とその限界 ──── 198

4 海外でのスポーツ事故対応 ───────────── 200

Contents

（1）ニュージーランド……200

（2）オーストラリア……202

（3）アメリカ……203

5 まとめ ……………………………………………………………………… 204

第3節　スポーツ事故の調査方法
　　　──**スキー場における事故の記録**（水沢利栄）………………… 206

1 はじめに…………………………………………………………………… 206

2 日本のスキー場における事故直後の対応と記録 ………………… 206

3 アメリカのスキー場での事故調査方法 ……………………… 208

（1）アメリカの事故報告書（Incident Report）……208

（2）スキースクールでの事故報告書……210

（3）対人衝突事故における追加記録の概略……211

（4）対人衝突事故の追加記録の内容とその意義……212

（5）リスクマネージャーの判断とAチームによる事故調査について……214

（6）Aチームによる事故調査……214

（7）Aチームによる事故調査の方法……215

4 事故の態様の把握と裁判での対応 ……………………………… 217

（1）モデル人形の活用と動画……217

（2）記憶の記録……218

（3）類似の衝突場面……218

（4）裁判における進行協議期日と実況見分……219

（5）衝突の再現実験……220

（6）自ら撮影する事故時の証拠映像……221

（7）目撃者を探す方法……222

（8）スキー場の定点映像の提供協力……222

5 まとめ ……………………………………………………………………… 222

おわりに　スポーツ事故の予防に向けた今後の課題（阿部新治郎）…… 224

第1部

事故予防における
競技規則の機能と限界

　スポーツ活動中に，競技規則に逸脱したプレー（行為）で相手に被害を与え，損害が生じた場合の法的責任について検討する。

　令和2年10月31日に開催されたシンポジウム「スポーツ事故と法的責任」の終了後に，日本スポーツ法学会事故判例研究専門委員会の会員による研究討議で出された意見を参考に，従来のスポーツ事故の法的責任論において「多数説」であった「スポーツの本質的危険に同意している限りにおいて加害者の違法性は阻却される」という理論の再検討を行う。

Contents

第 1 章　スポーツ事故と法理論 …………… 15
　　　──スポーツ固有法（競技規則）と国家法
　　　（制定法）との関係

1　スポーツのあるべき姿と問題解決及び課題形成 … 15
　（1）スポーツ界の「問題」と「課題」を考える視点
　　　………………………………………………… 15
　（2）スポーツのあるべき姿とは ………………… 15
2　スポーツ事故研究──競技規則と国家法の関係から
　の考察 ……………………………………………… 16
　（1）日本スポーツ法学会のスポーツ事故と法的責任
　　　研究の取り組み ……………………………… 16
　（2）スポーツ事故研究の「問題」と「課題」 …… 16
　（3）スポーツ国家法の「遠慮」 ………………… 18
　（4）ルールに違反しなければ必ず違法性は阻却され
　　　るのか ………………………………………… 20
3　スポーツ事故と法的責任研究の課題 ………… 23
　（1）スポーツ活動と安全の確保 ………………… 23
　（2）スポーツ固有法研究の課題──特にプレーヤー
　　　自身の安全認識と指導者資格について ……… 24
　（3）残された課題 ………………………………… 24

第 2 章　事故予防における競技規則の機能と
　　　　限界 ……………………………………… 27

1　はじめに ………………………………………… 27
2　部分社会の内部的な係争と司法判断の限界──法律
　上の争訟 …………………………………………… 28
3　競技者に対する「生命・健康に対する侵害」と違法
　性の阻却 …………………………………………… 31
　（1）スポーツに内在する危険と違法性阻却 …… 31
　（2）許容される法益侵害の限界 ………………… 33
　（3）スポーツの有する社会的な価値 …………… 36
　（4）スポーツとして社会的に認知されるための要件
　　　………………………………………………… 38
4　競技団体の競技規則の目的と限界 …………… 40
　（1）競技規則の目的と競技規則による「生命・健康
　　　に対する重大な侵害」の回避 ……………… 40
　（2）競技規則で禁止されていないプレーヤーの行為
　　　は，常に「正当な業務による行為」となるのか
　　　………………………………………………… 40
　（3）競技規則が前提としない試合におけるプレー
　　　ヤーの行為と競技規則の限界 ……………… 42
　（4）練習中のプレーヤーの行為と競技規則の限界… 49
　（5）他者と競うことを目的としないスポーツ活動中
　　　のプレーヤーの行為と競技規則の限界 ……… 51
5　まとめ …………………………………………… 58

第 3 章　スポーツ事故と民事責任…………… 63

1　はじめに ………………………………………… 63
2　日本における裁判例 …………………………… 64
　（1）ママさんバレーボール負傷事件 …………… 64
　（2）スキーヤー同士の接触・衝突事故事件 …… 65
　（3）草野球大会スライディング負傷事件 ……… 66
　（4）スノーボードクロス競技中の転倒衝突での負傷
　　　事件 …………………………………………… 67
　（5）ボクシングジムでのスパーリング後意識不明事
　　　件 ……………………………………………… 68
　（6）大学ラグビーのリーグ戦での危険タックルによ
　　　る負傷事件 …………………………………… 69
　（7）社会人サッカーリーグでの試合中のトラップ
　　　ボールでの接触負傷事件 …………………… 70
　（8）総合格闘技ジムでキックボクシングの対面練習
　　　中の負傷事件 ………………………………… 71
　（9）社会人サッカーでの練習試合中のスライディン
　　　グ負傷事件 …………………………………… 72
　（10）自転車リングリレーの競技者間での衝突事故
　　　事件 …………………………………………… 73
　（11）バドミントンのダブルスの練習中のペア間の
　　　負傷事件 ……………………………………… 74
3　スポーツ事故と民事責任 ……………………… 75
　（1）スポーツ事故の類型・責任主体の多様性と不法
　　　行為責任 ……………………………………… 75
　（2）裁判例・学説の動向 ………………………… 77
4　アメリカにおけるスポーツ事故と損害賠償責任法理
　　　………………………………………………… 79
　（1）不法行為の損害賠償責任とネグリジェンス法理
　　　………………………………………………… 79
　（2）ネグリジェンス訴訟と危険の引き受け・比較過
　　　失法理 ………………………………………… 81
5　アメリカにおける裁判例 ……………………… 82
　（1）空手のスパーリング中の負傷事件 ………… 82
　（2）タッチフットボールの試合中の負傷事件 …… 83
　（3）アマチュア・ボクシングの練習中の死亡事故… 85
　（4）大学ラグビーの試合中の受傷事件 ………… 87
　（5）ラグビーの試合中の事故での重過失事件 …… 88
　（6）ラグビー試合中の事故（5）の加害選手に対する
　　　損害賠償請求事件 …………………………… 90
　（7）脳損傷で死亡したアメフトの選手の妻が全米大
　　　学体育協会（NCAA）を訴えた事件 ………… 91
　（8）バスケットボールのリクリエーションの試合中
　　　の受傷事件 …………………………………… 93
6　イギリス・オーストラリアでのスポーツ事故と民事
　責任の概観 ………………………………………… 95
7　おわりに ………………………………………… 97

第1章 スポーツ事故と法理論

──スポーツ固有法（競技規則）と国家法（制定法）との関係

1　スポーツのあるべき姿と問題解決及び課題形成

(1) スポーツ界の「問題」と「課題」を考える視点

　本稿は，スポーツ活動中[1]の事故の法的問題を考察する上で基本的に押さえておかなければならない「問題」と「課題」について言及することを目的とする。

　まず最初に「問題」と「課題」の捉え方について提示したい。

　団体や集団（以下，組織）の中で「困ったこと」が発生したらそれを解決しなければ組織活動は停滞していく。困ったこと，つまり「問題」とは「あるべき姿と実際の姿のズレを誰かが感じている」[2]と定義されている。問題を感じながら放置して同じことを繰り返したら組織の発展は望めない。

　例えば，スポーツ活動中に負傷事故等が発生したら，なぜそのようなことが起こったのか原因を究明し，問題点を明らかにする必要がある[3]。そして再発防止策の立案を行うことでスポーツ事故予防につながっていく。

　スポーツ事故だけではなく，スポーツ活動中には様々な「問題」＝「ズレ」が発生しているが，それはスポーツの「あるべき姿」が当事者達に理解されていないことが原因といえるだろう。

　問題解決のためには，まずスポーツの「理想」＝「あるべき姿」（理念）を明らかにしておく必要がある。そして「あるべき姿」に近づけていく，あるいは実現していくために「課題」[4]形成することがスポーツ事故と法的責任研究の深化に欠かせない。

(2) スポーツのあるべき姿とは

　スポーツのあるべき姿[5]は，スポーツをすることによって「心身の健全な発達，健康及び体力の保持増進，精神的な充足感の獲得，自律心その他の精神の涵養」（スポーツ基本法前文）が可能になるということだが，実際にスポーツ活動を行う時の「あ

(1) 本稿でスポーツ活動中と表記しているのは「競技中」に限定して捉えている。従って指導者や施設管理者の法的責任を追及した判例等については，本稿の論をそのまま適用するものではない。

(2) 宮崎民雄『福祉職場のマネジメント』36頁（エイデル研究所，2002年）。堀公俊『問題解決フレームワーク大全』17頁（日本経済新聞出版社，2015年）。

(3) スポーツ界の「事故問題」に関して「スポーツによって大きなケガをしたアスリートや，尊い命を奪われた犠牲者たち。「運が悪かった」で済まし，原因を分析すれば，指導者に問題があったと判明するかもしれない。指導力不足，指導者の人間性の問題，これらも追及される可能性もあろう。が，日本人社会には，スポーツ事故の際，なぜか指導者に免罪符を与える歴史的な伝統が沈殿していた印象を受ける。それは未熟な指導者の輩出に繋がることだ，と理解しておかなければならない。」という日本体育大学理事長の言説はスポーツ事故と法的責任検証の在り方について大きな示唆を与えている。松浪健四郎「反体罰・反暴力宣言」3頁（南部さおり『反体罰宣言──日本体育大学が超本気で取り組んだ命の授業』春陽堂書店，2019年）。

(4) 本稿では「課題」とは現在の状態を「改善する」「革新・改革する」という意味で捉える。

るべき姿（スポーツ法理念）」は「公平性，公正性，高潔性（健全性），安全性」等々であろう。これらは全てのスポーツに共通する「あるべき姿」である。

　競技中の「あるべき姿」とは，観客にはスポーツを観ることの楽しさや感動，競技者自身には達成感や充足感が「あるべき姿」となる。そして，スポーツには危険が内在しているという特徴から，競技中の「安全の確保」も「あるべき姿」となる。

　各競技団体は「あるべき姿」を基盤にして独自の競技規則（ルール）や様式を定め実施している。この競技規則（ルール，団体協約等）[6]をスポーツ法学研究では「スポーツ固有法」として捉えて研究が重ねられてきた。しかし一方で「スポーツ固有法は，法としては新しい種類の法であるから研究の蓄積がなく，その全貌を確認して体系化・理論化を完成するのはまだ先の課題に残す」[7]といった状況があるのも事実である。

2　スポーツ事故研究——競技規則と国家法の関係からの考察

(1) 日本スポーツ法学会のスポーツ事故と法的責任研究の取り組み

　日本スポーツ法学会では，スポーツ活動中の「事故問題と法的責任」に関して早くから取り組み，多くの研究実績を残してきている。日本スポーツ法学会年報は第 1 号から 13 号までは毎号，事故問題に関する論考を掲載し，1997 年の第 5 回大会では「スポーツ法の理念とスポーツ事故問題」，1998 年の第 6 回大会では「スポーツにおける違法性阻却」，2000 年の第 7 回大会では「スポーツ事故をめぐる諸問題」をシンポジウムテーマとして取り上げ検討を重ねてきた。その後も年報では 15 号から 18 号，21 号，24 号，25 号に事故問題の研究成果が掲載されている。

(2) スポーツ事故研究の「問題」と「課題」

　日本スポーツ法学会初代会長・千葉正士先生は，スポーツ法学が研究題材として「対象とする法は「スポーツ国家法」と「スポーツ固有法」という二つの面からである」と述べられている[8]。この二つの「法」から「スポーツ事故の法的責任」につ

(5) 例えば，日本学生野球憲章は「国民が等しく教育を受ける権利をもつことは憲法が保障するところであり，学生野球は，この権利を実現すべき学校教育の一環として位置づけられる。この意味で，学生野球は経済的な対価を求めず，心と身体を鍛える場である。

学生野球は，各校がそれぞれの教育理念に立って行う教育活動の一環として展開されることを基礎として，他校との試合や大会への参加等の交流を通じて，一層普遍的な教育的意味をもつものとなる。」（公益財団法人日本高等学校野球連盟 HP，2021，2，5）としているが，これは学生野球の「あるべき姿」である。学生野球指導者はこの意義を十分に理解しておかなければならない。さらに，公益財団法人日本プロサッカー協会の定款第 3 条（目的）で「プロサッカーを通じて日本のサッカーの水準の向上及びサッカーの普及を図ることにより，豊かなスポーツ文化の振興及び国民の心身の健全な発達に寄与するとともに，国際社会における交流及び親善に貢献する」と定めているが，サッカーを通じて豊かなスポーツ文化の向上や国際交流などに貢献しようという「あるべき姿」はサポーターを含めてサッカー関係者に求められている指針といえよう。

(6) なお，本稿ではフェアプレー・スポーツマンシップについては競技規則の基盤となる「倫理性」と位置づけたい。

(7) 千葉正士『スポーツ法学序説——法社会学・法人類学からのアプローチ』75 ～ 76 頁（信山社，2001 年）。

いてアプローチするとき，以下のような「問題」と「課題」を
整理しておかなければならない。

　スポーツは各競技団体が定めたルール（固有法）によって運
営，実施され，万が一競技中に事故が発生し，被害者が出たとし
ても「ルールの限度内」の行為は「正当行為」として評価され，
国家法を根拠として過失責任を追及しても違法性は阻却される，
という特殊性がある。競技中に負傷し，それによって入院加療が
必要となり生活権が侵害されても，あるいは重篤な事態，最悪は
死に至っても，加害者の行為が固有法（ルール）に基づいている
限り「正当行為」として「違法性が阻却される」と評価されて被
害者の救済がされないのであれば，それは「困ったこと」＝「問
題」として残ることになる。

　競技者同士のスポーツ事故のすべてがルールに違反しない限
り「正当行為」であり，その行為が悪質極まりない行為であると
誰が観てもわかるにもかかわらずルールの限度内だから「違法性
が阻却」されてしまうのではスポーツにおける「安全の確保」は
実現しない。そこで，スポーツ法学研究としてこの二つの「法」
（スポーツルールと国家法）の関係の精査が重要な「課題」となっ
てくるのである。本書においては，固有法から分析している望
月論文（第2章），スポーツ事故判例を基に国家法から分析をし
ている棚村論文（第3章）が上記「二つの法」の課題に応えてい
る。

　もっとも，「違法性の阻却問題」は，スポーツ事故訴訟が増え
るに従い，スポーツ活動中の全ての行為が「正当」であるという
評価は，判決によって見直されてきている事実がある[9]。この
視点からは，第4章でスポーツ事故判例を分析，違法性阻却論
について言及をしている。

　さらにスポーツ事故後の問題として，被害者の生活保障及び安
全の確保という点への言及が必ずしも活発ではなかったことを
「課題」として捉えて研究に取り組む必要があるだろう。

　スポーツ事故の「課題」は，以下の二つの視点からの検討が必
要である。一つは前述した内容とともにルールの中で「安全の確
保」についてどう徹底していくかということ，つまり固有法の中
でスポーツ事故をどう防ぐかということである。二つ目は，国家
法からは事故後の「補償」について検討することである。

(8) 前掲注（7），72頁以下。なお，
　千葉正士「スポーツ固有法の要件
　と事故・紛争に対する役割」61
　頁以下（日本スポーツ法学会年報
　第5号，1998年）も参照され
　たい。

(9) 例えば，大阪地裁平成11年7月
　9日判決で，高校野球部練習中に
　一塁を守っていた原告部員に三塁
　を守っていた被告が監督の指示と
　違うプレーをして負傷をさせてし
　まったことに対して，本件事故
　は「ダブルプレーを行う旨の指示
　を不注意で聞いていなかった」こ
　とが原因で発生したとして被告の
　過失を認定した。同裁判で被告
　は「本件事故は硬式野球というス
　ポーツを行う際に発生したもので
　あり，その競技の特質上，傷害の
　危険が内包されて」おり「硬式野
　球のルール上許された行為をして
　いたに過ぎない」と主張してい
　た。判決は「本件事故当時，当該
　高校野球部で行っていたダブルプ
　レーの練習は，試合におけるよう
　な，ルールに反しない限りで，自
　らが行うべきプレーを各選手が選
　択することが出来るような場合と
　は異なり，三塁手（被告）が監督
　のノックを受けた場合は，これを
　二塁に送球するというように，各
　自の行うべきプレーが固定化又は
　定型化された練習方法」であるか
　ら違法性阻却事由にはあたらない
　とした。

(3) スポーツ国家法の「遠慮」

　千葉正士先生はスポーツ法の特質として「スポーツが特殊な人間関係に基づく特有な文化であるために既成の法律論をそのまま適用できないことが明らかに理解できる。これは，スポーツ文化に対する国家法の尊重と言うより，むしろ「遠慮」である」[10]と言われている。千葉先生の主張する「国家法への遠慮」は詳しくは『スポーツ法学序説』38 頁以下を参照していただきたいが，本稿では千葉理論を敷衍して以下の二つの視点から捉えてみたい[11]。

　一つはスポーツ文化論の視点からである。各スポーツ団体が経験と歴史を積み重ねて定めてきた競技規則（ルール）に国家が介入してはならない，またさせてはならないという意味から，国家法は各スポーツ団体が決めたルールには介入しない（できない），と捉えるべきだろう。そのために団体運営者は所属するスポーツ団体の自治性・自主性の意味を理解し運営に携わること。そして競技者達はスポーツの意義，目的，理念を明確に理解した上で取り組むことが要求されている。

　二つ目は，スポーツ活動中に競技者の加害行為によって事故が発生し紛争に発展したときに「スポーツルールに則って行われていた競技中の事故」だから加害者に法的責任は及ばないとして「国家法が遠慮」してしまう問題である。重篤な事態，あるいは死に至ってしまった被害者の人権が国家法の遠慮によって「侵害」されたままでよいのかということが，人権としてのスポーツの在り方として浮上してくる。その事例を端的に示す判例としてよく以下の二つが取り上げられる。筆者自身も授業やスポーツ部活動指導者等々の研修会でこれらの判例を「スポーツ活動中の事故は，違法性が阻却される」として「見本」のように取り上げてきた。

　判例の一つは「一般に，スポーツの競技中に生じた加害行為については，それがそのスポーツのルールに著しく反することがなく，かつ通常予測され許容された動作に起因するものであるときは，そのスポーツの競技に参加した者全員がその危険を予め受忍し加害行為を承諾しているものと解するのが相当であり，このような場合加害者の行為は違法性を阻却する」[12]というものである。

---

(10)　前掲注（7），38 頁。

(11)　本稿で敷衍化した二つの視点は，千葉先生が展開する「国家法への遠慮」五つの視点のうち，各スポーツ団体の競技規則への国家法の遠慮は第二の視点。紛争への遠慮は第三の視点，に焦点をあてたものである。なお，第二の視点について，各スポーツ競技団体が歴史と経験の積み重ねで定めてきた競技規則のうち二つの団体の規則の特徴を以下に示しておきたい。一つは公認野球規則（2021）である。試合の目的は「各チームは，相手チームより多くの得点を記録して勝つことを目的とする。」(1.05) と定めている。さらに安全対策として「4. 07（b）ホームチームは，秩序を維持するのに十分な警察の保護を要請する備えをしておく義務がある。1 人もしくは 2 人以上の人が試合中に競技場内に入り，どんな方法でもプレーを妨害した場合には，ビジティングチームは，競技場からそれらの人々が退去させられるまで，プレーを行うことを拒否することができる。」と定め，プレーヤーの保護と試合進行への妨害に対する安全対策を定めている。二つはサッカーである。サッカー規則 Laws of the Game 2021/2022 によれば，「サッカーがフェア（公平・公正）であるためには，競技規則がなければならない。フェアであることは「美しい試合」にとって極めて重要な基盤であり，競技の「精神」にとって不可欠な要素である。サッカーにおける最高の試合とは，競技者がお互いに，また審判，そして競技規則をリスペクトしてプレーすることで，審判がほとんど登場することのない試合である（中略）。競技規則は，競技者が安全に，安心して快適にプレーできるものでなければならない。」（サッカー競技規則の基本的考え方と精神）と定め，サッカー競技の「至高性」を強調している。この二つの競技規則の更なる分析と特徴研究は他稿に譲るが，いずれにしても競技団体が示す目的や精神について国家法が入り込む余地はないことは明らかである。

　本裁判は，小学校 PTA 体育部主催のママさんバレーボール大会出場のために練習に参加していた原告が，練習当日遅れて参加した被告と練習中に衝突して転倒，右足膝部を傷害したのは被告の注意義務違反だ，と主張して損害賠償を請求した際の判決内容である。判決は，「違法性阻却論」に基づき原告の訴えを退けたが，この背景には先にも触れたように「スポーツ固有法」＝ルールの限度内の行為だから国家法は介入せず，という「遠慮」があったと分析できる。

　この事案を「安全の確保」とスポーツルールと倫理（マナー，エチケットを含む）の関係で再考すれば，ジャンプしたり，ブロックするバレーボールで「スカート」のまま参加して，相手コートにいる参加者に衝突し，怪我を負わせたという行為は，はたしてスポーツをする際の「正当な行為」なのかということである。スカートでバレーボールをしてはいけないと国家法で定めることは適当ではないが，固有法は国家法に遠慮せずにエチケットやマナーを競技の目的や理念として示しておく必要がある。

　授業等では上記の判例から安全確保[13]を共に考える作業をするが，同様の事故を防ぐための「課題」形成も大事な視点であろう。

　二つ目の判例は，中学生がサッカー競技中にゴールポストに激突し数日後死亡した事故の損害賠償請求事件で「定められた制約の中で心身の能力を極限に発揮させるものであるから，身体に対する危険を伴うことが多い。（中略）危険を包蔵するスポーツが社会に許された危険として受容されるのは，その競技が規則を遵守して行われたか否かにかからしめられる」[14]と判示された事案である。

　サッカーゴールポスト激突事故は，学校教育の現場に設置してあるサッカーゴールポストだからこそ安全性を重視し，ゴールポストにぶつかっても衝撃が和らぐ緩衝材を巻いておくべきであるという原告の訴えに対して，裁判所は「競技に定められ制約すなわち規則が極めて厳格に遵守されなければならないのであって，スポーツの安全性は競技の歴史と経験の積み重ねによって定められた規則によって担保されていることが期待され」[15]ており，サッカー競技は「設備，用具及び方法が規則によって定められ，これが一般的に受容れられ，広汎に実行されているときには，こ

(12)　東京地判昭和 45・2・27 判時 594 号 77 頁。

(13)　佐藤千春氏は「ルールと倫理はスポーツ行動の基準になるが，ルールが規範になる場合には，参加者が作るスポーツ社会の実定法と道徳の関係に当たるといえよう」と主張されているが，この説に従えば，学校教育活動の一環として行うスポーツ活動やママさんバレーなどの生涯スポーツでは「安全確保」を優先した「ローカルルール」を作っておくことが予防になる。佐藤千春「スポーツ事故における損害賠償責任」34 頁以下（日本スポーツ法学会年報第 6 号，1999 年）。

(14)　横浜地判横須賀支部昭和 52・9・5『学校事故・学生処分判例集』（ぎょうせい，加除式）。

(15)　同上。

の規約に適合して設けられた競技設備は，当該競技に用いられる設備として必要な安全性を備えたものということができるから，瑕疵があるとは云えない。」[16]と退けた。

　この判断も「競技の歴史と経験の積み重ね」というスポーツ文化に対する「遠慮」があったといえよう。

　スポーツには本質的危険性があり，施設設備は競技団体の規則に従って設置されているのであるからその施設設備の利用中に事故に遭ったら当人の責任であり，違法性は阻却される，ということだけで研究が止まっては「安全の確保」という課題は形成できない。また「問題」も解決しない。

　先に千葉先生が指摘している「遠慮」＝「法はスポーツに入らずという原則が働いている」[17]ことを尊重しながらも，スポーツ基本法が制定されてスポーツ人権が保障されている現在，事故後の補償や安全な指導の在り方，再発防止策，競技ごとのローカルルールの策定等々についても検討が必要であろう。

　課題形成の方法としては，事故の態様，障害の種類，程度，当事者の能力等々を総合考慮して判断される各裁判例を詳細に検討することである。事故責任研究は，加害者の法的責任を厳しく追及することではなく，事故問題の発生原因と再発防止（ルールを守ることの徹底），損害の回復の在り方＝補償制度の確立を含めて取り組むことが重要ではないか。もちろん，悪質なルール違反や故意で対戦相手を傷つけたりした者はスポーツ固有法と国家法で処罰されることは当然であるが。

(4) ルールに違反しなければ必ず違法性は阻却されるのか

　検討してきたようにスポーツ活動中の事故に関して「違法性が阻却される」という考えは，現代社会では競技者同士のスポーツ事故には当てはまらなくなってきている。現に加害者の過失を認定する裁判例[18]も増えてきた。例えば，地域の体育館のバドミントン教室に通っていた女性（前衛）がペアを組んで練習していたところ後衛でプレーする相手のラケットのフレームが女性の左眼にあたり後遺障害を残したことに対して，後衛でプレーしていた女性に損害賠償請求をしたところ東京地裁（平成30年2月9日判決）は「後衛の女性は前衛の女性の動静を把握することがで

(16) 同上。

(17) 前掲注（7），38頁。

(18) 東京地裁判決は「ルールに著しく反しない行為である以上，どのような態様によるものであっても，それにより生じた危険を競技者が全て引き受けているとはいえないことは明らかで，ルールに著しく違反しない限り，違法性が阻却されると解することは相当ではない」と判じている。東京高裁判決は「バドミントン競技の競技者が，同競技に伴う他の競技者の故意又は過失により発生する一定の危険を当然に引き受けて参加しているとまでいえない」として第一審判決を支持している（いずれもLEX/DB インターネット TKC 法律情報データベース）。本書で取り上げる社会人サッカーリーグ負傷事故事件や大学生ラグビー部負傷事故事件などを合わせて参照されたい。

きた」として後衛女性の過失を認め損害賠償の支払を命じた。同事案は高裁（東京高裁平成 30 年 9 月 12 日）でも加害者の過失が認定されている。

このバドミントン事故判例は，第 4 章で詳しく検討されるが，本件事故は競技規則に禁止行為として定められていない中で発生したことからスポーツ固有法に「遠慮」することなく判断されたといえる。裁判官は「規則に著しく反しないプレーである限り違法性が阻却されると解すると，ダブルスにおいてペアの一方によるシャトルを打ち返す際のプレーにより他方を負傷させた事故についてはどのような態様であっても違法性が否定されることになる」と疑問を呈し「バドミントン競技が一定の危険性を伴う競技であることを考慮しても，上記のようなルールに著しく反しない行為である以上，どのような態様によるものであってもそれにより生じた危険を競技者が全て引き受けているとはいえないことは明らかで，上記のようなルールに著しく違反しない限り，違法性が阻却されると解するのは相当ではないというべきである」[19]と被告が主張した違法性阻却論を退けた。

今後の競技者同士の事故と法的責任論研究を深めていく際には「スポーツ固有法＝競技規則」と安全の確保の関係性の構築が重要な課題となる。

例えば，前述したママさんバレーといういわば親睦を兼ねたスポーツであっても，本判決から学ぶならば練習中のドレスコードについて，安全確保から「動きやすい着衣」の着用を義務づけておく，つまりマナー・エチケットに関しても「競技規則」（ローカルルールでも可）[20]として整備しておくべきだろう。

上記裁判の判決は「スポーツが許容された行動範囲で行われる限り，スポーツの特殊性（自他共に多少の危険が伴うこと等）から離れて過失の有無を論ずるのは適切ではない」[21]と判示をする。さらに，被告が「練習するに際しセミタイトスカートを着用していたことは，9 人制バレーボールの練習に加わる服装としては不適切であり（転倒して自己が受傷する危険が大きい。）」と判示しながら「本件事故の転倒もそれが原因ではないと断定できないのである」[22]と続けている。そして「飛球をスパイクしたはずみで転倒することは予測される動作ということができるから，被告の行為は違法性を阻却するものといわなければならない」[23]と判

(19) 同上。

(20) ローカルルールとしては，ゴルフ場ごとに決められたルールをまず思い浮べるが，ゲームごとの特殊なルールと本稿では定義づけておく。競技スポーツにおけるドレスコードは規定化されている。例えば，日刊スポーツ 2021 年 2 月 6 日 20 時 33 分配信記事によれば，高梨沙羅選手が，スキーノルディックジャンプワールドカップ第 5 戦でスーツの規定違反により失格となったと報じている。同記事によると「国際スキー連盟の規則では「直立姿勢で，スーツ寸法はボディーと一致しなければならず，最大許容差はスーツのあらゆる部分において，ボディーに対しプラス 1 センチ〜 3 センチ（女子は同 2 センチ〜 4 センチとする」と決められている。

(21) 前掲，東京地判昭和 45・2・27。

(22) 同上。

(23) 同上。

示したことを再発防止の観点から検証すれば，セミタイトスカートでジャンプしたり，ブロックしたりする行為は「不適切」であり，そのような出で立ちでバレーボールに参加したことは危険性を招来するということを明確にしておくことが安全の確保になる。

　さらに後者の中学生のサッカーゴールポストの激突事故も判例は，「瑕疵があるとは，ゴールポストがゴールポストとして有すべき安全性状又は設備を欠いているということである。この場合，一般競技の用に供せられるゴールポストの抽象的一般的な安全性を考えるのではなく，中学教育の場である中学校校庭に教育設備として設置されたゴールポストであるという条件下においてその瑕疵の有無を考えなければならない」[24] としながら，国際サッカー連盟の規約に「適合して設けられた競技設備は，当該競技に用いられる設備として必要な安全性を備えたものということができる」[25] として当該中学校のサッカーゴールポストの設置方法，使用方法に瑕疵はないとした。

　上記判決は「安全性は社会が許容する危険によって限度を画される安全であり，スポーツの場面においてその限度を画するものは当該競技の規則であって，心身の発達途上にある少年が，安全と危険を境する競技規則を学び危険に対処するすべを体得することも，教育の場に求められていることである」[26] と続ける。そして「このように考えると，蹴球を中学教育に採用した者は，これらの競技規則に適合した競技設備を設置すれば，中学校教育設備として瑕疵ある設備をなし，管理を怠ったものとしての責任を問われることはないと云うべきである」[27] という結論を導き出すのである。

　本件は，スポーツ競技団体の規則に従った設備を使用している中で発生した不幸な事故である。学校教育の場であるならば，競技団体が認定した道具だとしても子ども達が使用する際の危険性を予測し，安全な使い方，あるいは設置方法を採っておくことが必要だった。それが教育機関が果たすべき安全配慮ではないだろうか。

(24) 前掲注（14）。

(25) 同上。

(26) 同上。

(27) 同上。

3　スポーツ事故と法的責任研究の課題

(1)　スポーツ活動と安全の確保

　ここまで述べてきたように競技者同士の事故と法的責任を検討するに当たって，以前から「スポーツの本質的危険性による不可避的なものであって誰の責任でもなく過失による損害賠償の対象にならない」という論調が展開されていた[28]。確かに「スポーツには避けることのできない本質的危険性があり，それに積極的に挑戦するところにスポーツに参加する意義がある。これはオリンピックを目標とする第一流のアスリートから，高齢者がマラソンやトライアスロンに参加する場合も同様である。高齢者はそれによって逞しく生きる。来るべき高齢者社会にはこのような意味のスポーツ参加が推進されなければならない。これは安全第一だけでは為し得ないことである。時には積極的に活発に危険に挑戦するファイティング・スピリットが必要である」[29]ことも事実である。

　しかし，再三述べてきたようにスポーツは危険が内包されているからプレー中の事故は自己過失だとして検証が終わっては「スポーツのあるべき姿」の一つである「安全の確保」は実現できなくなってしまう。

　今後，競技者同士のスポーツ事故と法的責任研究では，前述したように「予防（安全指導）と補償」の観点からの検討が求められてくるだろう。その検討こそがスポーツ基本法の「安全の確保」各規定の理念に近づくことになる。

　スポーツ法学研究では，先にも触れたが年報 6 号で「スポーツにおける違法性阻却」を特集しているが，その中で「競技スポーツで，ルールを守っていたら勝てないといわれるが，ルールの違反を侵して事故を発生したときには，被害者に賠償責任を負わなければならないことになると考えるべきである。ルールは，単に競技のマニュアルであったり，フェアプレーを求めるペナルティ条項や精神的な規律であるだけではなく，スポーツ事故による賠償責任を判断する場合にも重い意味を持っていることを知るべきだろう」[30]という論考が示されていることを指摘しておきたい。

(28)　伊藤堯「スポーツ事故判例にみる当事者関係」115 頁（日本スポーツ法学会年報第 1 号，1994年）。

(29)　同上。

(30)　山田二郎「スポーツ事故と違法性阻却」97 頁以下（日本スポーツ法学会年報第 6 号，1999年）。なお，同年報は 1998 年に開催された日本スポーツ法学会大会テーマとして「スポーツにおける違法性阻却」が取り上げられた。その各成果が年報 6 号に掲載されている。特に本稿執筆に当たって，年報 6 号掲載の佐藤千春「スポーツ事故における損害賠償責任──加害免責と賠償額限定の構成」，萩原金美「スポーツ事故と民事上の違法性阻却──その実態法的・訴訟＝裁判法的検討」，井上洋一「スポーツにおける違法性阻却──アメリカの免責事例から」を参照した。

（2）スポーツ固有法研究の課題──特にプレーヤー自身の安全認識と指導者資格について

　先に見てきたようにスポーツ固有法は各競技団体が独自の様式で決定し運営するものであるから，国家法の干渉を受けるべきではない。そうであるならばスポーツ団体は「自浄能力」＝「ガバナンスの強化」を遺憾なく発揮する必要がある。事故が多発したら，原因を究明し安全策を講ずる。さらに各プレーヤーも自身が取り組むスポーツに内在する危険を予測し，回避するためにはどのような工夫が必要かを知悉しておく必要がある。その上でスポーツ固有法だけでは解決できない紛争になったら国家法に判断を委ねることは，憲法 32 条の保障するところである。

　また競技団体は，構成員の不祥事があったらスポーツマンシップに則り厳格に対応し，指導者の暴力的指導があったら躊躇なく規程等に従い処分をする姿勢を保持すべきである。そして，処分は決して密室ではなく，国家法が定める手続き法を参酌して誰もが納得する手続きと方法の下で行われなければならない。

　各競技団体は指導者講習会を実施しているが，技術的側面だけではなく，事故事例から学ぶ安全指導の在り方，スポーツ人権を尊重するカリキュラムも組み入れるべきであろう。指導者資格についても日本サッカー協会が採用しているような「ライセンス制度」[31]を各競技団体が取り入れ，指導者の経験や指導能力，コンプライアンス意識などを測り，ライセンス更新制を取り入れる等の対応が必要ではないだろうか。

　スポーツ固有法に関する研究は，先にも触れたように千葉先生が「研究の蓄積がなく，その全貌を確認して体系化・理論化を完成するのはまだ先の課題に残す」[32]と指摘しているが，スポーツ界の法的問題解決には，固有法の独自性を確保しながら「国家法」と関係性を密接に関連付けながら研究を進めていく必要がある。

（3）残された課題

　スポーツの安全確保という視点から学校運動部活動の外部指導員制度の検討も必要である。学校運動部活動指導員制度は，平成 29 年 3 月に「学校教育法施行規則の一部を改正する省令」が公布されたことにより取り入れられた。中学校，義務教育学校の後

(31)　JFA（日本サッカー協会）公認指導者ライセンス制度により，指導者はレベル別の指導者講習会を受けることになっている。S，A，B，C，D 級からキッズリーダーまでのカテゴリーがある。さらにゴールキーパー，フットサルコーチもライセンスが必要だ。講習会費用は自己負担で例えば S 級は 33 万円である。詳しくは日本サッカー協会 HP 参照。また日本学生野球協会は，元プロ野球選手を対象に「学生野球資格回復制度」を創設し，NPB（日本野球機構）のプロ研修（4 講座）と学生野球研修（12 講座）の二つを受講し，学生野球適性審査を経た後に学生野球指導登録届を提出。指導先の学校責任者と合意の上，学校管理下での指導が可能となる制度を設けている。

(32)　前掲注（7），75 ～ 76 頁。

期課程，高等学校，中等学校並びに特別支援学校の中等部及び高等部におけるスポーツ，文化，科学等に関する教育活動（教育課程外）に係る技術指導に従事する「部活指導員」のことである。

平成 29 年 3 月 14 日のスポーツ庁等の通知によれば，部活指導員の職務として「実技指導，安全・障害予防に関する知識・技能の指導，学校外での活動（大会・練習試合等）の引率，用具・施設の点検・管理，部活動の管理運営（会計管理等），保護者等への連絡，年間・月間指導計画の作成，生徒指導に係る対応，事故が発生した場合の現場対応」があげられている。これを教員ではない外部指導員がこなすには種々の問題があるが，安全・障害予防の知見は特に重要だということを指摘しておきたい。指導員が経験と勘のみで指導に当たったら安全性は担保できなくなる虞がある。そして，部活動競技者自身にもスポーツに内在する危険についての認識を徹底させなければならない。

部活動指導員には，最新のスポーツ科学や技術を基にして，練習開始前の事前注意，活動中の指導（危険行為を発見したら注意喚起を促す），活動後の振り返りの三点を軸とした指導計画を立案していくことが求められているのである[33]。

そして，最後に今後の私たちの研究課題を，脚注（3）で示した日本体育大学理事長の提言を基にして考えるならば，事故原因の究明と法的責任の在り方，さらに補償の在り方研究が重要な検討課題だということを指摘しておきたい[34]。

（入澤　充）

(33) 日本経済新聞 2021 年 8 月 10 日「Future of education」欄で，名古屋市が小学校の部活を民間委託をしているという編集委員の記事を掲載している。それによれば，外部指導者の多くは学生であり，「メインの主任指導者は 34 時間（経験者は一部免除）の研修を受け，緊急時の対応や指導の実技を学ぶ」こととされている。このような研修を必修化して指導者の資質向上がされていけば，外部指導員導入の意義は達成されるであろう。

(34) 本稿は，日本スポーツ法学会スポーツ事故判例研究専門委員会が 2020 年 10 月 31 日に開催したシンポジウム（「スポーツ事故と法的責任」）とその準備のために研究会を重ねてきた内容，及び終了後の研究会で議論されたメンバーの方々の意見を参考にしています。研究会メンバーの皆さんに感謝申し上げます。

第2章 事故予防における競技規則の機能と限界

1　はじめに

　①関東医歯薬大学リーグ戦で対戦校の選手から危険なタックルを受けて引き倒され，頭から地面に激突し，頸髄損傷による重度の後遺障害を負った事故について，タックルをした選手の過失を認め約9700万円の損害賠償を命じた判決[1]，②東京都社会人サッカー4部リーグの試合で選手同士の接触で下腿の脛骨・腓骨骨折を負わせた選手の過失を認め約240万円の損害賠償を命じた判決[2]，③バドミントンのダブルス競技中に，シャトルを打とうとした後衛の選手のラケットがペアの前衛選手の目にあたり負傷した事故について，後衛の選手の過失を認め，約1300万円の損害賠償を命じた判決[3]等において，競技中の競技者の行為が民法上の不法行為として損害賠償請求を認められたことを契機に，スポーツ団体関係者のスポーツ活動中の事故についての競技者の責任について関心が高まっている。

　他競技者あるいは他チームとの間で，タイム，技術，勝敗等を競うことを目的とするスポーツ（以下「競技スポーツ」という。）では，当該スポーツを統括する競技団体により競技規則が定められている。スポーツは自主的・自発的な活動という特徴を有するため，競技団体関係者は，しばしば，スポーツ活動中の競技者のプレーに起因する事故については，競技団体の定めた競技規則の範囲内で解決されるべきであり，裁判所が関与する問題ではないという意見を述べる。

　さらには，「競技中の事故は，その責任の所在如何にかかわらず自己責任とし，その責任を相手チーム又は選手に転嫁しない。」（東京都社会人サッカーリーグ4部運営細則第10条）と，競技規則で，競技中の事故についての免責を定める競技団体まである。

　このように，スポーツ活動中の事故は，スポーツが自主的・自発的な活動であることを理由に，スポーツ団体内部で解決をすべきであり，法が関与すべきではないという考えは，競技団体関係

(1) 東京地判平成 26・12・3 LLI/DB 判例秘書登載。

(2) 東京地判平成 28・12・26 判時 2392 号 29 頁。

(3) 東京地判平成 30・2・9，東京高裁平成 30・9・12 LLI/DB 判例秘書登載。

者の中に少なくない。

2　部分社会の内部的な係争と司法判断の限界──法律上の争訟

　判例上は,「司法裁判権が, 憲法又は他の法律によってその権限に属するものとされているものの外, 一切の法律上の争訟に及ぶことは, 裁判所法 3 条の明定するところであるが, ここに一切の法律上の争訟とはあらゆる法律上の係争という意味ではない。一口に法律上の係争といっても, その範囲は広汎であり, その中には事柄の特質上司法裁判権の対象の外におくを相当とするものがあるのである。けだし, 自律的な法規範をもつ社会ないしは団体に在っては, 当該規範の実現を内部規律の問題として自治的措置に任せ, 必ずしも, 裁判にまつを適当としないものがあるからである。」という理由から, 司法判断が及ばない部分があることを示している [(4)]。

(4) 最高裁昭和 35・10・19 大法廷判決・民集 14 巻 12 号 2633 頁。

　この判例法理は, 地方公共団体議会が議員に対して 3 日間の出席停止の懲罰決議をしたことに対し, これの無効を求めた訴えを却下する判断の中で示された。大学の内部の事案では,

○　大学の学生に対する「放学処分」は司法審査の対象になるとし [(5)],

(5) 最高判昭和 29・7・30 民集 8 巻 7 号 1463 頁。

○　大学の学生に対する「単位の授与（認定）」は司法審査の対象にならないが,「専攻科修了の認定」は司法審査の対象になるとした [(6)]。

(6) 最高判昭和 52・3・15 民集 31 巻 2 号 234 頁 280 頁, 最高判昭和 52・3・15 民集 31 巻 2 号 280 頁。

　「一般市民社会の中にあってこれとは別個に自律的な法規範を有する特殊な部分社会における法律上の係争のごときは, それが一般市民法秩序と直接の関係を有しない内部的な問題にとどまる限り, その自主的, 自律的な解決に委ねるのを適当」とするという一般論を採用しても,「一般市民法秩序と直接の関係を有しない内部的な問題」と「一般市民法秩序と直接の関係を有する問題」との境界は必ずしも明瞭ではない。

　この「法律上の争訟」の要件について争われた事案は, スポーツ関係に限定をしただけでも, 次の判決がある。

○　日本シニア・ゴルファーズ協会監事らが, 同協会に対して,「クラブ・ハンディキャップ 12 以下の日本ゴルフ協会加盟倶楽

部会員で年齢満 55 才以上の者」という会員資格を満たさない者について会員資格のないことの確認を求めた事案について，「会員間の親睦を主たる目的とする私的社交団体（略）において，いかなる者に会員資格を認めて入会を許可するかは，原則として，団体の自主的・自律的判断に委ねられる問題であるというべきである。」という理由から，「一般市民法秩序と直接の関係を有しない内部的な問題として被告の自主的・自律的な判断に委ねられ，司法審査の対象とならない」とした事案 (7)。

○　日本競技ダンス連盟がその会員に対して行った会員資格停止決議の効力の有無は，「任意的な団体の内部の事柄については，格別の事由のないかぎりは，原則としてその自治と自律に委ねるべきである。」との理由から「法律上の争訟」に該当せず，不適法とされた事案 (8)。

○　1993 年度全日本 F3000 選手権戦競技中に，競技会審査委員会が参加選手の 1 人に対して宣告した 1 周減算のペナルティの取り消しを求めた事案について，「単なる学術上の争いや，宗教的信念の争い等の場合とならんでスポーツ競技における順位，優劣等の争いについても，それが，私人の法律上の地位に直接影響を与えるものではない場合には，これが，司法審査の対象となるものでないことは明らかである。」との理由から「法律上の争訟」に該当せず，不適法とされた事案 (9)。

○　社団法人日本アマチュア・ボクシング連盟の登録選手に対する登録取消処分による損害賠償を求めた事案では，登録取消処分について司法判断が及ぶことについて争いがないまま，実体判断をした事案 (10)。

○　全日本学生スキー競技連盟がその会員である大学に所属するスキー部員に対して行った競技大会への出場を停止する処分等の無効確認請求に係る訴え等が，「団体内部における問題であって，一般市民法秩序と直接の関係を有するものということはできない」という理由から「法律上の争訟」に該当せず，不適法とされた事案 (11)。

○　財団法人全日本スキー連盟における会長理事の選任手続について，寄附行為等に定められた役員選出委員会による候補者の選出推薦を経ることなく，評議員会の決議だけで選任された会長の選任及び会長の推薦による理事らの選任は無効であるとして，理

(7) 東京地判昭和 63・9・6 判時 1292 号 105 頁。

(8) 東京地判平成 4・6・4 判時 1436 号 65 頁。

(9) 東京地判平成 6・8・25 判タ 885 号 264 頁。

(10) 東京地判平成 18・1・30 判タ 1239 号 267 頁。

(11) 東京地判平成 22・12・1 判タ 1350 号 240 頁。

事の地位にないことの確認等を求めた事案について，「法律上の争訟」に該当するとした事案[12]。

　しかしながら，スポーツ活動中に人が負傷あるいは死亡した事案について，「法律上の争訟」の要件に欠けるとした判決は存しない。人の生命・健康は，「一般市民法秩序」により守られるべき最も重大な法益と言うべきであり，「自律的な法規範をもつ社会ないしは団体」において生じたとしても，「一般市民法秩序と直接の関係を有しない内部的な問題」とは評価できないからである。

　競技団体関係者の「実感」はともかく，法律解釈としては，この点については異論がなく，スポーツ活動中に人が負傷あるいは死亡した事案について，「法律上の責任は問われることはなく，競技規則の範囲で処理されるべきである。」との結論は取り得ない。

　それでは，逆に競技規則に違反したことを原因として「生命・健康に対する侵害」が生じた場合には，常に法律上の責任が生じるものだろうか。結論としては，競技規則で定められている禁止行為が，法律上の注意義務違反となるかは，当該規則の目的を検討することが必要である。競技規則の目的の一つに，競技者の安全を守るという目的がある。この点では，「一般市民法秩序」が人の生命・健康を守ろうとしている点と共通である。しかし，競技規則の中の「競技者の安全性」の確保を目的とする定めは，市民法秩序における「競技者の安全性を守る」義務を規則化しただけでなく，市民法秩序では違法とされていない行為であっても，当該スポーツの本質を定め，さらには，スポーツとしての価値を高めるための望ましい行為規範を示す目的で定められているものもある。

　スポーツとしての価値を高めるための望ましい行為規範に違反したことをもって，常に法律上の違法性を肯定することはできず，競技規則違反ではあるも法律上の責任を負わないとする場面はありうる。

(12)　東京高等裁判所平成 24・2・9 LLI/DB 判例秘書登載。

3　競技者に対する「生命・健康に対する侵害」と違法性の阻却

(1)　スポーツに内在する危険と違法性阻却

　スポーツ基本法前文は，「スポーツは，世界共通の人類の文化」であり，「生涯にわたり心身ともに健康で文化的な生活を営む上で不可欠」なものとして，「人格の形成に大きな影響」を与え，「地域社会の再生に寄与」し，「健康で活力に満ちた長寿社会の実現に不可欠」であると共に，「国民経済の発展に広く寄与」し，「国際相互理解を促進し，国際平和に大きく貢献する」という役割があると規定し，その社会的な価値は高い。

　しかしながら，スポーツが身体活動をその本質とする以上，身体活動に伴い外傷あるいは障害が生じることを完全に防止・回避することは不可能である[13]。相手競技者にダメージを与えることを競技の本質とする格闘技はもちろん，相手競技者との間で勝敗を競う対戦型のスポーツの多くは，競技者間での身体接触やボールやスティック等の用具が身体に接触する可能性があり，これらの接触によって競技者に外傷あるいは障害が生じる可能性がある。このような外傷・障害を皆無にしようとするならば，スポーツを「しない」という選択肢しかない。

　「生命・健康に対する侵害」を受ける可能性を完全に排除して，スポーツに参加し，スポーツの価値を享受することは困難である。そのため，スポーツの価値を享受することと，スポーツをする競技者等の生命・健康を守るという価値とをどのように両立させるかが問題となる。

　「生命・健康に対する侵害」が生じるという犠牲を払ってまでスポーツの価値を享受することは望まないという選択をすることも，逆に，スポーツをする価値をより高く判断して，「生命・健康に対する侵害」を容認してもスポーツ価値を享受することを望むという選択をすることも，基本的には，個々人の決定に委ねられる。人の求める複数の価値のどちらを優先するかについての自己決定権の問題である。スポーツをすることにより「生命・健康に対する侵害」が生じる可能性がある場合に，競技者がこの「生命・健康に対する侵害」の可能性を認識し，かつ，容認した上で，スポーツの価値を求めることは，憲法第13条で保障されて

(13)　伊藤堯「スポーツ事故判例にみる当事者関係」98頁（日本スポーツ法学会年報１号，1994年）。

いる自己決定の権利の行使の一態様である。

　スポーツは，自主的自律的活動であるため，当該スポーツにおいて参加する競技者への「生命・健康に対する侵害」の可能性を許容するかは，一次的には，当該スポーツを主催する者がルールとして決定し，当該危険性を有するスポーツへ参加をするか否かは，個々の競技者が，このルールを前提として判断することになる。

　このようなルールにしたがってスポーツに参加をした場合には，当該スポーツ活動に伴って「生命・健康に対する侵害」が生じたとしても，それは違法性が阻却されると解されている。刑事上は「法令又は正当な業務による行為は，罰しない。」（刑法第35条）と定められており，民事上は，「正当行為」あるいは「危険の引き受け」等の解釈上の違法性阻却事由とされている。「正当行為の」判断については，「被害法益の種類，被害の程度，加害行為の態様，その動機，被害者の態度等種々の要素を考慮して，当該行為が社会的に相当として容認されるか否かを検討して決定される[14]」とされる。また，「危険の引き受け」が成立する要件としては，①「危険の引き受け」をする能力を有すること，②「危険の引き受け」が真意に基づくものであり，かつ自由な判断に基づくものであること，③危険を引き受ける者が引き受けることで侵害される法益についての処分権を有すること，④承諾は事前になされていること，⑤承諾が公序良俗に反しないものであること，⑥「危険の引き受け」の範囲内で加害行為がなされていることが挙げられている[15]。

　スポーツに参加する者が受容している「生命・健康に対する侵害」について違法性を阻却するか否かについては，「正当行為」と説明するか「危険の引き受け」と説明するかは，用語の差はあるものの，「被害法益の種類と被害の程度」，「加害行為の態様」及びその「行為の目的」の点において，「正当行為」あるいは「引き受けられた危険」と言えるかが判断されているのであり，基本的に考慮される個々の要素としては共通しており，判例上，どちらの説明を用いるかにより違法性阻却の成否に差異が生じている事案はないと考えおり，この点についてはこれ以上の検討はしない。

　競技団体が存するスポーツにおいては，競技団体が制定してい

(14)　能見善久・加藤新太郎編『論点体系判例民法〈第3版〉7不法行為Ⅱ』516頁（第一法規）。

(15)　能見善久・加藤新太郎編『論点体系判例民法〈第3版〉7不法行為Ⅱ』504〜5頁（第一法規）。

る競技規則がある。そのため，「全日本剣道連盟はもとより警察剣道においても技として認め」られていることをもって「打突き」による傷害が生じた場合違法性阻却を肯定した事案[16]等，競技規則を理由として違法性阻却を肯定した事案は多数ある。

　しかしながら，当該スポーツの特性，競技規則が定められた経緯等の検討が十分になされないまま，〈競技規則に違反しない⇒違法性が阻却される〉という判断がなされているのではないかという疑問をもっていた。

　また，統括する競技団体が存在しないスポーツ，あるいは，タイム，技術，勝敗等を競うことを目的としていないスポーツ，例示すれば，プール，川，海における水泳（遊泳），スキー場におけるスキーでの滑降，自然の野山におけるハイキング等楽しみを目的とする，あるいは，自らの競技力を高めることを目的とするスポーツにおいては，明文の競技規則が存しない場合は少なくない。このような場合に，違法性阻却の基準とされる非明文の競技規則をどのように認定するのか，という点についての研究も少ない。

　本稿では，違法性阻却の判断基準における競技規則の機能と限界について検討するものである。

(2) 許容される法益侵害の限界
——「生命・健康に対する侵害」は重大かつ侵害の蓋然性が高いものであってはならない

　スポーツが自主的自律的な活動であって，国家法からの一定の独立性が肯定されるも，これは，「一般市民法秩序と直接の関係を有しない内部的な問題」の範囲に限られるのであり，「一般市民法秩序と直接の関係を有する問題」については国家法の制限を受けることになる。

　スポーツの中には，格闘技のように，相手競技者にダメージを与えることを本質とする競技がある。格闘技の中で競技ボクシングを例にとって説明しよう。

　競技ボクシングにおける競技者の行為は，相手競技者に対する殴打であり，有形力の行使として刑法上の暴行罪の構成要件に該当する。暴行罪に該当するだけでなく，競技者は，殴打により相手競技者が傷害を負うことも認識し，かつ，容認しているのであ

(16)　東京地判昭和 48・6・11 判タ 298 号 260 頁。

第 1 部
第 2 章

るから，相手競技者が負傷すれば，傷害罪の構成要件に該当する。さらに，結果として，相手競技者が死亡するに至れば，死亡することを容認していない場合であっても，死亡の結果が予測可能であれば傷害致死罪の構成要件に該当する。

　競技ボクシングにおいて，相手競技者に対する殴打が，刑法上の構成要件に該当する行為であるにもかかわらず，刑法上も民法上も違法と評価されないのは，第１に，ボクシングに参加する競技者は，相互に相手競技者に対して殴打をし，同時に殴打を受ける可能性について同意し，その結果生じる危険を引き受けていること，第２に，競技ボクシングが社会的に価値ある行為と認められているため，法律上は，「正当な業務による行為」（刑法第35条）と評価されるからである。

　違法性阻却については，「正当な業務による行為」という説明以外に，「危険の引き受け」等様々な説明がなされており，判例の中には，違法性阻却での判断ではなく，「回避義務」の判断として判示するもの[17]もある。

(17)　東京地判平成30・2・28判タ
　　1464号187頁。

　この点については，説明の仕方は異なるものの，違法性を肯定するか否かという点では，結論に差異がないと考えており，本稿では「正当な業務による行為」という説明以上には踏み込まないことは前述のとおりである。

　被害者の同意があれば，あらゆる「生命・健康に対する侵害」が違法性を阻却されることにはならない。

　この問題は，スポーツに参加することで生じる可能性がある「生命・健康に対する侵害」の重大さ，言い換えれば，スポーツに参加するために犠牲にする可能性がある価値と，この犠牲の下に得ようとするスポーツの価値との両面から検討することが求められる。

　一つめの視点は，「生命・健康に対する侵害」が重大なものであってはならないという点である。

　人が生存することの前提である生命は最大の法益である。死だけでなく，治療に長期間を要する外傷や後遺障害を残す場合には，生命に準じた健康という法益に対する重大な侵害と言える。このような「生命・健康に対する重大な侵害」について，自己決定権と「危険の引き受け」法理を根拠に，「正当な業務による行為」と言えるのだろうか。

　刑法は，自ら命を絶つことは犯罪とはしない。しかし，「人を教唆し若しくは幇助して自殺させ，又は人をその嘱託を受け若しくはその承諾を得て殺した者」の行為（自殺関与及び同意殺人）は犯罪とした（刑法第 202 条）。

　これは，法は，最大の法益と言える生命であっても，自らこれを放棄することは犯罪とはしないことを示している。同時に，人が生命を放棄するという選択をした場合であっても，他者がこれに関与することは刑法で禁じている。

　人が，自己決定権の行使として，犠牲とする自己の「生命・健康に対する侵害」が重大である場合であっても，当該決定をした者自身の行為について法は干渉しない。しかし，このような「生命・健康に対する侵害」が，他者の法益である場合には，この法益の重大性に鑑み，この法益の侵害を教唆し，幇助し，共同して実行した者の行為について社会的に許容することはできず，公序良俗に反するものであるとして，自己決定権の限界外という評価をして犯罪とした。

　自己決定権の名の下に犠牲とされる「生命・健康に対する侵害」が重大である場合には，他者が，これに関与する行為は許容されておらず，「危険の引き受け」法理をもってしても「正当な業務による行為」とは評価されないという限界がある。

　一般論としては，「生命・健康に対する侵害」が回復可能であり軽微であることが，「危険の引き受け」法理の許容するところである。

　一方で，刑法は「死」とそれ以外とで，犯罪の成否を分けている。すなわち，「自殺関与及び同意殺人」は犯罪としたが「自傷関与及び同意自傷」は犯罪としていない。しかしながら，刑法上は「自傷関与及び同意自傷」を全て合法としているものではなく，「自傷関与及び同意自傷」であっても，「正当な業務による行為」と評価されない場合には，傷害罪の適用の余地を肯定している。刑法は，「自殺関与及び同意殺人」は，「正当な業務による行為」と評価される余地がないことを示しているに過ぎず，刑事上，「危険の引き受け」法理で引き受ける法益の侵害が，「死」である場合だけでなく，重大な「外傷あるいは障害」である場合も，「危険の引き受け」法理により「正当な業務による行為」とは評価されない場合があることは当然の前提としている。

スポーツをすることにより「生命・健康に対する侵害」が生じる可能性がある場合に，競技者がこの「生命・健康に対する侵害」の可能性を認識し，かつ，容認した上で，スポーツの価値を求めることの全てが，「危険の引き受け」法理により「正当な業務による行為」と評価されるのではない。

「危険の引き受け」法理により「正当な業務による行為」と評価されるためには，「危険の引き受け」法理により侵害を許容される法益が軽微であるか，侵害される法益が重大であっても，その侵害の可能性の程度が低く，稀であるため，自己決定権の行使として相当と評価される場合でなければならない。

(3) スポーツの有する社会的な価値

もう一つの視点は，「生命・健康に対する侵害」より優先される価値が，当該個人にとって価値あるものであるだけでなく，社会的に「生命・健康に対する侵害」より高い価値があるとして許容されるものでなければならないという点である。

1889（明治22）年に成立している「決闘罪ニ関スル件」という法律がある。

決闘により，死傷の結果が生ずれば刑法の規定で処罰され（第3条），死傷の結果が生じなくても「決闘ヲ挑ミタル者又ハ其挑ニ応シタル者」（第1条），「決闘ヲ行ヒタル者」（第2条）は罪とされる。

「決闘」の概念については，「決闘とは当事者間の合意により相互に身体又は生命を害すべき暴行をもって争闘する行為を汎称するのであって必ずしも殺人の意思をもって争闘することを要するものではない。」と判示されている[18]。

競技ボクシングは，スポーツとしての価値が肯定される競技規則の下で行われるために，被害者の同意があることで違法性が阻却される。競技ボクシングに類似するものの一つとして，イギリス（イングランド）においては，18世紀に「プライズ・ファイト」と呼ばれる「ベア・ナックル・ファイティング」（グローブ無し）での懸賞金つきの拳闘試合（現在では，闇社会で行われている「ストリートファイト」に類似する。）がある[19]。「プライズ・ファイト」は，被害者の同意があることを理由として，違法性が阻却されるのであろうか。

(18) 最高判昭和26・3・16集刑5巻5号755頁。

(19) 松井良明『ボクシングはなぜ合法化されたのか──英国スポーツの近代史』165-169頁（平凡社・2017年）。

　被害者の同意，すなわち危険の引き受けにより「正当な業務による行為」と評価されるためには，「承諾が公序良俗に反しないものであること」が求められる。公序良俗に反するか否かは，承諾により失われる価値と，承諾により得られる価値との比較衡量で判断されることになる。言い換えれば，引き受けられる危険以上に，得ることができる結果が高い価値あることが必要である。この点で，「ストリートファイト」により得られる価値は，「危険の引き受け」法理によって引き受けられる価値よりも高いとは社会的に評価されない。そのために，「正当な業務による行為」とされないのである。

　同様の問題は，医療行為等の身体への侵襲行為でも生じる。患者の同意があればどのような医療行為であっても許容されるものではない。

　患者への侵襲を伴う医療行為が，「正当な業務による行為」となるには，患者に対して，当該行為により，患者への侵襲以上に，当該医療行為が患者の生命健康へ寄与する蓋然性が認められることが必要である。この価値が認められる場合には，医師が行う医療行為が，患者に対する侵襲という面があっても，「正当な業務による行為」と評価されることになる。

　一方で，暴力団において「ケジメ」としての指の切断は，被害者の同意があったとしても，「『ケジメ』としての指の切断」という価値を社会的に容認することはできず，「危険の引き受け」法理による「正当な業務による行為」とは評価しえない。

　スポーツをすることにより「生命・健康に対する侵害」が生じる可能性がある場合に，競技者がこの「生命・健康に対する侵害」の可能性を認識し，かつ，容認した上で，求める価値は，当該選択をする個人にとって「生命・健康に対する侵害」を超える価値であるだけでなく，社会的にもこの選択を許容するだけの価値が認められることが必要である。

　江戸時代には，素面素小手による木刀による剣道の試合あるいは真剣を使用した剣道の試合が行われていたが，これは社会的に許容され，違法行為とはされていなかった。しかし，現在では木刀あるいは真剣を使用した剣道を，スポーツとして認め，競技者の危険の引き受けがあれば「正当な業務による行為」として違法性が阻却されるのであろうか。

　江戸時代では，生命や健康以上の価値として，「剣術の技術」あるいは「武士の一分」と言われる「名誉・面目」が高い評価を得ていたため，当時の社会規範の中では正当な行為とされ違法性がないとされていたのであろう。

　しかしながら，すでに 1889（明治22）年に「決闘罪ニ関スル件」という法律が制定されていることに示されているように，現代では，「剣術の技術」あるいは「名誉・面目」は，命と健康以上の価値とは評価されず，「名誉・面目」のために，素面素小手による木刀による剣道の試合あるいは真剣を使用した剣道の試合のような命と健康を危険にさらす行為は「正当な業務による行為」とは評価されない。

　現在では，剣道をスポーツの一態様として認めるためには，このような高度の危険を容認することなく，面，小手，胴及び垂という防具と剣道着で身体を守り[20]，攻撃に使用する用具は竹刀[21]とし，さらに高度な危険を伴う技（防具のない部位への打突）を禁止し[22]，「生命・健康に対する侵害」を軽微なものとし，剣道というスポーツの価値を享受するためのルール＝競技規則を採用することでスポーツとして社会的に認知されているものである。

　「危険の引き受け」法理は，個人の自己決定権を基盤とする法理ではあるが，第1に，「危険の引き受け」法理により侵害を許容する「生命・健康に対する侵害」が回復可能であり軽微であること，第2に，この犠牲を払ってまで優先される価値は，当該個人がその価値を認めるだけでなく社会的にも認められている価値であることが必要であり，この二つの点で自己決定権の限界が存する。

　「生命・健康に対する侵害」が「回復可能であり軽微であること」と，「重大な『外傷あるいは障害』であること」との境界は必ずしも一義的で明確とは言いがたい。この判断は，「生命・健康に対する侵害」を犠牲にしてまで優先される価値の高さ，重大さとの相対的な判断となる。

(4)　スポーツとして社会的に認知されるための要件

　「生命・健康に対する重大な侵害」は，木刀や真剣を使用した剣道だけではなく，ボクシングにおいても発生する可能性があ

(20)　全日本剣道連盟「剣道試合・審判規則（2019年4月1日）」第4条，第5条。
(21)　同規則第3条。
(22)　同規則第14条。

る。競技ボクシングがスポーツの一つとして認められ，さらには，「オリンピック競技」の一つとして世界的に認知されていることと，木刀や真剣を使用した剣道がスポーツとして認められないこととの間には，どのような差異があるのか。

　かつて，イギリスにおいては，ボクシングは禁止された歴史がある。現在でも，ノルウェーやオーストラリアではボクシングを禁止すべきであるとの意見があり，議論がなされている。

　スポーツとして認められるには，相手競技者にダメージを与えることが，競技の本質とするも，ダメージが生命・健康に対する被害が重大とならないように，ダメージを制御することが競技のルールとして整備されることが必要である。

　競技ボクシングを例に具体的に指摘するならば，①攻撃方法の制限（蹴り等の禁止），②手拳への緩衝材の使用（グローブの使用），③攻撃することができる対象部位の制限（ローブローの禁止），④防具の使用（ヘッドギア等の使用），⑤競技時間の制限，⑥体重別の試合，⑦重大なダメージが生じた場合の攻撃の中止（ダウンした競技者への攻撃の禁止），⑧ダメージを重大として試合を終了するルールの採用（3 ノックダウン制やテクニカルノックアウト）等がある[23]。

　このように，「危険の引き受け」法理に基づく同意があったとしても，その同意により失われる可能性がある「生命・健康に対する侵害」が「重大」でないこと，あるいは，「生命・健康に対する重大な侵害」が生じる可能性があったとしても，競技規則を遵守することにより，基本的にこれを回避することができ，「生命・健康に対する重大な侵害」が生じる可能性を否定できないものの，その可能性の程度が低く，稀であることが必要である。これは，生命・健康に対する重大な危険を容認することは公序良俗に反し，「正当」と評価しえないからである。

　このような視点からは，「スポーツ」と自称する競技であっても，「生命・健康に対する重大な侵害」を防ぐための合理的な競技規則が整備されていない場合には，スポーツとして社会的に認知されることはなく，「危険の引き受け」法理によっても「正当な業務による行為」と評価されることもない。

　明文の契約上の危険の引き受けが「免責同意書」である。「免責同意書」は，スポーツ指導者，スポーツ大会主催者及びスポー

(23)　現状の競技ボクシングのルールが，スポーツとして認められる安全性を確保するものであるかは，議論があるところである。なお平成 2 年から平成 23 年まで IOC 委員だった岡野俊一郎氏は，オリンピック実施競技を決定する立場の IOC プログラム委員であった時に，ボクシングをオリンピック実施競技から排除する提案をしたが，採用されなかった経験を述べている。

ツ施設管理者側から，自身の責任を逃れるための方策として活用したいとの相談を受ける例が多いが，紛争の回避という目的を達成するためには，当該スポーツに参加する者が真摯に引き受ける危険を明文化するという機能を果たす必要がある。言い換えれば免責同意書の内容が，免責同意をする者がその内容を正確に理解して，その危険性を受け入れていると，客観的に評価されること，言い換えれば内容が合理的と評価されることが求められる[24]。

　さらには，現在，スポーツとして社会的に認知されている競技においても，「生命・健康に対する侵害」を予防し，重大な侵害を回避するための競技規則の整備が十分でない場合には，当該競技を統括する競技団体としての責務を果たしていないと評価されることもありうる。

[24]　湯浅道男のシンポジウムにおける指摘（日本スポーツ法学会年報第5号89頁・1998年）。免責同意書を有効とする要素には，本論で検討した要素は，「公序良俗に反しない」という要素として検討されるが，それ以外に，免責に同意する者の真摯な同意などの要因が検討されることとなる。井上洋一「スポーツ事故とウェイバー・フォーム」日本スポーツ法学会年報第5号，1998年。

4　競技団体の競技規則の目的と限界

(1)　競技規則の目的と競技規則による「生命・健康に対する重大な侵害」の回避

　競技を統括する競技団体は，競技規則を定めている。

　競技団体が競技規則を定めることにより実現しようとする目的は多様であり，例示すれば，

○　当該競技の本質を維持する目的（サッカーで言えば，フィールド，ゴール及びボールの形状等の定め並びに「ボールを手又は腕で扱う」ことの禁止等），

○　当該競技の価値を維持する目的（サッカーで言えば，シミュレーション〈審判を欺く行為〉の禁止等）

○　競技の安全を確保し，「生命・健康に対する重大な侵害」を回避する目的（サッカーで言えば，危険なゴールポストの形状・材質の禁止，「不用意に，無謀に，又は，過剰な力」での「チャージ」の禁止等）

を挙げることができる。

(2)　競技規則で禁止されていないプレーヤーの行為は，常に「正当な業務による行為」となるのか

　競技団体関係者の間では，競技規則に違反しない行為は，当該

スポーツで許容されているとして，司法判断の対象となることについての拒絶感が強い。この議論の中で，競技規則において禁止されていない行為が，当該競技において許されているかという点については，精査が必要である。

　サッカーにおいては，「人をかむ」行為は反則とされ，退場の制裁の対象となり[25]，ボクシングにおいても「人をかむ」行為を反則と定めている[26]。しかし，多くの競技では，競技規則において「人をかむ」行為を反則とは定めていないが，競技規則において「人をかむ」行為を反則とは定めていないことをもって，「人をかむ」行為が許されているとする競技は存在しない。これは，多くの競技において，相手競技者を殺害する行為は禁止されていないが，相手方競技者を殺害する行為が当該競技において許されていないことからも明白であろう。

　競技規則は，当該競技において生じる可能性のある全ての行為について，当該競技において許されているか否かを定めているものではない。当該競技において生じる可能性が高い行為の内，競技規則違反として対応しなければならない一定の可能性がある行為について競技規則で定めているものであり，生じることが稀である行為については，個々の行為についての具体的な規定を定めず，法律上の禁止行為は当然許されてないという前提で規則を定めているか，あるいは，一般的・抽象的な規定で対応しているものである。

　競技規則において禁止されていないという事実は，
○　ボクシングにおいて「ベルトライン以下の打撃，頭や肩，前腕，肘を攻撃に利用すること。」等が禁止されていることの反対解釈として，「禁止されていない方法」で，「禁止されていない部位」を打撃することは許されていると解すべき場合と，
○　「人をかむ」行為は，当該競技において当然禁止されているが，「人をかむ」という禁止行為が競技中に行われる可能性が低いため，競技規則上禁止されていない場合との両者がある。

　「ダブルス競技でパートナーを傷つけてはならない。」という競技規則がなくても，パートナーを自由に傷つけることは許されていない。

　バドミントンのダブルス競技中に，シャトルを打とうとした後衛の選手のラケットがペアの前衛選手の目にあたり負傷した事故

(25) 国際サッカー評議会（IFAB）
　　サッカー競技規則（2020/21）
　　第12条
(26) 日本ボクシング連盟競技規則
　　（2020・10・3）第6条。

について，競技規則で禁止された行為でないことを理由に，違法性は阻却されるとする意見もある。

　しかしながら，この意見は，競技規則と「正当な業務による行為」との関係についての正しい理解に基づく意見とは言いがたい。競技規則において禁止されていない行為が，上記のいずれであるか——すなわち，競技規則において許容されている行為であるのか，あるいは，当該競技においては許されない行為であるも，単に競技規則の上で禁止されていることが明文で規定されていないに過ぎないのか，このいずれであるかを当該競技の特性と競技規則の目的等に照らして，判断する必要がある。

（3）競技規則が前提としない試合におけるプレーヤーの行為と競技規則の限界

　競技団体の基本的な競技規則は，試合あるいは競技大会に参加するレベルでの競技能力を有する競技者を前提としているため，このようなレベルでない競技者の場合には，基本的な競技規則を適用することが相当で無い場合がある。この点での競技規則の限界がある。

ア　明文の特例競技規則

　競技団体によっては，試合あるいは競技大会に参加するレベルの競技者が年少者等であるために，基本的な競技規則をそのまま適用することが相当でないとして，競技者の特性に応じて安全を確保するための特例競技規則を定めている場合がある。

　全日本軟式野球連盟では，少年・学童期においては，身体の成長過程にあるため，肘や肩の野球障害が生じやすいという医学的知見に基づき，「投手の投球制限については，肘・肩の障害防止を考慮し，1日7イニングまでとする。」，「学童部3年生以下にあっては，1日5イニングまでとする。」[27]との特別ルールを定めている。

　競技団体は，競技の安全を確保し，「生命・健康に対する重大な侵害」を回避するための科学的な知見に対する関心は必ずしも高いとは言えない。そのため，科学的な知見がすみやかに競技規則として採用されない実態がある。

　全日本軟式野球連盟の年少者の投球制限の基礎となった知見は，日本臨床スポーツ医学会学術委員会の1995年の「青少年

(27) 全日本軟式野球連盟ホームページ。http://jsbb.or.jp/med-anti-doping/medicine

の野球障害に対する提言」[28]であるが，全日本軟式野球連盟が，この科学的な知見に基づき，上記の「少年・学童期」の特例競技規則を採用したのは 2012 年であり，17 年を要している。

　学校管理下の柔道による死亡障害を防ぐための全日本柔道連盟の活動は，2010 年頃から強化された。それまでは対策が皆無であったものではないが，1994 年の調査[29]では，全日本柔道連盟は，柔道活動中の死亡または重大な障害を生じた事故について，訴訟に至った事故例やその他の事故についての事故原因を分析・検討することなく，そもそも事故事例について事故態様や事故件数についてさえ把握していなかった。柔道における脳損傷事故の対策として，全日本柔道連盟医科学委員に脳神経科を専門領域とする医師が加わったのは 2010 年 4 月であり，それまでに学校管理下の柔道による脳損傷での死者は 114 人に至っている。

　競技団体が，当該競技における安全の確保に十分な配慮をする，あるいは，配慮をしないことは，当該競技の盛衰に大きな影響を与える。下のグラフは，全国高等学校体育連盟及び日本高等学校野球連盟の統計資料から，1990 年の全高校男子運動部員数の中で，野球，バスケットボール，サッカー，柔道，ラグビーの5 競技の男子運動部員数が占める割合を 100 として経年変化をグラフにしたものである。男子柔道は，1990 年に比して約 30 年間で約 3 分の 1 にまで減少している。部員数の増減の要因は，

(28)　日本臨床スポーツ医学会ホームページ。https://www.rinspo.jp/proposal.html

(29)　日本スポーツ法学会 1994 年大会は，「スポーツにおける紛争と事故」がテーマであったため，当時の日本体育協会加盟 51 競技団体に対するアンケート調査を実施し，26 競技団体から回答を得た。望月浩一郎「スポーツ障害・事故の法律的側面の現状と課題」（日本スポーツ法学会年報第 2 号，1995 年）。

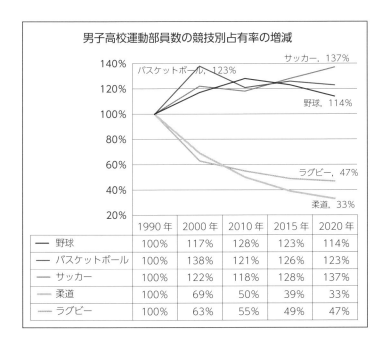

男子高校運動部員数の競技別占有率の増減

	1990 年	2000 年	2010 年	2015 年	2020 年
野球	100%	117%	128%	123%	114%
バスケットボール	100%	138%	121%	126%	123%
サッカー	100%	122%	118%	128%	137%
柔道	100%	69%	50%	39%	33%
ラグビー	100%	63%	55%	49%	47%

安全面だけではないが，「危険」と評価されるスポーツが敬遠されていることが示唆される[30]。当該競技の普及振興という視点からも，競技団体が競技中の安全を確保する取り組みを強化すること，最新の科学的な知見を基礎として，常に「生命・健康に対する重大な侵害」を回避するために競技規則を発展させることが求められている。

　このように，競技団体の基本的な競技規則と異なる参加者を想定した特例競技規則は，より安全に配慮する方向で考慮されるだけでなく，基本的な競技規則で定められた安全の基準を緩和する例もある。

　京都ミニバスケットボール[31]スポーツ少年団連盟主催の大会で，小学６年生男子選手が「レイアップシュート（ドリブルで加速し，手のひらを上に向けた状態でボールを支え，ジャンプしながらゴールにボールを置くようにして行うランニングシュート）を行った際，本件体育館の壁の窓枠に激突し，右脛腓骨骨幹部開放骨折の傷害を負った事案についての判決がある[32]。

　日本バスケットボール協会の定めた競技規則では，バックボードからエンドラインまでは1.2m，「障害物は，コートから2m以上離れていなければならない。」（第２条）とあるため，バックボードの後方は3.2mの空間が必要とされている。ミニバスケットボール競技規則では，バックボードからエンドラインまでは0.85m（バスケットリングとエンドラインまでは1m）とする特則が定められているが（第４条），障害物との距離についての定めはない。

　日本バスケットボール協会競技規則で「障害物は，コートから2m以上離れていなければならない。」（第２条）と定めていることは，競技者が障害物と接触することにより外傷を負うことを回避する機能を果たしているが，ミニバスケットボールでは，この日本バスケットボール協会競技規則は適用されないとしている。ミニバスケットボールに参加する競技者の競技能力に照らして，コート外の障害物による事故を防止するための「安全のための余裕」をトップアスリートと同一の基準よりも緩めることは合理性ある判断ではある。しかしながら，現在のミニバスケットボールルールが，十分な「安全のための余裕」であるのかは，前記京都地判の事案に照らしても疑問であり，十分な根拠を示して

(30)　アメリカにおいては，アメリカンフットボールのプロ選手が脳振盪により深刻な後遺障害を残したとして集団訴訟が提訴され平成28・4に総額10億ドルを支払う和解が成立した。この事件を契機に，アメリカンフットボールによる脳損傷の危険性が広く知られることとなり，高校生未満の子どものアメフト人口は，平成23年からの5年間で25％減少した。日本経済新聞平成28・7・10。

(31)　12歳以下の児童によるミニバスケットボール規則に基づく競技。現在はU12カテゴリーである。

(32)　京都地判平成25・8・28 LLI/DB14 判例秘書登載。

いない。なお，ミニバスケットボール規則は，令和3年4月に改定され「チーム関係者の座っている席を含む全ての障害物は，コートから原則2m以上離れていることが望ましい。」との規定が加わった。小学校の体育館等のキャットウォーク[33]に設置されたバスケットボールゴールを利用して試合を実施できるようにするため，「望ましい」との表現にしたと推測される。スポーツの現場において，競技者や指導者が求めているのは，「望ましい」基準だけではなく，安全確保のための「最低限」の基準である。「最低限」の基準が示されない場合には，コートのエンドライン後の空間が全くない状態でも，試合をすることにならざるを得ない。競技団体の競技規則の定めかたの配慮が望まれる[34]。

　本判決は，

① 「本件体育館のキャットウォーク側に固定してあるゴールは，壁からわずか90cm程度の距離しかなく，レイアップシュートをする際等に選手が勢いよく走り込んだ場合には，制止できず，壁ないし壁に設置されている床窓の枠に衝突する危険性があることが認められる。」，

② 「壁に身体が当たりそうになった場合には，通常は，手で壁を押す等して勢いを弱める等すれば，形状が平面であって素材も木製であるため，傷害を負う危険性が高いとはいえず，特段の安全措置を講じなくとも，通常有すべき安全性に欠けているということはできないけれども，ゴールから90cm程度しか距離のないゴール裏の近くに設置された床窓の枠については，手で窓枠の上部の壁を押す等して回避措置を取ることが難しいものであることに加え，上部の壁に手を付けたとしても勢いを殺しきれずに窓枠に足が接触する等すれば，材質も鉄製で，形状も平面でないことから，骨折等の傷害を負う危険性があるといえる。」，

③ 「走り込んだ勢いが減速しにくいゴール裏近くに床窓の枠が来るような状況でゴールを配置して本件体育館を使用する場合には，窓枠にクッションを設置する等事故防止のための措置を講じなければ，バスケットの試合中，シュートをする際に勢いよく走り込むという通常の使用方法により，利用者が負傷するおそれがあるといえるから，本件体育館のゴールないしその配置に通常有すべき安全性を欠いている状態があるというべきである。」，

として体育館の設置者である京都市について国家賠償法第2条

(33) 体育館の2F部分の狭い通路。

(34) 「最低限」の基準の考え方については，スポーツにおいても重要な視点である。野球における投球制限に批判的な立場からは，「投球制限を守っていれば，必ず障害は防げるのか。投球制限を守らなければ，必ず障害は生じるのか。」という指摘がなされる。「最低限」の基準は蓋然性で判断されることになることを看過した意見である。例えば，道路における制限速度の定めは，「制限速度を守っていれば，必ず事故は防げる」ものでもなく，「制限速度を守らなければ，必ず事故は生じる」ものではない。その制限速度を遵守することが，短時間での移動という目的と事故の発生の予防という点での両者の法益の調整という目的に照らして，事故の発生を予防するための蓋然性の視点から「最低限」のルールとなっているものである。

の営造物責任を認めた。さらに，「ミニバスは，身体的に未熟な 12 歳以下の小学生により行われるものであるから，主催者である被告ミニバス連盟は参加者の安全に配慮する義務があり」，「ゴール裏近くに床窓の枠があり，通常の使用方法により骨折等の傷害が生じる危険性のある状況にある場合には，窓枠にクッションを設置したりする等事故防止措置を講じなければならなかったといえる。」として，主催者の京都ミニバスケットボールスポーツ少年団連盟の安全配慮義務違反ないし使用者責任に基づく損害賠償責任を認めた。

　本事案は，ミニバスケットボール競技規則に違反をしていないコートでの事故である。基本的な規則では「障害物は，コートから 2m 以上離れていなければならない。」（第 2 条）との競技者が障害物と接触することにより外傷を負うことを防止するバスケットボール競技規則を，ミニバスケットボールの特例競技規則で排除し，かつ，これに代わる安全確保措置も講じていないために生じた事故である。

　ミニバスケットボールにおいても，競技者がコートに近接する障害物と接触することにより外傷を負うことは容易に予想できる事故であり，競技団体としては，このような事故を回避するために必要な措置を競技規則上で定める必要があるが，この点の配慮が十分でなかったために本件事故は生じている。スポーツ事故を予防する上で，競技団体と競技規則が果たすべき役割に鑑みると，十分であったとは言えない事例である。

イ　明文でない特例競技規則

　競技団体の競技規則が前提としている競技レベルの競技者でない場合には，明文による特例競技規則がない場合でも，当該スポーツの特性に照らして，競技団体の基本的な競技規則の適用が排除される場合がある。

　佐久市ソフトボール協会主催の男女混合ソフトボール大会で，打者がヒットを打ったので，二塁走者が左足からホームにスライディングした際に，キャッチャー（43 歳女性）が転倒し，左膝後十字靭帯断裂の傷害を負った事案についての判決がある[35]。このソフトボール大会は，男女とも 40 歳以上でなければ出場資格がなく，常時 4 名以上の女性が出場していなければならない規

(35)　長野地判佐久支部平成 7・3・7 判時 1548 号 121 頁。

則で，盗塁やラフプレーも禁止されていた。

　判決は，「プロ野球や社会人野球，学生野球（ないしソフトボール）等，プロスポーツやそれに準ずるような質の競技であれば，違法性を認め得ないのが原則」であるとするも，「本件のソフトボール試合は，地域住民相互の親睦を目的とした催しであり，住民一般を対象とした男女混合の試合で，参加資格者は 40 歳以上の高齢者で，しかも，常時女性 4 名以上の出場が義務づけられるというものであったのである。このように高齢の一般人を対象とした，かつ男女という本質的に異なる肉体的条件下にある者を意図的に混在させたスポーツ競技においては，前述したようなプロスポーツやそれに準ずる競技の場合と異なり，勝敗を争ってプレーをする際に許容される行動の限度が，自ずから異なると考えられる。」とし，「原告の身体との接触を回避しつつ手でホームベースにタッチすることを試みることも十分に可能であったと考えられ，かつ，被告がそのような行動をとったとしても，試合の興趣が格別損なわれるというものではなかったと思われる。したがって，前述した試合の趣旨にもかんがみれば，得点を得ようとするあまり，被告があえて選択した右の如き危険なスライディング行為に違法性阻却の余地を認めることは困難であると言わなければならない。」と判示した。

　競技団体の基本的な競技規則では許されている行為であり，かつ，明文の特例競技規則が定められていない場合であっても，競技団体の基本的な競技規則が対象としている競技者の年齢，体格及び技量等と異なる競技者のレベルでは，競技団体の基本的な競技規則よりもより安全に配慮した当該競技の特性上求められる非成文の競技規則が適用された一例である。

　事故予防の視点からは，このような場合においては，基本的な競技規則とは異なった競技規則において試合が行われることを周知することが重要であり，本件では，「盗塁やラフプレー」のみならず，「危険なスライディング」も禁止されることを事前に明示することが必要であった。

　この事例とは反対に，競技団体の基本的な競技規則が対象としている競技者の年齢，体格及び技量等と異なる競技者のレベルの試合であることを理由として，非成文の競技規則として，基本的な競技規則で定められた安全の基準を緩和する例もある。

　宮崎県庁職員の厚生計画の一環としての県本庁各課及び宮崎総合庁舎内の各出先機関対抗の九人制バレーボール大会において，ボールを追った選手が観戦者にのしかかるようにして衝突して，観戦者が転倒して傷害を負った事案についての判決がある[36]。

　判決は，

(1) 事実認定については，次のとおり判断した。

　　①エンドラインないしサイドラインから3m程度離れた位置には観戦者がいた。

　　②サイドライン外側3m程度のところで観戦者が外傷を負った。

(2) 衝突の危険性及びその予防に対する知見としては次のとおり判断した。

　　①「バレーボールは，一般的には，選手がボールを追ってコート外に出ることも多く，その意味では選手と応援者や観客とが衝突事故を起こす危険を内包している競技である。」

　　②「(競技規則では) コートの外方3m以内には支柱及び審判台以外には障害物があってはならない。なお，日本バレーボール協会では，サイドラインの外方5m及びエンドラインの外方8mの間は障害物のない空間とするよう指導しており，特に，全国大会又はこれに準ずる大会の施設としては右の規格の施設が要請されている。」

(3) 本件においては次のとおり判断した。

　　①「本件試合がレクリエーション試合であって，選手の中には比較的年齢の高い者又は女性が含まれる予定であった」ことを理由として，「選手と応援者や観客とが衝突事故を起こす危険」が少なかった。

　　②「(原告のスポーツ歴等の属性に照らして) 通常の注意を払って観戦していさえすれば，選手との衝突事故は容易に避け得た」と考えられる。

(4) 以上の判断を基礎として，「本件試合に際し，被告らがサイドラインから3～5m内への立入りを禁止せず，かつ，コートと観戦者間に防護設備を設けなかったことは，原告との関係で安全配慮義務違反となるものではない。」と判断した。

　競技力の高い競技者と競技力の低い競技者とを比較すれば，競

(36) 宮崎地判平成4・9・28判タ801号190頁。判例評釈として，薄津芳「都道府県展望」417号64～65頁（平成5年6月）がある。

技力の高い競技者の方がよりボールを追ってコート外に出る範囲が広い。言い換えれば，「本件試合がレクリエーション試合であって，選手の中には比較的年齢の高い者又は女性が含まれる予定であった」ことを理由として，「選手と応援者や観客とが衝突事故を起こす危険」の回避措置が，トップアスリートの競技規則よりも緩和することは，一般論としては異論がないであろう。

　しかしながら，この理由から直ちに，「コートの外方3m以内には支柱及び審判台以外には障害物があってはならない。」という競技規則の例外とすることは，「選手と応援者や観客とが衝突事故を起こす危険」の回避措置を緩和することを相当とする事実がなければならない。すなわち，

①　「選手と応援者や観客とが衝突事故を起こす危険」がある競技力の高い競技者が参加を許されていない，

②　競技力の高い競技者が参加する場合には，彼らの能力を発揮してコート外にボールを追うことは許されていない，

というルールで運用されなければならない。

　このような特例ルールに基づく試合運営がなされていなければ，「日本バレーボール協会では，サイドラインの外方5m及びエンドラインの外方8mの間は障害物のない空間とするよう指導」していることを緩和する措置は相当とは言いがたい。

　本件では，実際に「選手と応援者や観客とが衝突事故を起こす」事故が生じているのであり，この裁判の結論については精査が必要である。また，受傷者の運動能力が高いことを理由に回避可能であるとする論理の相当性についても疑問があり，この点も精査が必要である。

(4) 練習中のプレーヤーの行為と競技規則の限界

　当該競技において様々な練習をする場面がある。練習の場面では，当該競技の競技規則は基本的に適用されるものの，練習という目的に応じた，練習時の規則が優先的に適用されるという面において競技規則の限界がある。

　サッカー競技規則では，「相手競技者に対して不用意に，無謀に，又は，過剰な力でチャージする行為等」，「危険な方法でのプレー」はいずれも反則とされ（12条），前者は直接フリーキックが，後者は間接フリーキックが与えられるが，この規則は，サッ

カーにおける安全を確保する目的であり，サッカーの試合中のみならず，練習においても守るべきルールとされる。

　競技規則において，試合においては許されているが，練習という場面では，競技規則とは別個の規則が優先される場合がある。

　高校野球部ダブルプレー練習中に，練習では想定されていない他の野手からの送球を受けて失明した事故についての判決がある[37]。この判決の事案は，ノッカーの打球をダブルプレーにする練習であり，三塁守備についた野手は，ボールをノーバウンドで直接捕球するような例外的な場合を除いては，捕球したボールを二塁に送球し，一塁走者をアウトにした後に，さらに一塁に送球することとなっていた。一塁には，二塁手等からの送球を受ける野手と，この者のやや前方に他のノッカーからの打球を捕球する練習をしている野手がいた。三塁守備についていた野手は，捕球後二塁に送球せずに一塁に送球したところ，これが，他のノッカーからの打球を捕球する練習のために一塁付近にいた野手の眼部にあたり失明したものである。

　一塁に送球した野手は，「本件事故は硬式野球というスポーツを行う際に発生したものであり，その競技の性質上，傷害の危険が内包されていること」，「硬式野球のルール上許された行為」であることを理由に違法性がないと主張した。

　これに対して判決は，
① 「(本件事故時の) ダブルプレーの練習は，試合におけるような，ルールに反しない限りで，自らが行うべきプレーを選手各自が選択することができる場合とは異なり，三塁手が監督のノックを受けた場合は，これを二塁に送球するというように，各自の行うべきプレーが固定化又は定型化された練習方法であった」ことから，
② 「(この) 練習に参加する者らは，定型化されたプレーに反する行動をとる者が出ることを予想していないのが通常である」り，
③ 「練習方法において定型化されたプレーに反するプレーをすることについては，試合におけるような，当該試合に出場している各選手がそれぞれ取るべきプレーを選択しており，他の者も，当該選手が選択するプレーが自らの予想に反することがありうることを前提としている場合に比して，その危険性は極めて高い」という理由から，一塁への送球が，「硬式野球のルール上許され

(37) 大阪地判平成11・7・9判時1720号161頁。

たものであるからといって違法性が欠けるものではない。」と判
示した。

　野球における試合では，1個のボールを用いるため，全ての競
技者が当該ボールの行方を注視していることが前提とされた競技
規則が採用されている。ところが，練習の場面では，一つのグラ
ウンドで複数の態様の練習をしたり，複数のボールを用いる場合
もあり，このように試合とは異なる環境にあるため，その練習に
固有な規則が採用されているものであり，練習という場面におけ
る特則たる規則は，それが明示されている場合も黙示の合意たる
場合のいずれであっても，試合を前提とした競技規則よりも優先
されることになる。この点において，競技規則の限界がある。

(5) 他者と競うことを目的としないスポーツ活動中のプ
レーヤーの行為と競技規則の限界

　スポーツは自主的自発的な活動であり，タイム，技術，勝敗等
を競う競技スポーツだけではない。

　楽しみを得るためのスポーツ，他者と競うのではなく自らの競
技力を高める目的でのスポーツ等，他者と競うことを目的とし
ないスポーツ（以下「非競技スポーツ」と言う。）は多い。プール，
川，海における水泳（遊泳），スキー場におけるスキーでの滑降，
自然の野山におけるハイキングがある。競技スポーツである野球
競技の一部としての要素もあるキャッチボール，走るという点で
は，陸上競技と共通するジョギングもある。

　競技団体の競技規則は，競技スポーツにおける試合を対象に定
められている。日本水泳連盟は，競泳，飛び込み，アーティス
ティックスイミング，水球等の競技のための規則は定めている
が，遊泳のための規則は有していない。野球競技団体は，野球の
試合についての規則は定めているが，キャッチボールをする際の
規則を定めてはいない。しかしながら，競うことを目的としない
スポーツ活動において，競技団体の定めた明文の競技規則が存し
ないことは，当該スポーツに規則が存しないことと同意義ではな
い。非競技スポーツの特性に応じて，競技者には，他者の「生
命・健康に対する侵害」を防止するための法律上の注意義務が求
められる。この法律上の注意義務が，当該非競技スポーツにおい
て安全を確保するための行為規範となり，非成文の競技規則と評

価される。

　スキー場において上方から滑降する者は，前方を注視し，下方を滑降している者の動静に注意して，その者との接触ないし衝突を回避することができるように速度及び進路を選択して滑走すべき注意義務を負うと判示した最高裁判決[38]がある

　事案は，スキー場において，下方をパラレル滑降していたスキーヤーとその上方からウェーデルンとパラレルを織り交ぜて滑降したスキーヤーとが衝突して，下方を滑降していたスキーヤーが傷害を負った事故である。

　この最高裁判決の原審である札幌高等裁判所判決は，「……スキー場での滑走には相当の危険を伴うものである。したがって，スキー滑走を行う者にはそれぞれにそのような危険を回避する注意義務がある。その一方，スキーは，レクレーションにとどまらず，スポーツとしての側面が大きく，特に高度の技術を駆使する上級者の滑走についてはこの点が顕著であるから，滑走に際してはそのような危険が常に随伴することを承知の上で滑走しているものと解すべきである。とすれば，スキーの滑走がルールや，当該スキー場の規則に違反せず，一般的に認知されているマナーに従ったものであるならば，他の滑走中に傷害を与えるようなことがあっても，それは原則として注意義務の違反と目すべきものではなく，また行為に違法性がないと解するのが相当である。」として違法性を否定した。

　判決は，スキーの滑走が①「ルール」，②「当該スキー場の規則」，「一般的に認知されているマナー」に違反しない限り違法性がないとしたものである。

　この判決は，「マナー」という語を，ゲレンデスキーというスポーツの特性に応じた非成文の競技規則と同義で使用している[39]。

　本件と同様に，「マナー」を理由に違法性阻却を検討する判例は少なくないが，「マナー」をどのように定義して使用しているか明確にしている判例は稀有である。スポーツとの関係では，スポーツの特性に基づく非成文の競技規則を示していると推測される場合が多い。

　明文の競技規則は，当該規則について競技規則上の制裁を科す規則と，望ましい行為規範とするだけで，競技規則上の制裁を科

(38) 最高裁判所平成7・3・10判時1526号99頁。

(39) 札幌高判が，ゲレンデスキーの「マナー」＝スポーツの特性に応じた非成文の競技規則について，上方から滑降するスキーヤーは下方を滑降するスキーヤーとの衝突を回避する義務を有しないと判断したのは正しくない。正しい判断は，後記最高裁判例のとおりである。

さない規則とがある。競技規則上の制裁を科すか否かは，必ず
しも「一般市民法秩序」の違法性の有無とは一致していない[40]。
スポーツ団体は，「一般市民法秩序」違法とされる行為のみなら
ず，スポーツ団体として競技規則違反としての制裁を科すことに
より，当該スポーツの価値を守ろうとすることはスポーツ団体の
自主的自律的活動として許される。例示すれば，日本バスケッ
トボール協会は，2019年，「クリーンバスケット，クリーン・
ザ・ゲーム　〜暴力暴言根絶〜」を公表し，コーチの暴力的行為
および暴言といった振る舞いに対して「リスペクト・フォー・
ザ・ゲーム」の観点からテクニカルファウルとすることを明らか
にした。「怒鳴る」という行為は，「一般市民法秩序」では必ずし
も不法行為と評価されない場合もあるが，「コーチの暴力的行為
および暴言」について競技規則上の制裁を科し，これを抑止しよ
うとする試みである。

　「マナー」という言葉は，「行儀，作法」と解され，制裁の対象
になることが想定されていないイメージがあるが，当該スポーツ
の特性に応じた非成文の競技規則は，「一般市民法秩序」におい
て違法とされる行為と「一般市民法秩序」上は違法とされない行
為と両者を含むので，「マナー」という表現を用いる場合にはこ
の点の留意が必要である。

　一方，上訴審である最高裁判所は，「スキー場において上方か
ら滑降する者は，前方を注視し，下方を滑降している者の動静に
注意して，その者との接触ないし衝突を回避することができるよ
うに速度及び進路を選択して滑走すべき注意義務を負う」ことを
理由に違法性を肯定した。

　上記高等裁判所判決は，スキーの滑走が①「ルール」，②「当
該スキー場の規則」，「一般的に認知されているマナー」に違反し
ない限り違法性がないとしたものである。

　ゲレンデスキーにおいて滑降者が上方から滑降してきた滑降者
と衝突する事故は，自動車事故の追突事故と類似の関係になる。

　自動車事故の追突事故においては，後続車が追突事故を回避す
る義務があり，先行車の注意義務は，急停車する必要性がないに
もかかわらず急停車した等の特段の事情がある場合に先行車の過
失が過失相殺の対象たる注意義務違反と評価されるだけである。

　ゲレンデスキーにおいては，上方から下方に滑降するという点

(40)　佐藤千春は，「ルール違反は，
直ちに法律上の責任を決するもの
ではなく，肯定される可能性が
あるという指標でしかない。」と
指摘する（「スポーツ事故におけ
る損害賠償責任──加害免責と
賠償額限定の構成」35頁（日本
スポーツ法学会年報6号，1999
年）が，筆者も同意見である。

において，同一方向に進行する車両と同じ関係である。下方を滑降する滑降者は，基本的には上方の滑降者の動静を確認し，上方からの滑降者を回避することは困難であり，上方からの滑降者が衝突回避義務を負う。

　下方の滑降者が滑降中に停止する理由がない場所において停止する，それまでの滑降の経過に照らして予想し得ない進路変更をする等の特段の事情がある場合には，自動車の追突事故と同様に，下方の滑降者の過失が過失相殺の対象たる注意義務違反と評価されるだけである。

　ゲレンデスキーにおいてスキーヤー同士の事故が多発したことから，国際スキー連盟（FIS）は，1967年，"10 FIS RULES"をもって，ゲレンデにおける自由な滑降のルールを定めた。非競技スポーツについて競技団体がルールを定めた稀な例である。"10 FIS RULES"のルール3は，「滑走ルートの選択」という表題で「前の人に危険が及ばないコースを選んで滑る。」「前に他のスキーヤーやスノーボーダーが滑っているときは，彼らに優先権があります。後を滑る人は，前を滑っている人が自由に動けるように，十分な距離を保ちましょう。」と提言している[41]。

　非競技スポーツにおいて，これを統括することを相当とする競技団体は，国際スキー連盟が"10 FIS RULES"を定めたと同様に，非競技スポーツについてのルールを明文として明らかにすることで，スポーツによる「生命・健康に対する侵害」を回避することに資する役割を果たすことが期待されている。

　日本水泳連盟における公認プール規則においては，レーン（コース）の幅は国際プール及び50m一般プールでは2.5m（第38条，第42条，第51条）とされ，25m一般プールでは，2.00～2.50m（2.50mを推奨する）とされている。これは競泳の大会において競技者が安全に泳ぐ為のレーン幅を確保するという機能を果たしている。

　水泳では，背泳では基本的に顔は上方を，クロール，平泳ぎ及びバタフライでは顔は水底を向いており，車両の運転と異なり，進行方向前方の確認は，そのための努力がないと難しい。このような事情から，陸上競技におけるトラック幅が1.22m[42]とされていることの概ね倍の幅が確保されている。

　公認プール規則は，水泳大会を実施するための基準であるた

(41) "10 FIS RULES"の日本語訳は全国スキー安全対策協議会のホームページに掲載されている。http://www.nikokyo.or.jp/safety-snow/
　小谷寛二は，運動会の騎馬戦での事故事例の経験を通じて，運動会のルールが一つの種目で1～2行程度しか記載されていないことの問題を指摘し，競技団体が存在しないスポーツにおいて明文のルールを整備する重要性を指摘している（日本スポーツ法学会年報8号，103～104頁）。

(42) 日本陸上競技連盟競技規則第160条。

め，大会外の練習，あるいは，非競技スポーツとしての水泳においては，このレーン幅は直接は適用されない。

　そのため，フィットネスクラブのプールの利用方法において，一つのレーンを左右に区分し，対面往復で使用している例は少なくない。このような区分には，レーンロープが使用されることは稀であり，泳者自身が，進行方向に見て，一つのレーンの右（左）半分を進行しているかは，レーンの状態を考えて自ら判断することになり，水面にレーンの左右を分ける目標物はない。道路に例えれば，幅員が狭く，センターラインがない道路を対面で通行する状態である。

　一つのレーンで泳ぐ泳者同士の事故は，当然予想される。スポーツセンターの屋内プールのコース内を指定された右側通行で，クロールで泳いでいた 56 歳女性が反対側からの泳者と衝突した事故についての判決 [43] がある。

　原告は施設管理者の責任について，「右側通行の指定はしていたものの，同一コース内で往復双方向に泳がせるという，そもそも衝突等の危険をはらむ泳法指定をしていたこと（泳法規制義務違反）」をプールを使用するための契約上の安全配慮義務違反と主張した。

　この原告の主張に対して，判決は，次のとおり施設管理者の安全配慮義務を否定した。

① 「財団法人日本水泳連盟が社団法人日本マスターズ水泳協会の協力を得て編集し出版した「水泳プールでの重大事故を防ぐ」と題する書籍において，P13 弁護士は，水泳プール事故判例として平成 11 年 12 月 6 日の千葉地裁佐倉支部の裁判例（判例時報1724 号），すなわち成田市立小学校の授業中，15 〜 16m の幅に17 名を同時に泳がせたところ児童同士が衝突して死亡した事故等を取り上げながら，「プール内での衝突事故の防止が必要である。プールに同時に大勢の利用者を入れると溺水時の監視が困難になるだけでなく，利用者どうしの衝突事故がある。（中略）同一コースで泳者を往復させる等隣の泳者との間隔が十分でない状態でプールを使用させず，コースロープを張り，泳げる水域を明示して，一方通行とする措置が必要である。」と述べている。このようなプール利用者の衝突事故の事例等から，同一コース内で往復双方向に泳がせる場合には，衝突事故の危険がなくはないと

(43)　東京地判平成 27・1・21 LLI/DB 判例秘書登載。

いえる。」

② 「しかし，プールにおける事故の防止は，そのプールの利用方法の定めを考慮しながら，利用者自身が衝突を防止するよう注意することによって相当程度は防止できるものである。同一コースで往復双方向に同時に泳がせる泳法指定をしたときは，双方の利用者が注意を怠った場合に衝突が生ずる危険があるとしても，それは，このような不注意が重なった場合に限られるのであって，利用者自らが注意することを前提としている以上，往復利用をさせたプールにおいて衝突事故が発生する危険が相当程度高いものと一般社会において認識されているとまでは認められない。」

③ 「前記のとおりP13弁護士が事故事例に基づき，同一コースで泳者を往復させる等隣の泳者との間隔が十分でない状態でプールを使用させず，コースロープを張り，泳げる水域を明示して，一方通行とする措置が必要であると述べているとしても，そのような一方通行とする措置が，我が国の公共利用を目的とするプールにおいて一般的に採用されているという証拠もない。」

④ 「そうであるとすれば，遊泳者双方が反対方向から泳ぐ遊泳者に対する注意を怠って衝突する危険が，社会通念に照らして相当程度高いとまでは認められないから，被告公社において，その危険をあらかじめ未然に防止するために，そもそも同一コース内で往復双方向に同時に泳がせる泳法指定をしないで，一方通行とする泳法指定をすべきであったとまでいうことはできない。したがって，被告公社が上記の泳法指定をしたことが，プール利用者の生命，身体の安全を保持すべき義務（安全配慮義務）に違反したものとはいえない。」

　判決は，施設管理者の責任を否定した上で，原告と衝突した泳者について，

① 「被告P2は，右側通行の往復コースとして指定された本件コースで泳ぐにあたっては，反対方向から泳いで来る遊泳者と衝突しないよう指定された通りになるべくコースの右側を泳ぐように注意すべきはもちろんのこと，原告が反対方向から泳いでいることを知りながら泳ぎ始めたのであるから，反対方向から泳いで来る原告と衝突しないよう前方から来る反対方向の遊泳者の動向を随時確認すべき注意義務があったといえる。」

② 「それにもかかわらず，被告P2は，泳ぎ始めてから約7m泳

いで原告と衝突するまでの間，コースの真ん中寄りを泳いだ上に，反対側から泳いでいた原告に，衝突まで全く気付かなかったのである。そうであるとすれば，被告 P₂ は，往復コースでの遊泳に当たって，衝突しないようになるべく右側寄りを泳ぐとともに，前方から来る反対方向の遊泳者の動向を随時確認すべき注意義務を怠り，これにより自らの頭部を原告の頭部と衝突させた過失があるというべきである。」

として，衝突をした泳者の責任を肯定した（過失相殺30%）。結論は，施設には，その利用方法の点において通常有すべき安全性は確保されており，事故が生じたのは利用者の注意が足りなかったという判断である。

　道路の例で言えば，幅員が狭く，センターラインがない道路を対面で通行する状態であることを理由に，常に一方通行とすることは，当該道路とその周囲の道路状況から，これを相当とする場合もある。しかしながら，他に迂回道路等がない場合には，道路を利用する者が，幅員が狭く，センターラインがない道路を対面通行で利用することの危険性を，自身の注意義務をもって回避することを前提として使用することは許される場面はある。

　フィットネスクラブのプールにおいて，複数レーンを有するプールにおいて，1レーンを泳者が往復する利用方法は，事故を予防するという視点からは，望ましいものではない。しかしながら，上記の道路の例で言えば，多数のプールがあるという前提をとれば，

○　安全を考慮してレーン内では一方通行とするプールを利用することも，

○　利用者の注意義務で事故は回避できるとしてレーン内を対面通行とするプールを利用することも，

利用者の判断である。言い換えれば，施設の利用者が，より安全性の高いプールを選択することも，安全性の低いプールを選択することも自由である場合において，安全性の低いプールの衝突による危険性を施設利用者が引き受けることが公序良俗に反すると言えるほどに高い場合を除けば，安全性の低いプールをもって「通常有すべき安全性」に欠けると評価はできない。この結論は，①多数のプールがあり，②安全を考慮してレーン内では一方通行とするプールを利用することも可能であるにもかかわらず，③利

用者の注意義務で事故は回避できるとしてレーン内を対面通行と
するプールを利用したために生じた事故である，という前提が正
しければ相当というべきである。この前提が事実であるかについ
ては，筆者は疑問であると考えている。

　引き受ける危険性が公序良俗に反すると言えるほどに高くない
場合には，その危険性を利用者自身が自ら危険を引き受けること
で利用することも（このような危険を引き受ける動機は，施設利用
料金が低廉であるという場合が考えられる。），競泳の大会時と同様
な安全性が確保された状態の施設を利用する（安全性が確保され
るために，施設利用料が高額となることが予想される。）ことでこの
ような危険を引き受けないことも，自己決定権の問題である。

　しかしながら，競技団体が，

○　スポーツに参加する者が高い危険性を自ら引き受けて，これ
を克服しなければ，当該スポーツに参加できないという状況を容
認するか，

○　スポーツに参加する者が，高い危険性が排除された安全性の
高いスポーツに参加する状況を作出するか，

は，当該競技団体が，当該スポーツの普及振興にどれだけ努力し
ているかという評価にかかわる。

　スポーツ安全保険の保険給付実績では，水泳は，保険給付事
故発生率は 0.02% と極めて安全性の高いスポーツである。この
ような水泳における安全性に対する信頼と，上記判決における
フィットネスクラブにおける危険の引き受けのレベルとは乖離し
ているのではないかというのが筆者の意見である。水泳施設の責
任を回避したために，水泳というスポーツが危険であるという認
識が共有されることは，水泳競技の普及振興を目的とする競技団
体として容認すべきか，改善すべきかは自ずと明らかである。

5　まとめ

(1) スポーツが身体活動をその本質とする以上，身体活動に伴
い外傷あるいは障害が生じる可能性がある。スポーツをすること
で外傷あるいは障害が生じる可能性を認識しても，なお，スポー
ツをする価値をより高いと評価をして，外傷あるいは障害が生じ
る可能性を許容した上で，スポーツに参加をすることは，基本的

には，自己決定権の行使として許される。

　スポーツは，自主的自律的な活動であり，これに参加するものがスポーツ団体を結成し，競技規則を自ら定めることも団体自治としての権能であり，スポーツ団体が競技規則をもって，外傷あるいは障害が生じる可能性があるプレーを許容することも基本的には許される。スポーツに参加する者が，スポーツ団体が定めた競技規則に従うことを，自ら選択してスポーツを行い，その中で他の競技者の行為により外傷あるいは障害を生じたとしても，その結果はスポーツに参加する者が自らが許容しているものであり，外傷あるいは障害が生じる原因となった競技者の行為は正当行為と評価され，違法性は阻却される。

　しかし，スポーツ活動も一般市民社会の中の活動の一部であるため，市民法秩序が許容していない生命身体に対する重大な侵害を生じる可能性がある行為で，かつ，その可能性が稀と言えない行為については，市民法秩序と直接の関係を有する問題として，市民法秩序により規制される。例示すれば，真剣を用いた剣道の試合は，スポーツの名の下に市民法秩序において許容されることはない。真剣を用いた剣道の試合を競技規則で許容する団体が主催する試合において，これに参加した者が外傷を負い命を失った場合には，市民法秩序に反するものとして，団体自治としても許されることはなく，正当行為とは評価されない。

　生命身体に対する重大な侵害を生じる可能性がある行為で，かつ，その可能性が稀と言えない行為を許容することは許されない。競技規則は，市民法秩序の範囲内でなければならないという限界がある。これが本論考における結論の1点目である。

(2)　競技規則は，当該スポーツ活動中に生じることが想定されている危険行為に対して，これを許容するか否かを定めているため，当該スポーツ活動において生じることが稀である行為，例えばテニスにおいて他の競技者に「嚙みつく行為」，あるいは，ダブルス競技においてパートナーの競技者を傷つける行為等については，競技規則上，これを禁止する明文上の定めがなくても，これらの行為はスポーツの特性上許容されているとは言えない。スポーツ団体の明文の競技規則で禁止されていないことをもって直ちに，許容されているとは言えない場合が存する。

　また，スポーツ活動において，他の競技者のプレーにより外傷

あるいは障害を生じる可能性のある行為が多様であり，危険性の高低の幅が広く，当該プレーが競技規則において禁止されているか否かの判断が容易でない場合もある。

　これらの場合には，スポーツ団体の競技規則は，市民法秩序に反していないという前提で解釈される。競技規則が市民法秩序の判断の基準になるのではなく，この逆であり，当該行為の目的，態様等を総合的に判断して，当該プレイが市民法秩序において許容されている行為か否かが判断され，市民法秩序において許されていないという判断がなされる場合には，競技規則上も許容されていないという，市民法秩序を追認することになる。

　このように，競技規則に違反しているか否かの判断，当該プレーが正当行為か否かを判断する上では，競技規則の文理解釈は限界があり，競技規則の明文上明確に禁止されていないことをもって，直ちに正当行為として許容されている行為ではないと判断することはできず，市民法秩序の点から，生命身体に対する重大な侵害を生じる可能性がある行為で，かつ，その可能性が稀と言えない行為であるか否かが判断され，これが肯定される場合には，競技規則上も禁止されている行為と評価されることになる。これが本論考における結論の2点目である。

(3) スポーツは自主的自律的活動であり，様々な種類があり，中には当該スポーツを統括するスポーツ団体が存在せず，もって，競技規則が定められていないスポーツもある。また，スポーツ団体が定めた明文の競技規則は，当該スポーツ団体の競技規則が想定している年齢あるいは競技力を有する競技者を対象として，当該競技規則にしたがった試合ないし競技会を運営するために定められているものである。

　スポーツ団体による競技規則が存在しない場合，あるいは，競技規則が定められている場合であっも，競技規則が適用される場合以外においては，正当行為の判断においては，当該スポーツの特性から求められる非成文たる競技規則により判断される場合がある。

　この意味で，スポーツ団体の成文の競技規則が適用される限界がある。具体的には，①体育祭等において実施される自転車のホイールを転がしながら行うリレーのような統括スポーツ団体による競技規則が定められていないスポーツ，②ゲレンデスキーや

キャッチボール，公道等におけるジョギング等，競技スポーツの一部を構成するスポーツではあるものの，当該場面を想定した明文の競技規則が定められていない場合，③競技スポーツの練習のように，競技の一部ではあるが当該練習に特有の非成文の競技規則により運営がなされている場合，④年少者あるいはレクレーション等として行われるスポーツで，身体的負荷が低いことを前提としているスポーツにおいては，スポーツ団体の競技規則がそのまま適用されることは予定されていない。

　これらの場合には，そのスポーツの特性，試合や競技会との差異，当該スポーツに参加する者の特性に応じて競技規則は修正された上で適用されるものであるから，競技規則に違反していないことをもって，直ちに，正当行為であると判断することは許されない。これが本論考における結論の３点目である。

（4）以上のような競技規則の機能と限界を理解した上で，スポーツ中の外傷あるいは障害が正当行為として許容されているか否かが検討される必要がある。

　従前，競技規則の上記機能と限界が十分に意識されないまま，スポーツ団体の明文の競技規則で禁止されているか否かをもって，スポーツ中の外傷あるいは障害が正当行為として許容されているか否かが判断されている事案もあるが，今後は，競技規則の上記機能と限界を検討した上で判断されることが必要である。このような議論の契機となることを願って本論考をまとめたものである。

（望月浩一郎）

第**3**章 スポーツ事故と民事責任

1　はじめに

　スポーツには，心身の健康を維持し，筋力や体力も増進され，人々の連帯や絆を深めてくれるなど大きなメリットもある。しかし他方で，体を動かしたり，他人との接触も避けられず，レクリエーションのスポーツであろうが，競技スポーツであろうが，アマチュアやプロフェッショナルかどうかを問わず，衝突をしたり転倒したりして怪我をすることも少なくない。とくに，サッカー，ラグビー，アメリカンフットボールなどのコンタクト・スポーツ，柔道・空手・テコンドー・レスリングなどの格闘技，そして，ボクシングなどのような殴り合いをすることが許される危険な行為を許容するスポーツでは，重大な事故や負傷により，重篤な後遺症が残ったり死に至ることも稀ではない[1]。

　ここでは，大人のスポーツ競技者が，競技大会または練習の場でプレー中に，他の競技者との間で接触または衝突したり，技をかけて転倒するなどして，相手方に負傷なり重大な損傷を与えた場合，具体的にどのような事情があるときに民事責任を負わなければならないかを検討する。その際に，当事者の特性，競技経験，年齢等，競技の性質，格闘技かどうか，コンタクト・スポーツで危険を伴うものかどうか，競技ルールの遵守，加害行為の目的・態様，被害者の蒙った損害の内容・程度，従前の問題行動，コーチ・監督等の指導者の監視・監督の有無，大会主催者の安全対策・事故防止策など関係者の取り組みなども，事故責任を問ううえで重要な考慮要素となろう。

　また，民法 709 条の不法行為責任が発生するためには，①故意・過失があること，②権利侵害や違法性があること，③損害が発生していること，④加害行為と損害の間に因果関係があることが必要である[2]。とくに，スポーツ事故においては，違法性阻却事由として，危険の引き受け，被害者の承諾，正当業務行為などが主張されることも多い。さらに，当該スポーツの特性とし

(1) *See* Jennifer A.Brobst, *Why Public Health Policy Should Redefine Consent to Assault And The Intentional Foul in Gladiator Sports,*29 J.L.& Health 1 (2015).

(2) 加藤一郎編『注釈民法 (19) 債権 (10)』(加藤一郎執筆) 19 頁 (有斐閣，1965 年)，加藤一郎『不法行為法 (増補版)』61 頁 (有斐閣，1974 年)，広中俊雄『債権各論講義 (第5版)』421 ～ 454 頁 (有斐閣，1980 年)，乾昭三・吉村良一『新民法講義 2 不法行為法』15 頁 (有斐閣，1994 年)，前田陽一『債権各論Ⅱ (不法行為法) (第3版)』11 頁 (弘文堂，2017 年) 等参照。

て危険を伴う場合には，競技大会主催者側での安全対策，審判・コーチなどの指導監督責任，事故防止措置，競技団体の側の競技規則その他での危険防止策なども併せて検討が必要になろう[(3)]。損害論としては，過失相殺や損益相殺なども問題となろう。なお，スポーツ事故では，契約関係に付随して，生命・身体等を危険から保護するよう配慮すべき安全配慮義務が問われることもある[(4)]。この場合には，損害倍償責任の性質は，民法415条の債務不履行責任となる[(5)]。

　そこで本章では，まずはじめに，日本においてスポーツ事故が問題となった裁判例とそこでの法的問題点や傾向について概観する。次いで，アメリカにおけるスポーツ事故のネグリジェンス（Negligence）の賠償責任が問われた裁判例や学説の動向について，比較法的な視点から取り上げて分析をする。そして最後に，日本におけるスポーツ事故の民事責任の問題について，アメリカ，イギリス，オーストラリア等のコモンウェルス諸国でのスポーツ事故と損害賠償責任，保険制度，事故補償制度などの法政策的課題と具体的アプローチを比較検討しながら，日本でのスポーツ事故の法的責任について有益な示唆を得ることにしたい。

2　日本における裁判例

(1)　ママさんバレーボール負傷事件 [(6)]

〔事実の概要〕

　小学校の体育館で，PTA会員が9人制バレーボール（ママさんバレー）の練習中に，前衛ライトにいたセミタイトスカートを履いたYがスパイクしようとして，後退しながらジャンプし，ボールを強打した拍子に重心を失ってよろめき，二，三歩前にのめって相手方コートに入って転倒し，自己の頸部を原告の右足膝部に衝突させ，原告Xはその場に転倒して一時失神し，右膝関節捻挫兼十字靭帯損傷の傷害を受けた。そこで，原告Xは，被告Yを相手に，治療費・慰謝料・弁護士費用として37万8200円の損害賠償を請求して本件訴訟を提起した。なお請求額は，慰謝料30万円，弁護士費用6万円で，治療費は3万4000円だった。

〔判旨〕

(3) Brobst, *supra* note 1, at 52-54.

(4) 最判昭和50・2・25民集29巻2号143頁，最判昭和59・4・10民集38巻6号557頁を参照。

(5) 多田光毅・石田晃士・椿原直編著『紛争類型別スポーツ法の実務』（吉田俊一執筆）295頁（三協法規出版，2014年），静岡県弁護士会編『裁判例からわかるスポーツ事故の法律実務』3～7頁（ぎょうせい、2020年）参照。

(6) 東京地判昭和45・2・27判タ244号139頁。

「一般に，スポーツの競技中に生じた加害行為については，それがそのスポーツのルールに著しく反することがなく，かつ通常予測され許容された動作に起因するものであるときは，そのスポーツの競技に参加した者全員がその危険を予め受忍し加害行為を承諾しているものと解するのが相当であり，このような場合加害者の行為は違法性を阻却するものというべきである」と説示した上で，本件において，セミタイトスカートを着用していたことは 9 人制バレーボールに参加する服装としては不適切であるが，練習では許容されていたとし，また被告が転倒することは予測された動作といえるとして，「被告の行為は違法性を阻却するものといわなければならない」とし，「スポーツが許容された行動範囲で行われる限り，スポーツの特殊性（自他共に多少の危険が伴うこと等）から離れて過失の有無を論ずるのは適切ではない。本件の場合被告にはスポーツによる不法行為を構成するような過失はなかったともいいうる」と判示して，原告の請求を棄却した。

(2) スキーヤー同士の接触・衝突事故事件 [7]

〔事実の概要〕

スキー場で，上からパラレルで滑走していた X（26 歳の主婦）と，Y（大学生）はほぼ同じコースで，Y は X の上方から速い速度でスキー板を並行にそろえて連続して小回りして滑走するウェーデルンとパラレルを織り交ぜて滑走し，進路前方右側に X が現れるまで X の存在に気付かなかったため衝突して，X が転倒して左腓骨骨折，脛骨高原骨折，頭部打撲等の障害を受けて，約 3 か月の入院加療を要した。そこで，X は Y に対して，Y の前方注視義務違反の過失があったとして，550 万円余の不法行為による損害賠償を請求する訴訟を提起した。一審，二審は，Y が他の滑降者に危険が及ぶことを承知しながら暴走し又は危険な滑降をしていたとは認められないから Y に本件事故発生の過失はないとして X の請求を棄却していた。そこで，X から上告。

〔判旨〕破棄差戻

「スキー場において上方から滑降する者は，前方を注視し，下方を滑降している者の動静に注意して，その者との接触ないし衝突を回避することができるように速度及び進路を選択して滑走すべき注意義務を負うものというべきところ，前記事実によれば，

(7) 最二小判平成 7・3・10 判タ 876 号 42 頁，判時 1526 号 99 頁。

本件事故現場は急斜面ではなく，本件事故当時，下方を見通すことができたというのであるから，被上告人Ｙは，上告人Ｘとの接触を避けるための措置を採り得る時間的余裕をもって，下方を滑降している上告人Ｘを発見することができ，本件事故を回避することができたというべきである。被上告人Ｙには前記注意義務を怠った過失があり，上告人Ｘが本件事故により被った損害を賠償する責任がある。」と判示して，破棄差戻とした。

(3) 草野球大会スライディング負傷事件 [8]

(8) 東京地判平成１・８・31判時1350号87頁。

〔事実の概要〕

　全国規模の草野球大会での４回表の試合中に，相手方チームの打者であった被告Ｙがサードゴロを打ち，このとき三塁にいたランナーが飛び出して三塁・本塁間に挟まれ挟殺される間に，被告Ｙがスライディングしながら二塁付近で守備をしていた原告Ｘに体当たりし，その膝をＸの左膝真横に激突させＸを転倒せしめ，Ｘに対し全治六か月を要する左足内側々副靭帯損傷の傷害を与えたとして，治療費，休業補償，慰謝料等を212万3110円の損害賠償を求める訴訟を提起した。

〔判旨〕

　東京地裁は，以下のように判示してＸからの請求を棄却した。

　「野球のようなスポーツの競技中の事故については，もともとスポーツが競技の過程での身体に対する多少の危険を包含するものであることから，競技中の行為によって他人を傷害せしめる結果が生じたとしても，その競技のルールに照らし，社会的に容認される範囲内における行動によるものであれば，右行為は違法性を欠くものと解するのが相当である。」

　「被告Ｙは，前記のとおり，二塁ベースの約二〜三メートル手前から，二塁ベースに滑り込もうとスライディングの体勢に入ったところ，三塁方向から二塁付近に駆け戻って三塁手から投げられた球をとろうとしていた原告を発見し，とっさに避けようとしたが避け切れず，かえって体勢を崩し，仰向けに倒れるような形で原告に衝突したものであって」，「右衝突による原告の受傷が，被告Ｙの故意又は重過失に起因する行為によって生じたものということはできず」，また，「被告Ｙがルールに違反する危険なスライディングの方法をとっていた等の事情も認められない

から，結局，本件は，野球のルールに照らし，社会的に容認される範囲内における行動によって原告に傷害を負わせた場合にあたり，被告Ｙの行為は違法性を欠くものと解するのが相当である。」

(4) スノーボードクロス競技中の転倒衝突での負傷事件[9]

(9) 大阪高判平成 18・6・23 自保ジャーナル 1816 号 138 頁。

〔事実の概要〕

　本件は，スノーボードクロスの競技中に傷害（大腿骨骨折等）を負った控訴人Ｘが，被控訴人Ｙに対して，上記傷害はスノーボードクロスの競技中，転倒した被控訴人Ｙ₁に衝突されて負ったものであり，被控訴人Ｙ₁に前方注視義務違反及び衝突回避義務違反があったと主張して，不法行為に基づく損害賠償 1696 万8646 円の損害賠償金の支払を求め，被控訴人Ｙ₂に対しては，Ｙ₂が上記衝突事故の後，直ちにパトロールを手配してＸを安全な場所に避難させず，上記競技の主催者として負うべき救急体制整備義務に違反したと主張して，不法行為に基づき，これにより被った精神的損害の賠償として慰謝料 100 万円の損害賠償金の支払を求めて訴訟を提起した。一審は，Ｙ₁がＸを発見したのは衝突直前であり，通常の滑走技術をもって衝突を回避することが可能であったとは認定できないとし，Ｙ₂に対しても救護体制整備義務違反があったとはいえないとして，Ｘからの請求を棄却した。これに対して，Ｘから控訴した。

〔判旨〕

　大阪高裁は，一審の判決を変更して，Ｙ₁に対しては，過失を認め，488 万 7219 円の賠償を命じた。

　「Ｙ₁は，前方で転倒している競技者を発見し，前方注視義務及び衝突回避義務の注意義務を尽くして滑走していたならば，転倒することなく，Ｘとの衝突は回避することはできたことは明らかというべきである。」

　「スノーボードクロス競技は，転倒や接触が発生することも多いため，着用すべき装備やコースの設計などの点で安全性を保つように配慮していることは認められるが，同競技のルール上，他の競技者に接触することは許容されず，また，進路妨害も反則となるなどとされている。そして，本件事故は，上記認定・判示のとおり被控訴人Ｙ₁の過失によって生じたものであり，それを避

けることも十分にできたのに，被控訴人Y1が不適切な滑走方法等をとったことから生じた事故であることに徴すると，競技中の事故であることの故をもって違法性が阻却されるものではない。」

(5) ボクシングジムでのスパーリング後意識不明事件[10]

(10) 松江地判平成24・7・18 LEX/DB文献番号25482457。

〔事実の概要〕

2007年8月13日，ボクシングジムに就職し従業員として働いていた男性が3回ほどスパーリングをして終わった後に，急性硬膜下血腫のため意識を失うという事故に遭った。当該男性の意識は現在も回復しておらず，その両親が成年後見人に就任しており，本件は，ボクシングジムを営む被告会社及びその余の被告らに対し，損害賠償金合計3億8534万1951円の支払を求めるとともに，被告らに対しては，不法行為もしくは安全配慮義務違反又は使用者責任等を請求し，またスパーリングの相手となった他の被告らには固有の慰謝料等550万円の支払を求める訴訟を提起した。松山地裁は，以下のように述べて原告からの請求を棄却した。

〔判旨〕

「現実に発生した原告P_1に対する法益侵害に至る因果系列のうち，その因果系列の起点（本件スパーリング）に，あるいは，因果系列の終点（本件スパーリング終了後の原告P_1の状態）に，P_{11}及びP_{12}において，それぞれ介入すべき法的義務があったとまでは認められないのである。本件事故は，通常のスパーリングの過程で偶発的に起きた不運な事故であったといわざるを得ないのであって，本件事故の結果は，誠に深刻で，重大であるというほかないが，これを，P_{11}及びP_{12}の責任に帰することはできないというべきである。

そうすると，原告らが主張する被告らの責任は，その法律構成は多様であるが，いずれにせよ，本件の事実経過に直接関与したP_{11}及びP_{12}に義務違反行為が認められない以上，これに直接関与していない被告らに原告らに対する損害賠償責任を認めることはできない（前記のとおり，本件スパーリング後しばらくの間，原告P_1に異状がなかった上，原告P_1が会員から目につきにくい場所で倒れていたなど，本件事故前後の事実関係からすれば，仮に事故を想定したマニュアルの整備等が行われていたとしても，

やはり本件スパーリング後に急性硬膜下血腫を疑うことは困難であり，上記整備等によって本件事故を回避し得たとは認められないから，被告らに安全配慮義務違反による損害賠償責任を認めることはできない。」

（6）大学ラグビーのリーグ戦での危険タックルによる負傷事件 [11]

（11）東京地判平成26・12・3LEX/DB文献番号25523048。

〔事実の概要〕

　慈恵医科大学の6年生の原告 X_1 が，関東医歯薬系大学ラグビーのリーグ戦の試合に出場中，対戦校の選手であった被告 Y から危険なタックルを受けて引き倒され，頭から地面に激突し，頸髄損傷による重度の後遺障害を負ったとして，被告 Y に対し，民法709条に基づき，合計2億3374万1188円の損害賠償金の支払を求め，X_1 の母である X_2 が，Y の上記不法行為により強い精神的苦痛を受けたとして，Y に対し，民法709条及び同法710条に基づき，慰謝料300万円等の損害賠償金の支払を求めて訴訟を提起した。

〔判旨〕

　東京地裁は，以下のように判示して，Y に対して9706万4528円の支払を命じた。

　「ラグビーの試合中のある選手のプレーにより他の選手が通常生ずる範囲を超えて負傷した場合，被告が主張するように，故意又は重過失によるものでない限り，そのプレーは社会的相当性の範囲内の行為として違法性が完全に否定され，当該選手は，不法行為責任を負わないとすることは極端に過ぎ，相当ではないが，他方，ラグビーという競技自体に事故発生の危険が当然に想定され，ラグビーの試合に出場する選手は，その危険を一定程度引き受けた上で，試合に出場しているということ及び選手には試合に安全に参加できるよう身体的かつ技術的に準備する責任があること（競技規則序文）も勘案すれば，発生した損害の全部を加害者たる選手に賠償させるのは，損害の公平な分担を図る損害賠償法の理念に反するものといわざるを得ず，このような場合，民法722条2項の趣旨を類推して損害賠償額を定めるのが相当であると解される。」原告 X_1 は，自らの意思で，大学でラグビー部に入り，大学2年生以来ほぼ毎年試合に出場していたのである

から，自ら一定の危険を引き受けた上で本件試合に出場していたといえること，被告に過失が認められるものの故意をもって原告X₁を負傷させたことまでの事情は認められないこと等から「これらの一切の事情を勘案し，民法722条2項の趣旨を類推して，被告には，原告X₁に生じた損害の6割を負担させるのが相当であると解される。」

(7) 社会人サッカーリーグでの試合中のトラップボールでの接触負傷事件 [12]

(12) 東京地判平成28・12・26判時2392号89頁。

〔事実の概要〕

サッカーの東京都社会人4部サッカーリーグにおける試合中，原告Xがけり出されたボールを右の大腿でトラップして手前に落とし，もう一度ボールを左足でけり出そうとしていたところ，そこに走りこんできた相手チームに所属する被告Y₁が伸ばした左足の裏側と，Xの左脛部とが接触したことにより，左下腿脛骨骨折，左下腿腓骨骨折の傷害を負ったと主張し，Y₁及び同人を指導監督すべき相手チームの代表者である被告Y₂に対し，共同不法行為（民法719条1項前段）に基づき，合計689万854円の損害賠償を求める訴訟を提起した。なお，本件は高裁で和解が成立した。

〔判旨〕

東京地裁は，以下のように判示して，Xの請求を認め，Yに対して247万4671円の賠償を命じた。

「確かに，サッカーは，ボールを蹴るなどして相手陣内まで運び，相手ゴールを奪った得点数を競うという競技であるから，試合中に，相手チームの選手との間で足を使ってボールを取り合うプレーも想定されているのであり，スパイクシューズを履いた足同士が接触し，これにより負傷する危険性が内在するものである。そうであれば，サッカーの試合に出場する者は，このような危険を一定程度は引き受けた上で試合に出場しているということができるから，たとえ故意又は過失により相手チームの選手に負傷させる行為をしたとしても，そのような行為は，社会的相当性の範囲内の行為として違法性が否定される余地があるというべきである。そして，社会的相当性の範囲内の行為か否かについては，当該加害行為の態様，方法が競技規則に照らして相当なもの

であったかどうかという点のみならず，競技において通常生じうる負傷の範囲にとどまるものであるかどうか，加害者の過失の程度などの諸要素を総合考慮して判断すべきである。」「そもそも本件行為のような態様で強引にボールに挑む必要があったのか否か甚だ疑問であり，競技規則12条に規定されている反則行為のうち，不用意，すなわち注意，配慮又は慎重さを欠いた状態で相手競技者を蹴る行為であるとか，相手競技者に飛びかかる行為であると判定され，あるいは著しく不正なファウルプレー，すなわちボールに挑むときに相手方競技者に対して過剰な力を加えたものであると判定され，退場処分が科されるということも考えられる行為であったと評価できる。」として，社会的相当性を超えるとした。

(8) 総合格闘技ジムでキックボクシングの対面練習中の負傷事件 [13]

〔事実の概要〕

「デラヒーバジャパン格闘技スタジオ」という格闘技ジムにおいてキックボクシングの対面練習中に練習生Eから顔面を殴打されて右眼底内側壁の吹き抜け骨折で負傷した原告Xが，本件ジムの関係者である被告Yらに対し，本件ジムの経営者でインストラクター被告Y₁，本件ジムの管理者，インストラクターであるY₂に，いずれにも安全配慮義務違反があるとして，（共同）不法行為に基づく損害賠償として，原告に生じた損害18万4289円等の損害賠償金の支払を請求して訴訟を起こした。東京地裁は，以下のように述べてXからの請求を棄却した。

〔判旨〕

「本件ジムにおいてマススパーリングに参加したことがあったのであるから，動きによっては力が強い状態で相手のパンチが自分に当たる可能性があることは認識できた上でマススパーリングである本件練習に参加したものというべきである。この点は，原告自身，Eから1回パンチが当たりダウンした際に，ダウンするほどの力でEのパンチが自身に当たったことにつき，本件練習中や終わった直後にEや被告Dに抗議の意思を示していないこととも整合する。よって，マススパーリングである本件練習において，Eが原告に対してダウンするほどのパンチをしたことの

(13) 東京地判平成29・11・1 LEX/DB 文献番号 2550716。

第1部
第3章

みをもって，被告 D に，本件練習を中止したり E に注意したり
する法的義務が生じるとは認めがたい。

　また，原告がダウンをした際の原告の対応を見ても，原告は，
被告 D から大丈夫かなどと声を掛けられるより早く立ち上がっ
てマススパーリングを続け，本件練習中も，その日本件ジムを去
るまでの間にも，顔面に内出血の様子はなく，痛みについて被告
D にもその他の人にも伝えなかったのであり，被告 D も，その
ような原告の態度から，本件練習を途中でやめさせなくても大丈
夫だと判断した（被告 D 本人調書 15，16 ページ）のであるから，
被告 D において，本件練習を続けることで原告に本件負傷を生
じさせることを予見できたこととうかがわせる事情は認められな
い。その他，E が以前にマススパーリングで練習相手にけがをさ
せることがあったなどの事情も認められない。」

(9) 社会人サッカーでの練習試合中のスライディング負傷事件 [14]

〔事実の概要〕

　東京都社会人サッカーリーグ 4 部に所属するサッカーチーム
の合同練習試合中に Y のスライディングにより X が転倒して，
右足関節開放性脱臼骨折の傷害を負い，創痕，伏在神経支配領域
の知覚脱失及び足関節背屈時の趾屈曲現象の後遺障害を負ったと
して，対戦チームに所属する被告 Y に対し，原告 X の負傷は被
告 Y の危険なスライディングによるものである旨主張して，不
法行為による損害賠償請求権に基づき，治療関係費，休業損害，
後遺障害逸失利益，慰謝料及び弁護士費用の合計 4193 万 6632
円を請求した。

〔判旨〕請求棄却

　「サッカーにおいて，スライディングにより身体的接触があり，
その結果負傷することも一定程度予想され得るものであること，
原告において，被告による本件スライディングを予想することが
でき，本件スライディングから生じ得る危険を回避するための行
動をとり得る状況にあったことは否定できないことからすれば，
被告において，スライディングをしてはならないという状況，す
なわち，スライディングを行ってはならないという結果回避義務
を課すべき状況にあったとまでは認めるに足りない。したがっ

(14)　東京地判平成 30・2・28 判タ 1464 号 187 頁。

て，被告には，スライディングをしてはならないという結果回避義務を課すことはできないのであるから，本件スライディングが過失の不法行為であると認めることはできない。」

(10)　自転車リングリレーの競技者間での衝突事故事件 [15]
〔事実の概要〕

地区合同運動会における自転車リングリレー競技中に発生した正面衝突事故は，Y（身長 180cm，体重 85 キロ，40 代男性）の注意義務違反によるものであるとして，X（身長 159cm，体重 50 キロ，40 代女性）が頭部を地面に打ちつけて救急車で病院に搬送されるなどし，頸椎捻挫，全身打撲，末梢神経障害を負ったとして，不法行為による損害賠償請求権に基づき，休業損害 90 万 4512 円及び通院慰謝料 119 万円の合計 209 万 4512 円の損害賠償を求めて訴訟を提起した。

〔一審の判旨〕

一審は，以下のように判示して，X からの請求を棄却した。

「本件競技の性質，ルールからすると，本件競技の競技者には，一般的な注意義務として，他の競技者との接触を回避するため，できる限り前方を注視し，まっすぐ走るよう心がけるなどの義務があるとしても，原告が主張するような，自己のレーンを保持すべき注意義務があるとは認められない（そもそも，自己のレーンというものを明確に観念することは困難というべきである。）」「仮に，被告に一般的な注意義務違反（接触回避義務違反）が認められるとしても，本件競技はスポーツの一類型というべきであり，本件事故は，その過程で生じたものであるところ，スポーツの参加者は，一般に，そのスポーツに伴う危険について承知しており，その危険の引き受けをしていると解されるから，当該スポーツ中の加害行為については，加害者の故意・重過失によって行われたり，危険防止のためのルールに重大な違反をして行われたりしたような特段の事情のある場合を除いて，違法性が阻却されると解するのが相当である。」「原告と被告の双方とも，衝突するまで相手に気づかず，互いに前方不注視だったために発生した不幸な事故であり，本件競技に内在する危険が発現したものというべきである。したがって，被告が，本件事故について，原告に対し，道義的責任を負うことは明らかというべきであるが，法的責任があ

(15)　一審・さいたま地判平成 30・1・26 判時 2417 号 58 頁，二審・東京高判平成 30・7・19 判時 2417 号 54 頁。

るということはできない。」

　二審判決は，以下のように判示して，10万円の賠償を認めた。

〔二審の判旨〕

　「本件競技が競技者同士のボディコンタクトを予定したものではない以上，衝突を避けるように配慮することは，本件競技のルールとしても当然の前提として織り込まれていたと解すべきである。また，スポーツ競技中，ルール違反さえなければ常に違法性が阻却されると解することはできず，当該スポーツの性格や事故の生じた具体的状況に即して検討すべきところ，幅広い参加者が親睦目的で気軽に参加するといった本件競技の性格に鑑みれば，本件競技に内在している危険として違法性が阻却されるのは，前記説示のとおり，ごく軽度の危険や衝突に限られると解するのが相当である。」

(11) バドミントンのダブルスの練習中のペア間の負傷事件[16]

〔事実の概要〕

　40代の女性であるX（原告・被控訴人）は，バドミントン教室において，Y（被告・被控訴人）とペアを組んでバドミントンのダブルス競技を行っていた際に，Yが右手のバックハンドでラケットを振り，そのラケットが前衛でプレーをするXの左眼に当たり，左外傷性散瞳の傷害を負った事故について，Yに過失があると主張して，不法行為による損害賠償請求権に基づき，損害1534万1527円の支払等を求めた。一審は，危険を一定程度引き受けて競技に参加しているので，民法722条2項を類推適用して4割の過失相殺を認めYの請求を789万3244円の支払等を求める限度で認容したところ，控訴人がその敗訴部分につき本件控訴を提起し，被控訴人がその敗訴部分につき本件附帯控訴を提起した事案で，控訴人の控訴を棄却したうえで，被控訴人の附帯控訴に基づき，過失相殺の類推適用の抗弁を認めずに一審の認容額1319万378円に増額した内容で一部認容した。

〔判旨〕

　「バドミントン競技は一定の頻度で事故発生の危険を伴うものであり，また，特に，バドミントンのダブルス競技の場合，ダブルスのペアは，自陣の狭いコート内を各自が動く場所を制限され

(16) 東京地判平成30・2・9判時2402号32頁，東京高判平成30・9・12判時2402号23頁。

ずに互いに前後左右に動きながらラケット及びシャトルを用いて競技するものであるから，ダブルスのペア同士での身体の接触，ペアの一方が振ったラケットのペアの相手方への接触，ペアの一方が打ったシャトルのペアの相手方への接触といった事故が不可避的に発生する可能性があることも否定できないが」「バドミントン競技の場合，ボクシング等の競技とは異なり，バドミントン競技の競技者が，同競技に伴う他の競技者の故意又は過失により発生する一定の危険を当然に引受けてこれに参加しているとまではいえず，また，上記で認定したとおり，本件事故につき，被控訴人に過失があるとは認められず，さらに，本件記録を精査しても，その他，損害の公平な分担の見地から，本件事故により生じた被控訴人の損害の一部を同人に負担させるべき事情が同人側に存在すると認めるに足りる証拠も見当たらないから，過失相殺ないし過失相殺類似の法理により本件事故により生じた被控訴人の損害の一部を同人に負担させる理由はないというべきであり，控訴人の主張は採用することができない。」

3　スポーツ事故と民事責任

(1)　スポーツ事故の類型・責任主体の多様性と不法行為責任

　スキー，ゴルフ，自転車，トライアスロンなどの個人競技から，野球，サッカー，アメフト，ホッケー，ラグビー，バレーボール，バスケットボール，ソフトボールなどの団体競技，あるいは柔道，空手，テコンドー，ボクシング，相撲などの格闘技に至るまで，多様なスポーツがあり，事故も多様な形で発生してくる。しかしスポーツは，プロスポーツ，アマチュア・スポーツ，レクリエーション・スポーツ，競技スポーツにしても，内在的に事故の危険性を伴うもので，選手，コーチ・監督，観客，スポーツ施設の所有者や運営主体，大会主催者など，被害者にも加害者にもなりうる。責任主体という面でも，まさに多様なスポーツ関係者が登場してくることにもなる[17]。

　ところで，民法は，一般の不法行為の成立要件として，①故意・過失，②責任能力，③権利・法律上の保護に値する利益侵害，④損害の発生，⑤加害行為と損害との間の因果関係，⑥違法

(17)　浦川道太郎ほか編著『標準テキストスポーツ法学（第3版）』179頁（エイデル研究所，2020年）参照。

性阻却事由の不存在があげられる。①の故意とは，結果の発生を認識しながらそれを容認して行為する心理状態をいう。これに対して，過失とは，結果発生の予見可能性がありながら，結果の発生を回避するため必要とされる措置（結果回避措置）を講じなかったこと（結果回避義務違反）を指す。民法は，故意・過失を要求することで，不法行為の損害賠償責任を問うためには，加害者に故意過失がなければならないとする「過失責任主義」の原則を採った（民法709条）。スポーツ事故において，不法行為責任が問われるケースでは，過失の判断において，予見可能性と結果回避義務が問われてくるために，事故原因だけでなく，具体的にどのようにすれば事故予防や再発防止につながるかも併せて検討される。そのため，将来のスポーツ事故の防止にもなることが少なくない[18]。

　また，②の責任能力では，自己の行為の責任を弁識する能力をいうが（民法712条, 同713条），未成年者にしろ，精神障害者にしろ，責任無能力者は不法行為の賠償責任を負わない。そこで，責任無能力者の監督義務者または代理監督者が監督責任を負うことになる（714条）。これまでは，10歳以下の未成年者が他人に損害を与えた場合，仮に未成年者に責任能力が認められなくても，親権者である両親が法定の監督義務者として不法行為責任を負うケースが比較的多かった。しかし，最高裁は，サッカーボールを小学6年生（11歳）が校庭で蹴っていたところ，それが道路に飛び出てしまい，バイクを運転していた85歳の被害者がそれをきっかけに転倒して死亡する事故が起こった事案で，責任能力のない未成年者が親権者の直接の監視下にないときにした行為が，通常は人身に危険が及ぶ行為ではない場合には，親権者は監督義務を怠っていないと判示された[19]。

　⑥の違法性阻却事由の不存在では，民法上の正当防衛，緊急避難があるが（民法720条）が規定されているが，解釈上は，被害者の承諾，正当業務行為，危険の引き受け，社会的相当性理論，受忍限度論，危険への接近等の考え方がある。スポーツ選手や競技者間の事故については，かつては，正当業務行為や被害者の承諾，危険の引き受け，競技規則を遵守している限り違法性はないなどの違法性阻却説が有力であったが，最近は，過失責任の有無や因果関係，違法性の判断，過失相殺の類推適用による賠償額の

(18) 前掲『標準テキスト』174頁参照。

(19) 最判平成27・4・9民集69巻3号455頁。

調整などを行うケース（過失責任説）が増えている[20]。

（2）裁判例・学説の動向

　すでに見てきたように，項目2の（1）ママさんバレーボール事件判決では，被害者の承諾や「許された危険」の法理を認め「スポーツに参加した者がその危険をあらかじめ受忍し加害行為を承諾していた」として，違法性を阻却するという違法性阻却説に立っていた。スポーツには危険が伴うもので，過失もないとされた[21]。（3）の草野球での試合中のスライディング負傷事件の判決でも，競技ルールに照らして容認された範囲内における行動によって引き起こされた行為は違法性がないと判断している[22]。さらに，（5）ボクシングジムでのスパーリング後の急性硬膜下血腫の事件の判決でも，通常のスパーリング過程での偶発的に生じた不運な事故であり，過失は問えないとした[23]。（8）総合格闘技ジムでのキックボクシング練習中の負傷事件の判決でも，パンチの当たる可能性を認識してスパーリングに参加していることや抗議もしていなことから，違法性や法的義務を欠くとした[24]。（10）の自転車リングリレーの競技中の負傷事件の一審判決は，スポーツ参加者はスポーツに通常伴う危険を承知しており，危険の引き受けをしており，故意過失や重大なルール違反がない限り道義的責任はあるが，法的責任を負わないと判示した[25]。

　これに対して，（2）のスキー場でのスキーヤー同士の衝突事故の判決では，前方注視義務，衝突回避義務違反の過失があったとして責任を認める過失責任説が採られた[26]。その後は，（4）スノーボードクロスの競技中の事故の判決でも，他の競技者との接触も禁じられ，進路妨害も反則になるなど不適切な滑走方法による事故で違法性は阻却されないと判断した[27]。（6）の大学ラグビーのリーグ戦における危険タックルでの負傷事件の判決でも，通常生ずる範囲の行為であれば責任を負わないことがあり得るが，故意や重過失がない限り，社会的相当性の範囲内の行為として違法性が完全に否定されるのは極端に過ぎ相当でなく，過失相殺を類推適用して損害額を調整すべきとの過失相殺類推適用説をとった[28]。（7）の社会人サッカーリーグでの試合中の負傷事件の判決では，危険の引き受け法理や社会的相当性理論により違法性が阻却される余地を認めつつも，加害行為の態様，方法と競

第1部

第3章

(20)　前掲『標準テキスト』175 頁参照。および前田・前注 (2) 前掲書 74 頁，潮見佳男『不法行為法Ⅰ（第 2 版）』437 頁（信山社，2009 年）等参照。

(21)　東京地判昭和 45・2・17 判タ244 号 139 頁。

(22)　東京地判平成 1・8・31 前掲。

(23)　松山地判平成 24・7・18 前掲。

(24)　東京地判平成 29・11・1 前掲。

(25)　さいたま地判平成 30・1・26 前掲。

(26)　最判平成 7・3・10 前掲。

(27)　大阪高判平成 18・6・23 前掲。

(28)　東京地判平成 26・12・3 前掲。

技規則，通常生じ得る負傷かどうか，加害者の過失の程度など総合判断すべきとして，社会的相当性を超えるとした[29]。(9) のサッカーでの練習試合中のスライディング負傷事件判決では，スライディングでの身体接触が原告においても予想され，危険を回避する行動を取りえたのであり，被告に結果回避義務を課すことはできないとして過失を否定した[30]。(11) のバドミントンでのダブルスの練習中の事件の判決では，一審が危険の引き受けを考慮して民法722条2項の類推適用で損害額を6割としたのに対して[31]，二審は危険の引き受け法理を否定して，賠償額を増額し過失責任説を採用した[32]。

　学説では，スポーツ事故について詳細に検討するものではないが，法令に規定がなくても，正当業務行為として違法性が阻却される場合があるとして，医師の手術や野球・ボクシングなどによる加害も，原則として違法性を有しないと解する立場がある[33]。また，医師による手術やスポーツによる加害は，被害者の承諾がある場合，正当業務ないし正当行為として原則的に違法性を阻却するという立場も同様である[34]。スポーツに通常予防しうることを受忍することを同意し，スポーツ事故においては，ルールや作法からみて社会的に許容される程度の行為である限り，違法性が阻却される[35]。この立場が従来の通説であり，ここでは，学説の整理の観点から，違法性阻却説と呼ぶ。

　これに対して，学説では，ドイツでの「危険の自己招致」や「自己の危険に基づく行為」という理論が紹介され，スポーツその他危険な催し物の見学，他人の危険な土地への立ち入り，好意同乗などの場面で，不法行為責任の免責が論じられた[36]。しかし，当該状況から生ずる危険をどのように割り当てるかは，民法709条の場合では過失における行為義務の存否及び内容に関する判断，民法717条や国家賠償法2条の工作物や営造物の瑕疵の存否及び内容に関する判断において考慮されるべきか，規範の保護目的を確定する際に考慮されるべきで，独立の責任阻却事由としてあげる必要はないと説く立場が有力である[37]。この立場では，従来，正当業務行為の典型例としてあげられてきた医療行為とスポーツ競技中の事故について，原則として違法性がないとする責任阻却構成より，危険を回避するための行為義務違反の有無を正面から問題とすべきであり，危険への接近や危険の引き

(29) 東京地判平成 28・12・26 前掲。

(30) 東京地判平成 30・2・28 前掲。

(31) 東京地判平成 30・2・9 前掲。

(32) 東京高判平成 30・9・12 前掲。

(33) 加藤一郎『不法行為（増補版）』139 〜 140 頁（有斐閣，1974年），大村敦志『新基本民法 6 不法行為編（第 2 版）』59 頁（有斐閣，2020 年）参照。

(34) 幾代通『不法行為』102 頁（筑摩書房，1983 年）参照。

(35) 前田達明『民法Ⅳ 2（不法行為法）』28 〜 29 頁（青林書院新社，1980 年）。同旨，吉村良一『不法行為法（第 5 版）』65 頁（有斐閣，2017 年）参照。

(36) 前田達明『判例不法行為法』231 頁（青林書院，1978 年）参照。

(37) 潮見・前注 (9) 前掲書 437頁，内田貴『民法Ⅱ債権各論（第2 版）』385 頁（東大出版会，2007 年），遠藤浩編『基本法コンメンタール債権各論Ⅱ（第 4版）』（執行秀幸執筆）112 頁（日本評論社，1996 年），井口浩二『スポーツ事故の法務』98 頁（創耕舎，2013 年），多田・石田・椿原編・前掲書（中西哲男執筆）310 頁（三協法規，2014 年），能見善久・加藤新太郎編『論点体系判例民法 7 不法行為Ⅰ（第 2 版）』（織田博子執筆）186 頁（第一法規，2013 年），菅原哲朗・森川貞夫・浦川道太郎・望月浩一郎編『スポーツの法律相談』（椿原直執筆）12 頁（青林書院，2017 年），藤岡康宏・磯村保・浦川道太郎・松本恒雄『民法Ⅳ債権各論（第 4 版）』297 頁（有斐閣，2019 年）参照。

受けの有無と範囲，被害者側からの行為期待，当該行為をした者の属するグループの平均的な技術水準を測定する際の判断規準のなかに解消すべきであるとする[38]。この近時の有力学説を，過失責任説，過失相殺類推適用説など，責任論，損害論で，個別要件の判断に当たり，スポーツや競技の特性等特有の事情を勘案して，妥当な結論を導く立場として位置付けることにする。

このように，学説では，従来の被害者の承諾や危険の引き受け法理など違法性阻却説を支持するものもあるが，最近では，過失責任説，過失相殺類推適用説などが有力になりつつある[39]。私見としては，基本的には，スポーツ事故の賠償責任についても，スポーツの特殊性や危険性を一律に重視すべきではなく，不法行為の成立要件を充足するかどうかで判断すべきであり，一律に，違法性阻却事由を認める説には組みしない。しかし，アメリカでの裁判例や日本での裁判例にあるように，スポーツ事故も，競技の特性，事故類型，事故原因，責任主体も多様であり，それぞれふさわしい法律構成が採られるべきである。また，スポーツ事故における民事責任は，競技者間での事故でも，危険プレーやラフプレーもあり，監督・コーチなどの指導者の監督責任・安全配慮義務，施設の所有者や大会主催者の安全対策等も問題になっており，競技の特性，加害行為の態様・方法，負傷や損害の内容・程度，競技規則やガイドラインの違反の有無，安全指針や安全対策，レフリーの対応などを総合的に判断して，法的責任を検討する必要があろう。

4　アメリカにおけるスポーツ事故と損害賠償責任法理

(1)　不法行為の損害賠償責任とネグリジェンス法理

アメリカにおいて，スポーツの参加者が仲間の参加者による著しく危険な行為のために傷害を受けた場合には，ネグリジェンスにもとづく損害賠償請求訴訟を提起することができる。しかし，原告が損害賠償請求訴訟で勝てるかどうかは，裁判所が被告の行為の相当性（resonableness）を評価する客観的な基準を採るか，主観的な基準を採用するかでかなり違ってくる[40]。カリフォルニア州最高裁判所は，レクリエーション・スポーツでの事故の事

(38)　潮見・前掲書 437 頁参照。

(39)　たとえば，溝手康史『「ルールのない危険なスポーツ」における危険の引き受けと民事上の注意義務」(https://www5a.biglobe.ne.jp/~mizote/kikenhikiuke.htm (2020 年 8 月 11 日閲覧)，合田雄治郎「スポーツ中の事故における賠償責任について」(2017 年 2 月 7 日) (https://www.gohda-law.com/blog/?p=523 (2020 年 8 月 11 日閲覧)。石井信輝「バドミントンのダブルスプレー中のペア間の事故と賠償責任」新・判例解説 Watch・民法 (財産法) No.158 (2019 年)，同「自転車リングリレー競技者間の事故と賠償責任」新・判例解説 Watch 民法 (財産法) No.4Vol.25 (2019 年)，同「社会人サッカー試合中における競技者間の事故と競技者及び監督者の責任」新・判例解説民法 (財産法) No.3Vol.21 (2017 年)。

(40)　*See* Teri Brummet, *Looking Beyond the Name of the Game:A Framework for Analyzing Recent Recreational Sports Injury Cases*,34 U.C.DAVIS L.REV.1029,1035 (2001).

件を処理するうえで客観的基準を適用するのに対して，フロリダ州最高裁判所は主観的基準を適用する。たとえば，タッチフットボールで競技者間での重傷を負わせた Knight v.Jewett 事件では[41]，合理人（reasonable man）が当該種類のスポーツに参加するに際してどのような危険を想定すべきだったかどうかという客観的基準を重視する。これに対して，空手の組手（sparring match）の練習中に，相手方を倒すための不適切な技（足払い）を使って負傷させたことのネグリジェンスの損害賠償訴訟となった Kuehner v.Green,436 So.2d 78,79（Fla.1983）事件[42]で，フロリダ州の裁判所は，当該原告が現実にかつ合理人も，特定の侵害の危険性を想定していたかどうか主観的基準に焦点を当て，明示の危険の引き受け法理を適用して，原告の請求を棄却した一審判決を支持した。

　ネグリジェンス法は，他人に対する不当な権利侵害の危険性を招来する行為から人々を保護することを目的とする[43]。特定の人の行為が不相当な危険性をもつかどうかを決定するために，裁判所は，相当な注意義務の程度につき明らかにしなればならない[44]。そして，裁判所は，当該の人が合理的に行動していたかどうかを決定する注意義務の程度に事実関係を当てはめて，注意義務違反が認められれば，ネグリジェンスが肯定される可能性がある。ネグリジェンスの損害賠償責任が認められるためには，①注意義務，②権利侵害ないし義務違反，③損害と加害行為との因果関係，④損害の発生の４つが必要である。①では，被告が原告に対して負っていた注意義務や注意義務の程度が問われる。一般的に言えば，人は合理的な注意を払う義務を負っている[45]。②第２の成立要件では，被告が不適切な行為により注意義務に違反し，当該注意義務違反が現実に傷害を惹起した場合でなければ被告が責任を負うことはない。また，③では，被告の加害行為と原告の傷害との間に事実上の因果関係が存在するだけでなく，原告の受傷との間の近因（Proximate cause 相当因果関係）も存在しなければならない[46]。④では，裁判所は，被告の加害行為により原告に現実に損害が発生したことを認定しなければならない。上記４要件を原告が立証した場合には，法律問題として，被告に過失責任がある（negligent）であるとされるが，被告が有効な抗弁（affirmative defenses）を提出すれば，法的責任を免れ

(41)　Knight v.Jewett,3 Cal.4th 296,301,834 P.2d 696,697 (1992) では，タッチ・フットボールの試合中に，被告が原告に危険なタックルをして右手小指に傷害を与えたケースであった。

(42)　Kuehner v.Green,436 So.2d 78,79 (Fla.1983) は，空手の組手のスパーリングで，足払いという不適切な技を使って相手を倒して怪我をさせた事件であった。

(43)　See Dan B.Dobbs,The Law of Torts 275 (2000) ;W. Page,Keeton et al,Prossor & Keeton on the Law of Torts 169 (5th ed 1984) .

(44)　Id at 169-70.

(45)　Id at 164-65.

(46)　See Jackson v.Ryder Truck Rental.Inc.,16 Cal.App.4th 1830,1846-47,20 Cal.Rptr.2d 913,923 (1981) .

ることができる[(47)]。

(2) ネグリジェンス訴訟と危険の引き受け・比較過失法理

　まず第 1 に，有効な抗弁として，危険の引き受け法理（doctrine of assumtion of risk）がある。これは，被害者が当該危険な行為を認識しつつ，その危険を顧みず自発的に当該活動に参加することを選択した場合に，被害者自身が権利侵害の危険を引き受けたものとみなし，自ら選んだ行為の結果に対して責任を負わなければならないとする考え方である。この法理にも，二つのタイプがあり，明示的な危険の引き受け法理（doctrine of express assumption of risk）と，黙示的な危険の引き受け法理（doctrine of implied assumption of risk）である。原告・被害者が明示的に権利侵害の危険を承諾するとともに，いかなる侵害を受けても損害を被っても損害賠償請求訴訟を起こす権利を放棄するというのが明示の危険引き受けである。これに対して，原告・被害者は明示的な危険の引き受けの合意をしていないが，その行動から黙示的に危険の引き受けをしていることが推認される場合を，黙示的危険の引き受けという[(48)]。原告・被害者が明示的に損害賠償責任を放棄することに同意していない場合でも，被害者の危険に対する認識の可能性や行動から黙示的に危険を引き受けたものと認定するためには，①被害者が被告の行為から生ずる当該の危険を現実に認識していること，②被害者が主観的にも結果や危険の重大性を理解していること，③被害者が自発的に危険が生じることを受け止めていることが必要である[(49)]。

　これに対して，「寄与過失」法理（doctrine of contributory negligence）は，被告の権利侵害により請求者が損害を被る以前の請求者の不合理な行為により発生または拡大した損害についてる以前の原告の不合理な行為や過失があれば，どんなに軽微でも被害者からの損害賠償請求は否定される考え方である。また，危険の引き受け法理が，被害者・原告の損害賠償請求権を全く認めない場合に，被害者に不当で苛酷な結果となったり，オール・オア・ナッシングの解決になるため，比較過失（comparative fault or negligence）法理も有力に説かれるようになってきた[(50)]。比較過失法理のもとでは，裁判所は，被害者及び加害者双方の行為

(47) *See* Brummet,supra note 2,at 1038.

(48) *Id*.at 1038-39.

(49) *1d*.at 1041.

(50) *See* Li v.Yellow Cab Co.,13 Cal.3d 804,810-14,532 P.2d 1226,1230-33 (1975) ;Hoffman v.Jones,280 So.2d 432,437 (Fla.1973) ;Blackburn v.Dorta,348 So.2d 287,289 (Fla.1977).

を検討し，それぞれの過失の程度や割合に応じて責任を公平に分担させようとする。両当事者に責任を分担させることで，公平で妥当な結果をもたらそうとする考え方である[51]。

5　アメリカにおける裁判例

(1)　空手のスパーリング中の負傷事件

[Kuehner v.Green,436 So.2d 78,79 (Fla.1983)]

〔事実の概要〕

　Kuehner は，Green の自宅で，空手のスパーリングの練習中に，Green が相手方を倒すための危険な戦術（karate takedown maneuver）である足払い（leg sweeps）をかけたために転倒して負傷し，5 万 5000 ドルの損害を被った。そこで Kuehner は，Green に対して，ネグリジェンス訴訟を提起した。第一審は陪審裁判となり，原告及び被告には双方に 50% の過失が認められると判示した。しかし陪審は，明示の危険の引き受けがあったとして，一審判決も，明示の危険の引き受けを立証できる十分な証拠があったとして，原告の請求を棄却した。二審でも，コンタクト・スポーツでは，故意や重過失で権利侵害をしたのでない場合には，明示の危険引き受けの法理より，損害賠償請求は認められないと判示した。これに対して，Kuehner はこれを不服として上訴した。

〔判旨〕

　フロリダ州最高裁判所は，Blackburn v.Dorta,348 So.2d 287 (Fla.1977) 事件を引用して，裁判所がネグリジェンス訴訟の抗弁として黙示の危険の引き受け法理を廃止し，明示の危険の引き受け法理の有効性については再確認した。そして，コンタクト・スポーツは，アメリカ社会で正当なレクリエーション機能を果たし続けるとすれば，明示の危険の引き受け法理は，競技者の気力を損ねるネグリジェンス訴訟の有効な抗弁として存続し続ける必要があると説示した。しかしながら，危険の引き受け法理は，しばしば寄与過失の法理と重複適用され，誤って適用されると，不公平な結果ともなりかねないとも指摘した。そこで，明示の危険の引き受け法理が，比較過失法理と両立しうるように機能するためには，明示の危険の引き受け法理の適用範囲や適用の要

(51) *See* Brummet,supra note 2,at 1043. なお，アメリカにおける危険の引き受け法理に関する邦語文献として，諏訪伸夫「スポーツ事故における危険引受の法理に関する考察」日本スポーツ法学会年報 5 号 29 頁以下（1984 年），井上洋一「アメリカのスポーツ事故と判例──近年の動向，公共水泳プール事故を手がかりに」日本スポーツ法学会年報 8 号 59 頁以下（2001 年）等参照。

件を明らかにしなければならないとする。そして，フロリダ州最高裁判所は，原告である Kuehner が訴訟の対象である危険の存在を認識し，かつその危険の結果としての権利侵害の蓋然性についても理解し，これを回避する合理的な機会をもちながら，自発的かつ意図的に自らを本件危険にさらしたと判断した，つまり，Kuehner は，主観的にも「足払い（leg sweep）」の危険を認識して，その危険に直面しながら空手のスパーリング練習を自発的に進めたものであり，事実審裁判所が明示の危険の引き受け法理を適用したことは正当であったと判示して，本件上訴を棄却した。

(2) タッチフットボールの試合中の負傷事件
[Knight v.Jewett, 3 Cal.4th 296,834 P.2d 696（1992）]

〔事実の概要〕

　1987 年 1 月 25 日のスーパーボウルの日に，Kendra Knight は，被告である Michael Jewett ら仲間とともに，友人宅で開催されたスーパーボウルパーティーに出席し，そのハーフタイムを利用して，隣接する駐車場で，4〜5 人のチームに分かれてタッチ・フットボールをしようということになった。ゲームの競技ルールについては，とくに話し合わなかった。ゲームから 5〜10 分後に，Jewett が Knight に駆け寄り，原告の Knight によれば，その時点でラフプレーをしないでとか，プレーをストップしてと言ったというが，被告 Jewett 側では，気をつけてという求めは聞いたが，プレーをやめるように言われたことは記憶にないという。次のプレーで，Jewett はディフェンスとして，パスをインターセプトするため，Knight に向かって飛びかかり，ボールにタッチしたが，キャッチはできず，Knight と接触して引き倒してしまい，着地したときに，Knight の右手の小指を踏んで骨折・断裂させてしまった。Knight の負傷でゲームは終了し，Knight はその後治療を受け，3 回の手術をしたが，指の動きは回復しなかった。そこで，Knight が Jewett を相手に，ネグリジェンスと暴行・傷害（assault and battery）法理にもとづく損害賠償を求める訴訟を提起した。

〔判旨〕

　「数多くのスポーツ事故の判例を概観してみても，スポーツ事

故で問題となった被告の非違行為（misconduct）」のカテゴリーはきわめて多様である。たとえば，野球場やスキーリゾートなどのスポーツ施設の経営者に対する訴訟もあれば，スポーツ施設の製造者や改築者への訴訟もあり，さらにまた選手の危険行為や非違行為を幇助したり，容認したり，阻止しなかった監督・コーチなどの責任を問う訴訟もある。これらの事件は，他の領域と同様に，スポーツの場面でも，適用し得る注意義務の性質が，個別に問題となった被告の行為の内容によっても大きく異なることを示している。本件では，被告は，原告が受傷時に行っていたタッチ・フットボールの参加者であり，そのようなスポーツの参加者がどのような具体的事情の下で他の参加者の受傷の責任を負わなければならないかが問われている。」[52]

「カリフォルニア州内外の圧倒的多数の判例では，スポーツ事故での参加者の法的責任の問題は，通常の不注意な行為による傷害，たとえば，野球でのボール，バットなどが飛んで当たった事故などの場合には，参加者に法的責任を問うことは不適切であり，通常のスポーツに伴う範囲を超えた，故意または重大な過失により受傷させた場合に限り法的責任を負うものとされている。」「このように，参加者の注意義務は制限されるべきだという結論に達するにあたり，野球やフットボールなどの攻撃的なスポーツイベントの核心には，参加者の熱心な行為がたまたま不注意な行動を含むこともしばしばある。裁判所は，そのようなスポーツイベントへの積極的参加は，通常の不注意な行為により法的責任を課せられるとすれば，スポーツへの積極的参加が萎縮することにもなろうとする。参加者の行為がスポーツの競技規則に違反したり，スポーツ自体で定める内部規則への違反になるなど，そのような行為への法的責任を課すことは，参加者にスポーツへの参加を抑制させたり，スポーツの性格を根本的に変更しかねない。」[53]「したがって，アクティブ・スポーツの参加者は，当該参加者が故意に他の選手を負傷させたり，当該スポーツの通常の活動の範囲外となる重過失行為であるときにのみ法的注意義務違反の責任を負うと結論する。」[54]「以上から，タッチ・フットボールゲームの過程での被告の行為は，原告に対する法的注意義務違反とはならないと断ずる。よって，本件は第一次的危険の引き受け法理の適用があり，事実審裁判所が被告の勝訴の略式判決

(52) 3 Cal.4th 296,317,834 P.2d 696,709,11 Cal.Rptr.2d 2,15.

(53) Ibid.

(54) 3 Cal.4th 296,319,834 P.2d 696,711,11 Cal.Rptr.2d 2,15.

(summary judgement) を下したのは適切であった。原告の訴訟は第一次的危険の引き受けにより訴訟を却下されるので，比較過失の法理も適用されない。」[55]

この多数意見に対して，オール・オア・ナッシングの危険の引き受け法理は，オール・オア・ナッシングの寄与過失法と同様に，時代遅れのものになっており，原告の行動は比較過失の法理にもとづいて分析されうるもので，別個独立の抗弁は必要ないこと，むしろ黙示の危険の引き受け法理に依拠し続けることで生ずる混乱を回避して，法的責任を決定するために比較過失法理を適用すべきであるとする反対意見も述べられている[56]。

(3) アマチュア・ボクシングの練習中の死亡事故

[Foronda v.Haw.Int'l Boxing Club,96 Haw.51,25 P.3d 826,2001 Haw.App.LEXIS 117 (Haw.App.2001)]

〔事実の概要〕

1995年3月30日に，25歳のアマチュア・ボクサーのJeffrey Foronda は，ワイアケア・レクリエーションセンターで，Calvalho コーチの監督のもと，スパーリングの練習中に，練習相手の Pagan に胃袋のあたりをパンチで打たれてリングロープにもたれた後，ロープの間にスリップダウンして後頭部を強く打ち，意識不明となり，意識が回復しないまま3日後に死亡した。そこで，Foronda の両親である Reynald　Foronda と Candida Foronda は，Foronda の所属していたアマチュアボクシングクラブである，ハワイ国際ボクシングクラブ (HIBC)，ハワイ郡，ワイアケア・レクエーションセンターのボクシング場の所有者を相手に，被告らが開設，運営，監督について過失（ネグリジェンス）があり，息子を死亡させたとして損害賠償を求める裁判を提起した。第一審の裁判所は，ハワイ国際ボクシングクラブとハワイ郡について，危険の引き受け法理に基づき原告らの訴えを却下する判決を下し，ハワイ郡は不当な権利侵害の危険を惹起するボクシング場の条件を知らず通知も受けていなかったと認定した。両親はこれを不服として，ハワイ州控訴裁判所に上訴した。

〔判旨〕

「本件での被告の行為がスポーツ活動に内在する危険である場

(55) 3 Cal.4th 296,320,834 P.2d 696,712,11 Cal.Rptr.2d 2,18.

(56) 3 Cal.4th 296,322,834 P.2d 696,713,11 Cal.Rptr.2d 2,19.

第1部

第3章

合には，第一次的な黙示の危険の引き受けが具体的かつ完全な抗弁となる。被告の行為がスポーツ活動に伴う内在的な危険であるかどうかを決するについて，当該活動の性質，被告の当該活動との関係，被告と原告との関係を検討する。当該スポーツに内在する以外の危険を生じさせたり，内在的な危険を増大させたりしたことへの法的責任を被告は原告に対して負う場合があるし，当該スポーツに通常伴う範囲外の重過失行為による侵害行為に対しては責任を負うものの，当該スポーツへの自由かつ積極的な参加への不当な負担となるような責任を負わせるべきではない。」

「当該のスポーツの本来の危険は，その内在的危険が極端なものであることを示している。判例法では，この点でプロとアマチュアの間で重大かつ形式的な区別を設けていない。」「この点で，Foronda は，完全な初心者ではなかった。彼は 1992 年 5 月から 1993 年 4 月まで，ハワイ国際ボクシングクラブに登録し，それから 1995 年 1 月から本件事故の日まで所属して活動をしていた。アマチュアボクシング活動に従事する間に，Foronda は，ハワイ国際ボクシングクラブに対して 3 回にわたり，書面にて，ボクシングでの死亡その他のいかなる事故についても損害賠償責任を追及しないという免責の誓約書を提出していた。彼の戦績は 1 勝 1 敗であったが，一つは彼が相手を KO し，もう一つは彼が KO されている。」「ボクシングは，容赦ない激しいスポーツであり，その性質上内在的危険を伴うものである。Foronda 事件は，悲惨な事故であったが，彼が当該スポーツへの参加を選んだ時に彼の引き受けた危険の範囲内のものであった。社会がボクシングというスポーツにおいて受忍すべきことが適当と見る限り，当該事故は起こり続け，新聞紙上で問題とされたり，立法で解決されない限り，本件ケースは法的責任を問われない。第一次的な黙示の危険の引き受け法理は完全な抗弁である。」なお，本件では，施設の安全面での過失もなく，コーチに安全対策や指導・監督面での落ち度もなかったとして法的責任を否定している。

(4) 大学ラグビーの試合中の受傷事件

[Gilbert v.Selton Hall Univ.,332 F.3d 105,2003 U.S.App.LEXIS 11722(2003)]

〔事実の概要〕

　Seton Hall 大学は，ニュージャージー州のサウスオレンジにある非営利の教育機関であり，大学間スポーツプログラムのほかに，学生のクラブスポーツに支援をしている。また，Seton Hall 大学ラグビークラブはクラブスポーツ団体であり，ニューヨーク市ラグビー連盟（MNYRU）に属し，Seton Hall 大学の付属機関とされている。Gilbert は，1990 年秋に Seton Hall 大学の正規生として在籍し，Long Island 大学で１年間の生活を終え，ニュージャージー州の Seton Hall 大学キャンパスにいた。Gilbert のラグビー経験は 1991 年春から始まり，２学期からラグビークラブに参加し，プレーをしていた。1991 年春・秋に，Gilbert は約 10 試合のラグビーの試合に出場した。1992 年４月４日，Gilbert とラグビークラブは，ニューヨークの Cunningham Park での春季の第３試合，St.John's 大学のチームと対戦した。正式な審判はおらず，ラインアウトで Gilbert がボールをとって，チームメイトにボールを渡そうとしたところ，後ろから体当たりされ，複数の選手に覆いかぶせられ，その結果四肢麻痺の重傷を負った。

　そこで，Gilbert は，Seton Hall 大学が担当者やコーチの積極的関与を確保せず，チームを監督する際に過失があり，十分な監督をしていれば，事故は防止できたし，ラグビー場としてふさわしくなく，レフリーもおらず，相手方チームのメンバーはビールを飲んでおり，相手方チームは St.John's 大学から正式に認められておらず，ニューヨーク都市ラグビー連盟（MNYRU）から出場停止処分を受けていたため試合ができなかったなどのネグリジェンスがあるとして，損害賠償を求める訴訟を提起した。第一審は，Seton Hall 大学の訴え却下の申立てを認容した。Gilbert は第２巡回連邦控訴裁判所に上訴した。

〔判旨〕

　「ニュージャージー州法は，慈善免責の法理（the doctorine of charitable immunity）を認めており，同法理では，専ら宗教，慈善，教育のために設立された非営利法人又は団体は，公益的団体

の受益者に引き起こされた権利侵害を理由にネグリジェンス訴訟の責任を負担しないとされる。」[57]

「Gilbert のラグビーに関連する活動の大半はニュージャージー州で行われており，Seton Hall 大学ラグビークラブに関連した過失はニュージャージー州で起こったために，ニュージャージー州法が両当事者間に生じた損害の分担に関する問題を解決するために適用されるべきことが両当事者の期待と合致する。」[58]

本件では，Gilbert からのネグリジェンス裁判に，ニュージャージー州法の慈善免責法理の適用を認めた一審判決を控訴審判決でも是認した。

(5) ラグビーの試合中の事故での重過失事件

[Smith v.Kroesen,9 F.Supp.3d 439,2014 U.S.Dist.LEXIS 30729 (US Dist.Ct.N.J.2014)]

〔事実の概要〕

2010 年 4 月 10 日，Paul M.Smith が Jersey Shore Sharks RFC の選手として，Old Gaelic RFC とのラグビーの試合に参加していた。Smith が試合中にボールを持って走っているときにタックルを受けて，ボールを離したのに，地面に倒れかけていた Smith の顔面に相手チームの Johon A.Kroesen がスパイクシューズでキックをしたため，Smith は非開放性頭部損傷，左頬骨三脚骨折，鼻骨骨折，左眼窩底骨折の重傷を負い，4 月 15 日に病院で手術を受けた。

そこで Smith は，Kroesen の悪質な身体的傷害・暴行 (physical assault and battery) であり，競技規則にも反する危険な行為に対し，治療費，精神的苦痛，通常の活動ができなくなった逸失利益，永続的な後遺障害を理由に補償的損害賠償及び懲罰的損害賠償 (punitive damages) を求める訴訟を提起した。また，相手方チームのコーチの Cooley も，Old Gaelic チームの指導・監督に過失があり，本件事故を引き起こした監督責任があるとして，損害賠償を求める訴訟を追加した。

被告の Kroesen は，原告の訴状を争わず請求棄却の答弁書を提出しなかったため，欠席判決により認容された。しかし，コーチの Cooley は，ラグビーのようなコンタクト・スポーツでは傷害の危険の引き受けがあり，また試合の参加の際に一切の損害賠

(57) 332 F.3d 105,108,2003 U.S.App.LEXIS 11722,6.

(58) 332 F.3d 105,110,2003 U.S.App.LEXIS 11722,10.

償を求めないという権利放棄の誓約書を提出しているとして，免責されると訴え却下の略式判決（summary judgement）を求めた。

〔判旨〕

　ハイスクールでの学校間のサッカーの試合で，相手校の生徒がファールをするなどボールを遮ろうとして接触して負傷する事例があり，コーチが選手に攻撃的かつ執拗にプレーするように指導したり，ゲームに勝つことが一番重要であると教唆したとして，コーチの指導監督の責任を問うことがある。「コーチの訴え却下の申立てを解決するに際して，裁判所は，コーチが選手の1人に違法行為を犯すよう指示したり，相手方選手への侵害の危険を増大させる動きや措置を指示しない限り，コーチは，相手方チームの選手を負傷させた選手の加害行為の法的責任を負うものではない。」[59]

　「学校間スポーツ（interscholastic sports）は，強制的な学校のプログラムではない。参加する学生は自発的に参加している。サッカーのようなスポーツに参加している者は，その結果22名の若い者が50〜100ヤードを走り回るコンタクト・スポーツであることを予期している。身体的接触がサッカーの競技規則で禁止されているわけでない。身体傷害は必然的に起こる。参加する者は，ハードプレーや攻撃的であるように訓練されている。

　生徒も親も学校間の競技大会の現実を知らないわけでない。学校や職員の注意義務と関係なく，重大な傷害の可能性は存在する。選手の不注意な行為や不法な行為に基づき学校やコーチに法的責任を負わせることは，実際上学校間の競技会をやめさせるような効果を生じさせるであろう。学校間の競技大会は，青少年の精神的肉体的社会的発達の不可欠の部分を構成してきた。どんな意図のものでも，良い目的のものでも，コーチは，そのチームの各人やメンバーがファウルをしたり，競技大会の盛り上がりの中で許容できない範囲を超えた行動をしないことを保証することはできない。」

　「コーチは，選手に不法な行為を教唆したり，不法な行為をするように指示した場合以外では，選手の不法な行為に責任を負うことはない。本件記録において，そのような事実認定を支持する証拠は全く存在しない。選手たちに集中しろ，攻撃的であれと教

第1部
第3章

(59)　9 F.Supp.3d 439,444;2014 U.S.Dist.LEXIS 39729,14.

えることは，当然である。全てのスポーツと多くの大人の活動
は，積極性と集中が求められる。」[60]

「要するに，本件記録上の証拠で，原告の言う Cooley の
Kroesen の指導において，本件ラグビーの試合の中で Kroesen
が与えた傷害の責任を負わなければならない重大な過失があった
とする主張を根拠づけるものはない。よって，Cooley の略式判
決の申立ては認容されなければならない。」[61]

(60) Ibid.

(61) 9 F.Supp.3d 439,445;2014 U.S.Dist.LEXIS 39729,18.

（6）ラグビー試合中の事故（5）の加害選手に対する損害賠償請求事件

[Smith v.Kroesen,2015 U.S.Dist.LEXIS 108429; 2015 WL 4913234(U.S.Dist.N.J.2015)]

〔事実の概要〕

ラグビーの試合中に，故意または重過失によりスパイクシューズで顔面を蹴られて，重傷を負ったとして，加害選手 Kroesen に対する損害賠償請求がなされた（5）事件の事案と同様である。とくに，連邦地方裁判所ニュージャージー地区裁判所は，2015 年 8 月 18 日，以下のように説示して，被告の重大な過失（gross negligence）の主張は認めたものの，原告に有利な判決（default judgement）を認めるためには，補償的損害賠償，懲罰的損害賠償を認めるに足りる主張及び証拠を提出しなければならないと判示した。

「原告の訴状では，原告が地面に倒れた時に Kroesen がスパイクシューズで顔面を蹴り，Kroesen の接触は意図的に行われたもので，合意によるものではなく，通常のラグビーのプレーの範囲を超えるもので，そのため原告は重傷を負った。これが真実であると認められれば，これらの請求は暴行・傷害の有効な訴訟原因を述べるものである。また，原告の訴状は，重大な過失（gross negligence）の有効な請求を述べている。ラグビー競技の身体的特性により，Kroesen が原告を含む相手方チームの構成員に対して，①安全なプレーに関する通常承認された規則に従うこと，②不必要に相手方選手の安全を脅かす，通常のラグビーの試合のプレーの中で起こりえない行為をしてはならないこと，③不必要に相手方選手への危害や侵害をする行為を差し控えることなどの相当な注意義務を負っていたことを主張している。

Kroesen は，地面に倒れた原告の顔面をスパイクでキックした際に，これら三つの注意義務に著しく違反をした。したがって，原告は，Kroesen の重大な過失を主張している。」[62]

「欠席判決の申立てが認められるために，原告は，補償的損害賠償として 37 万 5000 ドル，懲罰的損害賠償として 12 万 5000 ドルを請求し，損害賠償額を立証するために，診療記録，治療費の請求書，写真等を提出した。」しかしながら，判例法により，37 万 5000 ドルの特別な請求のための宣誓供述書その他の必要な証拠資料を出していない。また，2 万ドルの医療関係費の請求書は，精神的苦痛の賠償を根拠づけるものであると思われるが，主観的推測（subjective guess）を損害賠償金の算定基準とはしていない。「法は，憶測にもとづく損害賠償請求を認めていない。損害賠償金の付与は，合理的確実性のあるもので算定されなければならず，単なる推測（mere speculation）ではいけない。」「当裁判所は，原告の代理人が 37 万 5000 ドルが公正かつ相当であると主張する以外の損害賠償の正当化根拠もなく，原告の損害の賠償を適切とする損害の算定をすることはできないため，原告は損害賠償請求を根拠づける十分な証拠を提出する機会を与えられなければならない。」[63]

また，原告の Kroesen に対する懲罰的損害賠償請求についても，補償的損害賠償請求を十分に支持しうるものでも足りず，原告は，なぜ懲罰的損害賠償が適切であり，補償的損害賠償金との関係でいくらが妥当かについても明らかにしなければならない[64]。

(7) 脳損傷で死亡したアメフトの選手の妻が全米大学体育協会（NCAA）を訴えた事件

[In re NCAA,543 S.W.3d 487;2018 Tex.App.LEXIS 1632;2018 WL 1101222（Ct.App.Tex.5th Dist.Dallas,2018）]

〔事実の概要〕

Creg Ploetz は，1968 年から 1972 年まで，テキサス大学でアメリカン・フットボールの選手として活躍したが，2015 年に慢性外傷性脳症（Chronic Traumatic Encephalopathy; CTE）で死亡した。そこで，その妻である Debra Ploetz が，テキサス大学でアメフト選手としてプレーをしていたときに，脳震盪

(62) 2015 U.S.Dist.LEXIS 108429,9.

(63) 2015 U.S.Dist.LEXIS 108429,11.

(64) 2015 U.S.Dist.LEXIS 108429,15.

(concussion) を繰り返して CTE で死亡したものであるとして，全米大学体育協会（National Collegiate Athletic Association; NCAA）に対して，大学スポーツにおける学生選手の脳震盪や脳震盪のその後の頭部への影響，外傷性脳症との因果関係，CTE の発症，頭部外傷やその進行を阻止するための規則，手続，ガイドライン等を認識していたし，認識すべきだったと主張して，NCAA の作為，不作為と Greg の死亡との間に相当因果関係があったとして，NCAA に対し，大学生選手の蒙った頭部外傷に関する 1950 年から現在までの 67 年間の資料を提出するよう要求し，2017 年 7 月 30 日に，証拠保全・開示命令（discovery order）が下された。これに対して NCAA は，Creg の傷害（CTE），NCAA でプレーしていた 1968 〜 1972 年に限定されておらず，期間が広範に過ぎていると反論した。そこで，テキサス州控訴裁判所は，双方の主張・反論を審理したうえで，以下のように説示して，Creg のような慢性外傷性脳症（CTE）や認知症などのように脳損傷を引き起こす脳震盪や脳震盪の頭部へのダメージ以外の損傷についても証拠開示をすることを命じた。

〔決定要旨〕

「本件記録において，創傷，擦り傷，歯の損傷などのような脳損傷でない頭部損傷についての証拠は，Debra の主張の根拠である傷害と明らかに結びつくものでも，因果関係があるものでもない。したがって，本件での資料提供や開示命令の要求は，広範囲にすぎる。」

「以上からすれば，本件職務執行令状（writ of mandamus）の申立てを条件付きで認め，事実審裁判所に対して，NCAA の要請通りの Creg の受けた損傷，すなわち，認知症や慢性外傷性脳症 CTE のような脳変性症の原因となる頭部への脳震盪及び脳震盪後の打撃に関連する文書の証拠開示にとどめるように命じる。」[65]

(65) 543 S.W.3d 487,493;2018 Tex.App.LEXIS 1632,12.

「むしろ，NCAA は，特定のキーワードのみを用いることで応答文書の検索を制限するのではなく，『脳震盪』『脳震盪後の頭部への打撃』『そのような打撃が生ずる脳損傷』などの概念に関連する情報秘匿特権の対象となっていない文書の検索や提出をしようとしていると解される。そこで，当裁判所は，脳震盪や脳震盪後の頭部への打撃や傷害という用語を用いる文書の提出に限ると

する NCAA に対する命令において，当該用語を含むように命じる。」[66]

NCAA は，証拠開示手続での開示情報の範囲について，Greg のアメリカン・フットボールでの脳震盪に伴う脳損傷に関連するものに限定されるべきで，NCAA のすべてのスポーツでの脳損傷に関する資料や文書に及ぼすべきではないと主張した。しかし裁判所は Debra の主張を取り入れ，サッカー，ホッケー，アメフトその他のスポーツ選手の脳損傷の調査研究で NCAA が有する情報はすべて，当該侵害が適切な審理対象であるため，開示の対象とすべきであるとし，「よって，NCAA スポーツ全てに関する文書の開示を認めた事実審裁判所に裁量権の濫用はなかったと結論付ける。」[67]

(8) バスケットボールのレクリエーションの試合中の受傷事件

[Nixon v.Clay,2019 UT32,449 P.3d 11.2019 Utah LEXIS 112,2019 WL 3049059（Sup.Ct.Utah,2019）]

〔事実の概要〕

Judd Nixion と Edward Clay は，モルモン教の会館で，当該宗教団体の主催するバスケットボール大会での試合中に，Nixon がジャンプしてシュートを打とうとしたときに，Clay が伸ばした右手が Nixon の右肩にあたって両者は倒れ，Nixon は左膝がしらを地面にたたきつけられて，膝に重傷を負った。レフリーは，Clay の接触を故意によるものとは判定せず，通常のファウルとして処理した。3 年後に Nixon は，Clay のネグリジェンスによる損害賠償を求める訴訟を提起した。これに対して Clay は，訴えを却下する略式判決の申立てをして争った。一審裁判所は，身体的接触を伴うスポーツの場合には，他の選手の安全を脅かす故意または重大な過失ある行為により傷害が生じた場合でなければ，法的責任を負わないとする「コンタクト・スポーツの例外（contact sports exception）」に該当するとして，Clay の行為はバスケットボールの試合に通常伴うリスクにすぎないと判断し，原告の請求を棄却した。そこで，Nixon から本件上訴が提起された。

〔判旨〕

　多数説であるコンタクト・スポーツの例外法理には，基本的に賛同する。「しかし，この多数説に全面的に賛成するわけではない。加害者の心理状態の評価や当該スポーツがコンタクト・スポーツと認められるかどうかの決定に伴う複雑な線引きの問題を回避するより，簡明な判断枠組みを確立する。スポーツの参加者は一般的にスポーツに伴う行為や危険の回避義務を負うものでなく，加害者の精神状態は，例外の成立要件に関連するが，必要不可欠の要件ではない。」[68]

　「不法行為のリスステイトメント（第２版）では，ゲームに参加する意思決定は，競技ルールや慣行により許されるような身体接触や自由の制約を甘受する意思を示しているとする。このことを念頭におけば，この問題を検討してきた大多数の法域では，競技大会での人身損害のケースでは，安全性を無視した行為も予測しておかなければならない。多数説では，スポーツの参加者は，故意に他の選手に侵害を加えたり，通常の活動の範囲外の行動のような重大な過失ある行為においては損害賠償責任を負わなければならない法的注意義務を負う。」[69]

　「当該競技ルールで許される範囲外の行為がしばしば想定されるため，我々はゲームの技術的ルールにのみ焦点を当てる内在的危険の審理については注意しなければならない。当該接触が競技ルールで禁止されていたかどうかを決定することがスポーツの内在的危険性である場合には，裁判所はどの種の接触が起こるタイプ・頻度，起こる状況，接触が通常のゲームの戦略として起こるかどうか，試合の審判等により下される制裁や判定の重大性などの要素も考慮しなければならない。これらの審理は，専門家証人，写真，ビデオ，証人の証言などの他の証拠によって補強され得る。」「我々は，多数説の考え方とこの点で決別することになる。」コンタクト・スポーツの例外原則は，当該スポーツ全体としてどのような接触が予期されていたかどうかにより，恣意的な線引きに陥りやすい。そのような恣意的な線引きはもはや必要ではない。たとえ，参加者間での接触があまり予定されていないスポーツですら，上記例外の保護に服すべき場合もある。」「スポーツに内在する接触の量や程度が重要なのではなく，重要な問題は，起こった接触がスポーツに内在し伴うものかどうかである。

(68)　2019 UT32,32,449 P.3d 11,12,2019 Utah LEXIS 112,3.

(69)　2019 UT32,32,449 P.3d 11,11,2019 Utah LEXIS 112,9.

以上の理由から，受傷が引き起こされた行為の性質にのみ焦点を絞り，もっと簡明なスポーツの免責原則を定立すべきである。我々は，このアプローチが多数説により求められる混乱や不必要な審理を省いてくれるものと信ずる。」[70]

　Clay が試合中に Nixon に行った行為は，肩に手をかけてシュートを阻止しようとする通常の行為であり，1 試合 5 回までファウルをできる行為でしかなかった。そこで，コンタクト・スポーツの例外原則ではなく，被告の心理状態やコンタクト・スポーツに伴う危険な活動に当たるかどうか，自発的にスポーツに参加する者が当該スポーツに通常伴う，危険を伴う接触を回避すべく法的注意義務を負わないものと判断し，結論的には原審判断を支持するとした。[71]

6　イギリス・オーストラリアでのスポーツ事故と民事責任の概観

　たとえば，イギリスでも，Ben Collet v.Gray Smith & Middlesborough FC 事件では[72]，マンチェスター・ユナイテッド FC で将来が期待されていた 18 歳のプロサッカー選手 Ben Collet が，ミドルズブラ FC との試合中に，相手方の Gray Smith による危険なタックルを受けて右足の脛骨及び腓骨の 2 か所の骨折の重傷を負い，その後の選手生命を絶たれた。本件では，Smith 選手のネグリジェンスも問われたが，むしろ，Smith 選手の事業の執行に関連した不法行為が問題とされ，使用者責任（Employer Liability）としてミドルズブラ FC に対して，一般的損害賠償として 3 万 5000 ポンド，過去の逸失利益（休業補償）として 45 万 6095 ポンド，将来の逸失利益（future loss of earnings）として 385 万 4328 ポンド，合計 434 万 5423 ポンド（約 9 億円以上）の賠償が命じられた。

　また，オーストラリアの McCracken v Melbourne Storm Rugby League Football Club Limited (2007) NSWCA 353. 事件[73]と Elshafey v Seth Clay (High Court of Justice, Case No MA 091509, 2001) 事件[74]は，2 人の選手が抱え上げて相手方を頭から地面に落とす危険なタックル（spear tackle）で大怪我をさせた事案であった。裁判所は，ラグビーは動きも早く，

(70) 2019 UT32,32,449 P.3d 11,11,2019 Utah LEXIS 112,17.

(71) 2019 UT32,32,449 P.3d 11,11,2019 Utah LEXIS 112,19.

(72) Ben Collet v.Gray Smith & Middlesborough FC [2009] EWCA Civ.583.

(73) McCracken v Melbourne Storm Rugby League Football Club Limited (2007) NSWCA 353.

(74) Elshafey v Seth Clay (High Court of Justice, Case No MA 091509, 2001).

多数のプレーヤーが同時に激しくぶつかり合う濃密な危険なスポーツであるが，他の選手の安全や生命・健康への配慮をする義務は存在し，相手選手を持ちあげて叩きつける行為を意図したときは，上記注意義務違反に問われると判示した。

　さらに，イギリスでは，Vowles v Evans and Others 事件[75]で，危険な行為をした選手だけでなく，レフリーの不適切な対応が危険な行為を阻止できず受傷を招いたとして責任を問われる場合もありうるとした。イギリスの控訴院は，レフリーは選手の負傷には法的責任を負わないとする主張を斥け，ラグビー競技は本来的に危険なスポーツであり，競技規則ではその危険防止のために規律を置いており，選手の安全を守るために競技規則を遵守することが厳格に求められ，レフリーがその職責を全うすることで，安全が確保されると説示した。もっとも，レフリーにも誤判，見過ごし，間違いはあるものの，レフリーの競技の秩序維持，円滑な競技の運営，安全に対する責任は重く，レフリーを雇っている Welsh Rugby Union の使用者責任を肯定した。

　このようなサッカーやラグビーなどの激しいコンタクト・スポーツでは，脳震盪やこれに伴う頭部損傷や脳損傷が問題となっており，重大事故を防ぐために，医学的知見や統計的数値に基づき，脳震盪や脳損傷が疑われる時の事故防止と選手の安全性確保のためのガイドラインやプロトコールが定められており，選手，コーチ，関係者のための強制的なオンライン基準，2 人以上の医師による脳震盪の診断基準なども定められており，このようなガイドラインや診断基準違反も法的責任を定める際の重要な法的基準とされる[76]。

　ところで，ボクシングに伴う内在的な危険は改めて触れるまでもないことで，スポーツ中の重篤な人身損害の防止がとくに配慮されなければならない競技である。リーディング・ケースとして，Watoson v British Boxing Board of Control 事件[77]がある。プロボクサーの Michael Watoson は，Chris Eubank 選手との世界ボクシング連盟の公認の試合中に，硬膜下出血のため左半身不随の後遺障害が残る傷害を受けた。そこで，Watoson 選手は，試合を主催していた英国ボクシング協会が，リングサイドで直ちに利用できる蘇生装置を用意していないなど安全管理体制の不備から傷害をより悪化させた法的責任があるとして，損害賠

(75)　Vowles v Evans and Others [2003] 1 WLR 1607.

(76)　*See* Amy Dickson, Sports Injuries:a risky business.How does the Law Look at negligence in the sports world? (www.sportslawscotland. co.uk/...risky-business.html) .

(77)　Watoson v British Boxing Board of Control1 [2000] EWCA Civ 2116; [2000] QB 1134, [2000] PIQR 16.

償請求訴訟を提起していた。イギリスの控訴院は，英国ボクシング協会がボクシングの競技規則を定め試合を主催していた統括機関である以上，リングサイドでの適切な緊急医療体制を整えていなかった法的責任があり，ボクサーたちは自らの安全に対して十分な説明を受けておらず，ボクシング協会はボクサーがその助言を受けるべきことを特別に認識しており，1980 年以来，承認されていた硬膜下出血への標準的対応をしていたものの，協会はリングサイドに蘇生装置を導入していなかったと説示した。そして，プロボクサーが被る身体傷害は予見可能であり，避けられないものであるが，協会は試合を主催し，奨励し，規制もできる活動の予見し得るかつ必然的な結果でもあるとして，プロボクシングの活動の運営は，これに参加する者の幾人かに危険を伴うが，重大な不利益を最小限にし，身体傷害への医療措置の必要性は自明のことであると判示して，英国ボクシング協会の法的責任を肯定した。

7　おわりに

　以上の検討結果からは，コンタクト・スポーツなどでのスポーツの競技としての特性，内在する危険性，免責特約の有効性・効力，競技団体の競技規則，安全対策，レフリーやスポーツ・ドクターのチェック体制，違反行為の予防のための動画録画，医療や医学的知見による事故予防のガイドライン化，コーチ・監督・指導者の資格認定と研修制度，施設の設置者・大会主催者等の安全対策や安全環境の整備，緊急事態・救急搬送・危険防止策の徹底，事故の保険制度・補償制度の整備などと，スポーツ事故に対する民事責任の位置づけについて，今後さらなる具体的な検討と詳しい法的分析が必要であることは明らかである[78]。

　諸外国でのスポーツ事故に対する民事責任の比較研究の結果，危険を伴うスポーツにおける被害者の救済・保護の視点から，民事責任には自ずと限界があり，損害賠償責任保険制度の活用や加害者の責任の有無を問わない被害者補償制度の整備などが強く求められていると言えよう。

　基本的には，スポーツ事故の賠償責任についても，スポーツの特殊性や危険性だけを殊更重視すべきではなく，不法行為の成立

(78) *See* Brobst, *supra* note 1, at 54.

要件を充足するかどうかで判断すべきであり，スポーツへの積極的参加や競技の活性化を促す立場から，一律に，違法性阻却事由を認める説には組みしないものである。しかしながら，アメリカや諸外国での裁判例や日本での裁判例にあるように，スポーツ事故も，競技の特性，事故類型，事故原因，責任主体も多様であり，それぞれふさわしい法律構成が採られるべきである。さらには，スポーツ事故における民事責任は，競技者間での事故でも，危険プレーやラフプレーもあり，監督・コーチなどの指導者の監督責任・安全配慮義務，施設の所有者や大会主催者の安全対策等も問題になっており，競技の特性，加害行為の態様・方法，負傷や損害の内容・程度，競技規則やガイドラインの違反の有無，安全指針や安全対策，レフリーの対応，保険・補償の有無などを総合的に判断して，法的責任を検討してゆかなければならない。

　もちろん，海外には，ニュージーランドのように，民事責任を問わずに公的事故補償制度を充実させたり，イギリスやオーストラリアなど完全に民間保険でカバーする国もある[79]。また，競技者間の賠償よりも，統括団体や主催者の責任を重視し，保険への強制加入をさせるドイツ・フランスのような国もある[80]。各国の相違は，スポーツ政策，個人，団体，社会，国家のスポーツ事故リスクの分担や医療・福祉の充実度にもよる。事故の予防や責任の問題は，総合的に検討すべきで，競技者間の民事責任だけでは，自ずと限界があるというべきであろう。

（棚村政行）

(79) たとえば，内海和雄「スポーツ事故における傷害補償制度の国際比較研究（1/4）」広島経済大学論集 43 巻 1 号 1 頁以下（2020年）参照。

(80) 石井信輝「スポーツ活動中の事故に起因する民事責任をスポーツ団体が負担する可能性」体育学研究 58 号 650 頁（2013 年）参照。

第2部

判例分析

　第2部では，第1部第2章で整理した視点に沿って，具体的な裁判例・判例を取り上げ，問題の所在を明示して分析した上で，事故予防の具体的ポイントに踏み込んだ試論に各執筆者が挑戦する。

「危険の引き受け」法理
・東京地裁平成29年11月1日判決（キックボクシング）
・水戸地裁平成10年12月16日判決（ボクシング）
・札幌地裁平成10年2月24日判決（ボクシング）
競技規則の目的（生命・健康への重大侵害の回避）①・施設
・横浜地裁横須賀支部昭和52年9月5日判決（サッカーゴール）
・京都地裁平成25年8月28日判決（体育館ミニバスケ）
競技規則の目的（生命・健康への重大侵害の回避）②・ファール行為
・東京地裁平成28年12月26日判決（サッカー）
・東京地裁平成30年2月28日判決（サッカー）
・東京地裁平成26年12月3日判決（ラグビー）
競技規則で禁止されていない行為
・東京高裁平成30年9月12日判決（バドミントンダブルス）
・横浜地裁昭和58年8月24日判決（テニス教室）
競技規則が前提としていないレベル（明文ない特則）①・親睦レベル
・長野地裁佐久支部平成7年3月7日判決（男女親睦ソフトボール）
・宮崎地方裁判所平成4年9月28日（県職員バレーボール）
競技規則が前提としていないレベル（明文ない特則）②・義務の範囲
・東京地裁平成元年3月30日判決等（ゴルフ）
競技規則が前提としていないレベル（明文ない特則）③・規則ない競技
・東京高裁平成30年7月19日判決（運動会自転車リングリレー）
・名古屋地裁平成21年12月25日判決（運動会組体操）
・福岡地裁平成11年9月2日判決（運動会騎馬戦）
練習中のプレーヤーの行為
・大阪地裁平成11年7月9日判決（野球）
・名古屋地裁平成18年11月28日判決（野球）
・横浜地裁昭和63年3月30日判決（野球）
・神戸地裁尼崎支部平成11年3月31日判決（野球）
他者と競うことを目的としないスポーツの行為①
・最高裁平成7年3月10日判決（スキー）
・大阪高裁平成18年6月23日判決（スノーボード）
他者と競うことを目的としないスポーツの行為②
・大阪地裁平成9年6月13日判決（サーフィン）

Contents

第 4 章　判例にみるスポーツ事故の原因と
　　　　　　予防 ……………………101

第 1 節　格闘技における事故 ……………101
　1　はじめに ………………………………… 101
　2　三つの事案の概要・判決要旨・分析 ……… 102
　　（1）東京地裁平成 29 年 11 月 1 日判決 ……… 102
　　（2）水戸地裁平成 10 年 12 月 16 日判決 ……103
　　（3）札幌地裁平成 9 年 7 月 17 日判決………104
　3　事故予防のポイント ……………………… 107

第 2 節　サッカーゴールポスト負傷事故 …110
　　　　　横浜地裁横須賀支部昭和 52 年 9 月 5 日判決
　1　はじめに ………………………………… 110
　2　事案の概要 ……………………………… 110
　3　判決の要旨と分析 ……………………… 110
　4　事故予防のポイント …………………… 112

第 3 節　サッカー競技中ファウル負傷事故…119
　　　　　　東京地裁平成 28 年 12 月 26 日判決
　1　はじめに ………………………………… 119
　2　事案の概要 ……………………………… 119
　3　判決の要旨 ……………………………… 120
　4　分析 ……………………………………… 123
　5　関連判例の検討 ………………………… 125
　6　事故防止のポイント …………………… 126

第 4 節　バドミントン競技中負傷事故 ……129
　　　　　　　東京高裁平成 30 年 9 月 1 日判決
　1　はじめに ………………………………… 129
　2　事案の概要 ……………………………… 129
　3　判決の要旨 ……………………………… 130
　4　分析 ……………………………………… 131
　5　加害競技者の注意義務から導かれる事故予防の
　　ポイント ………………………………… 132
　6　裁判当事者以外の責任主体を踏まえた事故予防の
　　ポイント ………………………………… 132

第 5 節　技量・経験・運動能力に応じた
　　　　　競技規則の修正と事故予防…………134
　1　はじめに ………………………………… 134
　2　裁判例の分析 …………………………… 134
　　（1）長野地裁佐久支部 1995 年 3 月 7 日判決
　　　　 ……………………………………… 134
　　（2）関連裁判例 ………………………… 137
　3　事故予防のポイント…………………… 139

第 6 節　ゴルフの競技者同士の事故 ………141
　　　　　　　東京地裁平成元年 3 月 30 日判決
　1　はじめに ………………………………… 141
　2　事案の概要 ……………………………… 141
　3　裁判所の判断 …………………………… 142
　4　分析 ……………………………………… 142
　5　加害競技者の注意義務から導かれる事故予防の
　　ポイント ………………………………… 143
　6　裁判当事者以外の責任主体を踏まえた事故予防の
　　ポイント ………………………………… 146

第 7 節　市民地区運動会における事故 … …149
　　　　　　　東京高裁平成 30 年 7 月 19 日判決
　1　はじめに ………………………………… 149
　2　事案の概要 ……………………………… 149
　3　裁判所の判断 …………………………… 150
　4　分析 ……………………………………… 151
　5　加害競技者の注意義務から導かれる事故予防の
　　ポイント ………………………………… 153
　6　裁判当事者以外の責任主体を踏まえた事故予防の
　　ポイント ………………………………… 153
　7　まとめ …………………………………… 156

第 8 節　高校野球部練習中の事故 …………157
　　　　　　　　大阪地裁平成 11 年 7 月 9 日判決
　1　はじめに ………………………………… 157
　2　事案の概要 ……………………………… 157
　3　裁判所の判断 …………………………… 158
　4　分析 ……………………………………… 159
　5　関連判例の検討 ………………………… 161
　6　競技規則の限界をふまえた練習時の事故予防の
　　ポイント ………………………………… 163

第 9 節　スキーヤー同士衝突事故 …………167
　　　　　　　最高裁第二小法廷平成 7 年 3 月 10 日判決
　1　はじめに ………………………………… 167
　2　事案の概要 ……………………………… 167
　3　裁判所の判断 …………………………… 168
　4　分析 ……………………………………… 169
　5　関連判例の検討 ………………………… 170
　6　事故予防のポイント …………………… 171

第 10 節　サーフィン中接触事故 ……………174
　　　　　　　大阪地裁平成 9 年 6 月 13 日判決
　1　はじめに ………………………………… 174
　2　事案の概要 ……………………………… 174
　3　裁判所の判断 …………………………… 175
　4　分析 ……………………………………… 176
　5　水上スポーツにおける事故予防のポイント …… 177
　6　まとめ …………………………………… 179

第4章 判例にみるスポーツ事故の原因と予防

第1節 格闘技における事故

1　はじめに

　本節では第3章2の（8）で取り上げられた「東京地方裁判所平成29年11月1日判決」[(1)]のキックボクシングの事例（以下,本件という。）と他の類似する事故の裁判も踏まえて,格闘技の事故の原因と予防について考察する。格闘技においてはルールに則ってプレーをした際に相手選手を負傷または死亡させてしまった場合,本人が責任を負わず,指導者や大会主催者等がその責任を負うことが多い。この点からしてこの節では,指導者や大会主催者等や競技自体の安全性に焦点を当て事故防止の検討を行う。そのため上記の事例に加え,試合中の事故で主催者が被告になった「水戸地方裁判所平成10年12月16日判決」[(2)]と練習中の事故で指導者が被告になった「札幌地方裁判所平成9年7月17日判決」[(3)]を取り上げる。

　本節で検討していく格闘技は,殴る,蹴る,投げる,締める等本来的に相手の身体に対して侵害を加えるものである。その結果相手を負傷させることは多く,さらに死亡させてしまうこともある。競技規則で反則技等が規定されているとはいえ,相手への攻撃が認められている以上,その危険を排除することはできない。通常,競技規則に則ってプレーをした結果,相手を負傷させたり死亡させてしまったりしても刑法35条の規定する正当行為として違法性が阻却され,民法上の不法行為責任も負わないことが多い。しかし格闘技の性質上危険を排除することができないとしても,事故の発生を仕方のないものとして処理するわけにはいかず,本人が危険に対して同意していたとしても事故の発生防止に努めなければならない。本節では競技者や関係者の観点から事故の予防策について検討する。

(1) D1-Law.com 判例体系。

(2) 判タ1046号212頁。

(3) 判タ959号235頁。

2　三つの事案の概要・判決要旨・分析

(1) 東京地裁平成 29 年 11 月 1 日判決

〔事案の概要〕

　平成 28 年 9 月 26 日，原告がキックボクシングの練習の一環で，自身より 5 ～ 10kg 重く，格闘技経験のある相手選手とマススパーリング[(4)] を行っていた。その際相手のパンチを顔面に受け 2 度ダウンをして尻もちをつき，練習の 2 日後に痛みが悪化し，病院で検査したところ右眼窩内側壁の骨折が発覚した。本件は原告がインストラクターを含むジムの関係者に対して，安全配慮義務違反の不法行為に基づく損害賠償として約 18 万円を請求したものである。

〔判決の要旨〕

　本件の争点は寸止めで行うことが予定されている本件練習において，原告が相手のパンチを受けダウンしたにもかかわらず練習を中止したり，指導したりしなかったことにインストラクターとしての安全配慮義務違反があり，不法行為責任を負うかである。

　まず前提としてマススパーリングについて「パンチは相手に当たるものであり，厳密な意味での『寸止め』すなわち相手に全く当たらないもの，ではない」としている。その上でダウンした原告がインストラクターから「大丈夫か」などと声を掛ける前に立ち上がっていたこと，顔面に内出血の様子がなかったこと及びインストラクターやその他の人に痛みについて伝えていなかったことから，練習を続けることで負傷すると予見できなかったとした。結果インストラクターが練習を中止したり，相手選手に指導しなかったりしたことは安全配慮義務違反ではないとして原告の請求は棄却された。

〔本事案の分析〕

　本件の判旨について検討すると，原告がすぐに立ち上がったため負傷することを予見できなかったとしているが，そもそも当てることを許可していない練習においてダウンするほどのパンチが顔面に当たったのであるから，その時点で当該練習の前提を欠いており，本来想定している状態から逸脱した時点で危険と判断し中止するべきであった。

　また原告はダウンした際に「大丈夫か」と声を掛けられる前に

(4) 本判決においてはマススパーリングを「グローブをつけて対面し，動き合いながらパンチやキックを出し合い防御する練習」と説明している。

立ち上がり練習を続けていたが，スポーツの世界では痛みを伴っていたとしても無理をして大丈夫と答えることがままあるのであり，本件においては請求棄却であるが，指導者としては，競技者本人の意思ではなく指示通りに練習が行えず結果ダウンをしているのであったのなら，練習を中止するべきであろう。

(2) 水戸地裁平成 10 年 12 月 16 日判決

〔事案の概要〕

　平成 5 年 11 月 2 日，当時高校 1 年生であった男子生徒がボクシングの試合後に気分の悪さを訴え，その数分後に昏睡状態に陥った。大会主催者が直ちに 119 番に連絡し 12 時ごろ救急車が会場に到着し，救急隊員の判断で，連携していた病院ではなく国立水戸病院に 12 時 15 分ごろ搬送されたが，満床のため直ちに手術ができる状態ではなかった。そのため県西総合病院に搬送先を変更し 14 時 17 分ごろ到着した。直ちに開頭血種除去手術が行われたがその後も昏睡状態が続き，11 月 10 日に後頭部打撲に基づく急性硬膜下血種及び脳挫傷により死亡した。本件は原告である両親が大会主催者らに対して不法行為に基づく損害賠償として約 2437 万円を請求したものである。

〔判決の要旨〕

　事件の主な争点は被告である大会主催者の安全配慮義務違反の有無であるが，その内容は①運営日程についての安全配慮義務，②試合前の診察による結果回避義務，③試合会場における専門医師の配置義務及び④事故発生に備えた最寄りの専門病院との連携義務である。判決では以下のように判断されている。

　①について原告は事故前日のいずれの試合においても優位に立っておりダメージは皆無に近く，本件事故が発生した試合直後も元気であったため，日程自体に無理があったとは認めていない。②については被告が精密検査を試合前に実施しなかったことに過失があるか争われていたが，アマチュア選手が試合毎に 1 回約 1 万 5000 円かかる検査を受けることは現実的ではないし，大会前の検診においても相当程度脳の状態を検査することができているとして過失を否定している。③については試合中に硬膜下血種が生じた場合，専門医であってもその場での手当ては不可能であるため，配置されていたとしても結果が変わっていたと認め

られず，原告の死亡と専門医が配置されていなかったこととの間に因果関係はないとした。④については被告が事故に備えて脳外科の専門病院に協力を依頼していたこと及び被告のスタッフが事故後到着した救急隊員に当該病院に向かうように要請していたことが認められている。以上の理由等に基づき請求は棄却された。

〔本事案の分析〕

本件では速やかに手術を受けることが望まれる急性硬膜下血腫を発症していたにもかかわらず，対応可能な病院に到着するまで約２時間20分も経過していた。連携していた病院に搬送されなかった理由については判決において触れられていないが，仮に連携していた病院が手術に対応していなかったことが理由で救急隊員が他の病院に行く判断をしたのであれば主催者の責任は大きい。いずれにしても最初に搬送された病院では手術を受けることができず，結果として２時間以上の時間がかかったわけであり，もし速やかに手術を受けることができていたのであれば救えた命であったかもしれない。

大会主催者は当日に重傷頭部傷害によって手術が必要となることが想定される旨，専門病院と連携を取り，必ず病床が確保されるよう要請しておくべきである。また本判決においては試合会場に専門医を配置していなかったことと死亡との間に因果関係はないとされているが，救急隊到着までに誤った対応をとることがないようにリングドクター等を配置しておくべきであろう。

（3）札幌地裁平成９年７月17日判決

〔事案の概要〕

平成５年２月５日，ボクシング部に所属する当時高校１年生だった男子生徒Ａがマスボクシング[(5)]で練習を行っていた。この練習は他の部員とマネージャーがロープを手に持ち作ったリングで行われ，練習当事者はマウスピースをつけていたがヘッドギアはつけていなかった。練習開始から約１分後前方にかがむように倒れ，25分後に病院に搬送され入院したが，３日後硬膜下出血により死亡したものである。本件は原告である両親が顧問と高校の設置者である北海道に対してそれぞれ約3965万円の損害賠償を請求したものである。

〔判決の要旨〕

(5) 本判決においてはマスボクシングを「グローブを着け，二人一組で互いに一定の距離を保ち，実際にパンチは当てずに，タイミングをはかりながら攻撃や防御を繰り返す練習方法」と説明している。

　事件の主な争点は①事故の態様と②顧問教員の過失の有無であり，判決では以下のような判断がなされている。①については司法解剖を行った医師が死因を硬膜下出血とした上で「これは外力が頭部・顔面に作用して，あるいは頭部が強く揺すられて発生したものと考えられるが，外力の作用した痕跡は認められない。したがって，頭部・顔面に作用した外力の媒体となった成傷器は，広い面積をもつ，比較的柔らかい鈍体と推定される」と述べている。また本件事故においてＡの診療に当たった医師は「先入観念を持ちすぎないということが必要だが，直観的に外傷だろう，と思った。しかもボクシングをしていたということで，典型的にそういう事故ではないか，と考えた。頭が静止状態から急激に外力で加速されると架橋静脈が切れるが，そういう事故だと考えた」と証言している。死亡前に診療に当たった医師と死亡後に司法解剖を行った医師とが「互いに何ら意思疎通がないにもかかわらず，専門家として別個の立場において同趣旨の意見を述べている」ことなどから，練習において相手のパンチがＡの頭部または顔面に相当な速さで直撃したと認定した。また当時Ａと相手選手との距離は１ｍ程度でありパンチが当たる距離であったこと，Ａは１年生でボクシングの経験がなく事故前は体調不良により練習をしていなかったこと，相手選手は３年生でインターハイや国体出場経験を有している等，Ａより技量が上回っていたことが認められている。さらに「一般的にマスボクシングは相手があって互いに相手の動きを見ながらパンチを出すものである以上，当てるつもりはなくとも相手が自分の予想と違った動き方をすればパンチが当たってしまうことがあるのは経験則上あり得ること」であるとし，上記の認定と合わせて考慮した結果，未熟なＡが相手のパンチに対応できず頭部又は顔面に当たったと推認できると判示した。

　②についてはＡの経験，体調及び相手選手の技量等を踏まえて「指導担当者としては右のような技量差等のある者同士がパンチの当たる可能性のあるマスボクシング練習を行うことを避けるか，行うにしても少なくとも技量的体調的に劣る二郎（Ａ，筆者注）にヘッドギアを装着させたり，丙川（相手選手，筆者注）に対して絶対にパンチを当てることのないように改めて注意する等して，ボクシングにおいて生じがちな重大な事故を未然に防止す

る高度の注意義務があった」としている。これを顧問教員が怠ったため本件事故が発生したとして過失を認め，国家賠償法 1 条 1 項に基づき被告北海道に対して約 2003 万円の損害賠償を原告らそれぞれに支払うことを命じた。

〔本事案の分析〕

　マスボクシングは打ち合いをさせないのが原則であるためヘッドギアは不要のように思われるが，予期せぬパンチが顔面に当たる可能性は十分にあるため防具の着用はすべきである。この点を指摘した本判決は妥当なものである。しかし本件は被告北海道により控訴され，札幌高等裁判所平成 10 年 2 月 24 日判決[6]において異なる判断がなされている。まずパンチが当たったことについては証拠が不十分として原判決を取り消し，パンチが当たったことが原因で硬膜下出血が発生したとは認められないとした。さらに顧問教員の過失について，マスボクシングはパンチを当てないことが前提の練習であり，相手選手が誤って顔面にパンチを当ててしまうことがないような上級者であったため，ヘッドギアを着用させないのが一般的と認め，ヘッドギアを着用させる義務はなかったと改めて判示した。これによりパンチが当たって A が死亡したと認められないこと及び顧問教員に過失がなかったことになり，原判決の賠償命令は取り消された。

　しかしいくら当てないことを前提としているとはいえ，機械ではなく人間が動きながら手を出しているので当たってしまうことは十分に考えらえる。慣習にとらわれず，万が一に備えヘッドギアは着用させるべきである。事故当時は存在していなかったが，現在は日本ボクシング連盟がマスボクシングを正式な種目として採用し，競技規則も規定している。そこでは「ヘッドガードは競技者の頭部にしっかりと合った，状態の良い日本連盟検定品を使用しなくてはならない」[7]と定められており，今後は公式の試合で着用が義務づけられているものを練習中だからと言って着用しなくていいということに合理性がなくなる。何事もなく練習を終えられたのならともかく事故が発生しているのであるから，着用させなかった場合，顧問教員の過失になっていくと思われる。

(6) 判例地方自治 179 号 55 頁。

(7) 一般社団法人日本ボクシング連盟「マスボクシング競技規則 2021 年 6 月 13 日」17 条 1 項。

3　事故予防のポイント

　はじめに述べた通り格闘技は相手を直接攻撃する危険度の高い
スポーツであるため，その練習や試合をする際は細心の注意を払
い実施すべきである。本節で取り上げた事案から練習時に注意す
べき点を具体的に抽出すると，第一に相手との差をなくす，も
しくは少なくすることである。この「差」とは身長や体重など
の「体格差」，競技経験や競技歴などの「経験差」，及び運動能力
や競技能力などの「能力差」等である。前述の札幌高裁の判決で
は，ここでいう経験差や能力差のある相手選手とのマスボクシン
グをするにあたって「誤って顔面にパンチを当ててしまうことが
ないような上級者」を初心者の相手に選んだことに過失はないと
されているが，その上級者が故意に打ち抜いてしまうことや予期
せぬ動作で当たってしまうという万が一を考えると，衝撃の強い
パンチが当たりかねない。差のある相手と組ませるほかない場合
には，上級者にパンチを当てないように指導を徹底することや，
指導者が当該ペアを注視できる位置で指導を行うべきであろう。
　第二に正しい防具着用と競技場の使用を徹底することである。
競技規則で定められていることは競技団体が安全に留意して考案
されたものであり，練習において指導者の判断で着用を義務づけ
なかったり，仮設の競技場で練習させたりすると危険が生じるお
それは十分に考えられる。競技規則に則り，定められた安全基準
を満たして練習を行うべきである。
　第三に練習方法を指示した上でその内容を逸脱するような行為
が故意にしても過失にしても起こったのであれば練習を中断し，
指導を受ける者が指示を遵守できるレベルの練習内容に改めるこ
とが必要である。例えばマスボクシングを用いた練習ではパンチ
が当たることはないと油断することが考えられ，気が抜けている
ところで重大な事故が発生しかねない。指示通りに動作すること
ができない場合には直ちに練習を中断し，レベルにあった練習内
容を与えるべきであろう。
　次にこれらのことを留意してもなお事故が発生した場合につい
て，重大な結果を生じさせないためのポイントを挙げる。まず競
技者に対して「大丈夫か」などの問いかけをすることはあまり意
味がない。例えば平成 25 年 3 月 21 日大分地方裁判所判決[8]で

(8) 判時 2197 号 89 頁。

は，大分県立竹田高校の剣道部に所属する男子生徒が熱中症を発症しその後死亡した事案につき，当該生徒が当日の打ち込み稽古中に「もう無理です」などと述べたのに対して，顧問教員が「お前の目標は何だ」と聞いたところ，生徒が「大分県制覇です」や「俺ならできる」と述べた上，練習を継続したとされている。このように教員に叱られることを恐れたり，途中でやめたりすることの悔しさなどから自身の状態を正確に伝えられず我慢することがある。これを踏まえると試合等においてはレフェリーストップ[9]などの対処が可能であるが，練習においては指導者がその指導権に基づき，練習を中止させることが重要である。もちろん我慢をさせないで伝えられるような環境が望ましいが，上記のようなスポーツ特有の精神があるからには強制的に練習を辞めさせる措置が必要であろう。

　さらに事故が発生した時の迅速な対応を可能にするための体制を整えることは，競技者の安全を確保するためには極めて重要である。(2) の水戸地裁の事案のようにたらい回しにさせられた結果死亡してしまったのでは事前に病院等に連携を依頼していたとしても，していないのに等しいといえる。とくに頭部外傷は可及的速やかな処置を必要とするのであり，迅速な対応が求められる。「起こるはずがない」，「起こらないであろう」などという根拠のない自信を持たず，練習を含む競技中にこのような事態が起こり得ることを常に頭に入れておき，医療機関等との連携を密にしておくべきである。

　以上のことは指導者や大会主催者等の関係者が注意すべきポイントとして挙げたが，競技者においても注意しなければならないことがある。再三述べているとおり，格闘技は競技の性質上避けられない危険を有しているが，それはルールに従っていればどんな場合でも責任を免れるということではない。とくに注意が必要なのは，動作が約束された練習においてである。指導者から当てないように指示を受けて参加している競技者は，パンチ等を当てないことに細心の注意を払う必要がある。このようなことを述べると練習の効果が期待できないという意見が出てきそうではあるが，その場合は当てることを想定した練習に安全を確保できる条件をそろえて切り替えるべきであり，当てない練習においては当てないようにすることが競技者の義務であろう。それでも予期せ

(9) 一般社団法人日本ボクシング連盟　競技規則（2021 年 6 月 13 日）第 4 条 3 項及び 4 項。

ぬ動作等によりパンチ等が当たってしまう可能性は十分に考えられるため，これまで述べてきたように指導者や関係者が競技をする環境を整えることと，事故が発生した際の医療体制の確保に努めることが急務である。事前の準備，競技中の注視及び事故後の対応を十分にすることができれば，事故や重大な結果の発生を減らすことができると思われる。

（横山幸祐）

第2節　サッカーゴールポスト負傷事故

──横浜地裁横須賀支部昭和52年9月5日判決

1　はじめに

　本書の第1部各章で指摘したように，我が国の裁判例の中には，スポーツ活動中の事故につき広く違法性が阻却されるかのような判断も散見されるところである。

　このような裁判例の一例として，中学生がサッカー競技中にゴールポストに激突し数十日後死亡した事故に関する横浜地裁横須賀支部昭和52年9月5日判決 [(1)] を取り上げる。

(1) 学校事故判例研究会編『注解学校事故判例集3』785頁以下（第一法規）。

2　事案の概要

　中学2年生だった男子生徒が昼休み中に校庭でサッカーをしていたところ，ゴールキーパーをしていた同人が，ゴール枠外5～6mに外れたボールを取りに行こうと走り出して，ゴールポストに左側頭部を衝突させ，これを原因とする急性硬膜外血腫により死亡した事案である。原告（死亡した男子生徒の両親）は，被告（横須賀市）に対し，国家賠償法2条1項に基づき，損害賠償を請求した。

3　判決の要旨と分析

〔結論〕

　裁判所は，ゴールポストの「設置又は管理に瑕疵」（国家賠償法2条1項）があったとはいえないとして，原告の請求を棄却した。

〔裁判所の判断の概要〕

　本判決は，「本件ゴールポストを緩衝物で被覆してあったとすれば，死亡に至るような受傷は避けられたであろうし，又，これが円柱のものであったとすれば，受傷の程度が軽減されたであろう」と指摘しつつも，「問題はどのようにすれば事故を避け得たかではなくて，本件ゴールポストの設置又は管理に法律上の損害賠償責任を問わるべき瑕疵があったか否かである」として，事故

の回避可能性と損害賠償責任の成否とを切り離して考えている。

　そのうえで，「危険を包蔵するスポーツが社会に許された危険として受容されるのは，その競技が規則を遵守して行われたか否かにかからしめられ」，「規則に適合して設けられた競技設備は，当該競技に用いられる設備として必要な安全性を備えたものということができる」として，競技規則に適合しているかどうかを重視する。そして，「蹴球を中学校教育に採用した者は，これら競技規則に適合した競技設備を設置すれば，中学教育設備をして瑕疵ある設備をなし，管理を怠ったものとしての責任を問われることはない」とする。

　本件についていえば，「ゴールポストは競技の通常の方法に従って用いられる限りは，その材質が金属であれ，形状が正方形であれ，それ自体として危険であるものとは云え」ないところ，「競技に必然的に随伴する行動に備える以上に，無闇に疾走する行動に備え」ることを要求すれば「危険と安全とを体得させる場でもある中学校校庭に，実社会とは無縁の安全地帯を作出することになって，かえって教育の目的に沿わない」と指摘して，ゴールポストの「設置又は管理に瑕疵」はないと判断した。

〔分析〕

　本判決を前提とすれば，設備設置者としては，「競技に必然的に随伴する行動に備える以上」の備えは不要であり，「競技に必然的に随伴する行動」に対する備えは競技規則に適合した競技設備を設置すれば足りることになる。

　すなわち，本判決によれば，サッカーの競技規則に適合したゴールポストであれば設備設置者としての責任は問われないことになる。

　したがって，設備設置者としては，サッカーの競技規則に適合した状態を維持・管理していれば十分ということになる。

　これを被害生徒側からみれば，競技規則に適合した設備を使用してスポーツをしている限り，少なくとも設備に起因する事故については専ら自己責任で回避すべきということになる（本判決は，むしろその方が「教育の目的」に沿うものであるとまで指摘している）。

　なお，詳細は後述するが，本判決の考え方がそのまま現在でも通用するかどうかは必ずしも明らかではないと思われる。

4　事故予防のポイント

(1)　検討の前提——サッカー競技規則

　本判決は，競技規則に適合した競技設備であるかどうかを問題にしているので，検討の前提として，サッカー競技規則について言及する。

　サッカーの競技規則は，国際サッカー評議会（IFAB）によって制定されており，国際サッカー連盟（FIFA）ならびに FIFA に加盟する各大陸連盟および加盟協会下で行われるサッカー競技は，すべてこの規則に基づきプレーされている。

　ゴールポストに関する規則は次のとおりである（日本語訳は公益財団法人日本サッカー協会（JFA）のホームページから引用した。サッカー競技の技術的側面のみならず，安全性にも配慮していると考えられるルールになっていることが着目される）。

　ゴールを 1 基，それぞれのゴールラインの中央に設置する。

　ゴールは，コーナーフラッグポストから等距離のところに垂直に立てられた 2 本のポストと，その頂点を結ぶ水平なクロスバーとからなる。ゴールポストとクロスバーは，承認された材質でできていなければならず，危険なものであってはならない。両ゴールのゴールポストとクロスバーは同じ形状で，正方形，長方形，円形，楕円形またはこれらの組み合わせのいずれかでなければならない。

　FIFA，大陸連盟の主催で開催される公式競技会で使用されるすべてのゴールは，「FIFA クオリティプログラム－サッカーゴール」の要件を満たすことが推奨される。

　両ポストの間隔（内測）は，7.32m（8 ヤード）で，クロスバーの下端からグラウンドまでの距離は，2.44m（8 フィート）である。

　ゴールラインに対するゴールポストの位置は，図のとおりでなければならない（図は略）。ゴールポストとクロスバーは，白色で，同じ幅と同じ厚さで，12cm（5 インチ）以下とする。クロスバーがはずれた，または破損した場合，それが修復されるか元の位置に戻されるまで，プレーは，停止される。プレーは，ドロップボールによって再開される。クロスバーの修復が不可能な場合，試合は，中止されなければならない。クロスバーの代わり

に，ロープや，曲がりやすい，または危険な素材を用いることは，認められない。ネットをゴールとその後方のグラウンドに取りつけることができるが，適切に支えられ，ゴールキーパーの邪魔にならないようにする。

　安全：ゴール（移動式ゴールを含む）は，グラウンドに確実に固定しなければならない。

（2）本判決の疑問点

　本判決は，専ら競技規則に適合した競技設備であるか否かという点のみをもって損害賠償責任の成否を決しているが，これは二つの点で疑問がある。

　まず，本判決は，設備設置者としては「競技に必然的に随伴する行動に備える以上」の備えは不要であると判断しているが，これは不当ではないかという疑問がある。

　本書第1部1章で指摘しているように，スポーツには本質的危険性があり施設設備は競技団体の規則に従って設置されているのであるから違法性は阻却される，ということだけで研究が止まっては「安全の確保」という課題は形成できないし「問題」も解決しない。

　近年では，競技者同士のスポーツ事故について加害者の過失を認定する裁判例も増えている。これはスポーツ活動中の事故に関して一般的に「違法性が阻却される」という考え方が通用しなくなってきており，事故の態様，障害の種類，程度，当事者の能力などを総合考慮して，再発防止策や損害の回復の在り方までも視野に入れた詳細な検討がなされるようになってきたことの現れであろう。

　そうだとすると，本事案のような営造物に起因する事故についても，同様に幅広い要素を勘案した詳細な検討がなされることが求められる。そもそも，専ら学校教育で使用されることが想定される校庭のサッカーゴールについて，「FIFA，大陸連盟の主催で開催される公式競技会で使用される」ことを想定したサッカー競技規則に完全に準拠する必要があるのだろうか。学校教育で使用するサッカーゴールは，より安全性に配慮した製品を使用するといった対応もあり得るのではないだろうか。例えば，近年は，特に小学校の校庭において小型で軽量のいわゆる"ミニゴール"

が設置されるなど，安全性により配慮した設置例も増えているようである。

　また，仮に競技規則を重視するとしても，競技規則において「ゴールポストとクロスバーは，承認された材質でできていなければならず，危険なものであってはならない」とされているポストの材質につき，JFA サッカー施設用具ガイドラインは「ゴールは，木材，鉄，アルミ等で作られるが，軽量で，転倒防止対策も容易に行えるアルミ製のものが推奨される」と言及している。重い鉄製の製品が競技規則違反になるわけではないが，JFA としても（現在において）推奨していないことは注目に値する。本事例は昭和時代のケースであり，かかるガイドラインをそのまま参照してよいかは一考の余地があるが，少なくとも競技規則に適合するか否かという点だけにとどまらない検討がなされることが重要ではないだろうか。

　そうだとすると，少なくとも，専ら競技規則に適合した競技設備であるか否か，ということだけで結論が決せられるのはあまりにも硬直的であり，妥当性を欠くと思われる。

　次に，第二の疑問点として，本判決は，「競技規則に適合した競技設備を設置すれば，中学教育設備をして瑕疵ある設備をなし，管理を怠ったものとしての責任を問われることはない」としており，「競技に必然的に随伴する行動」に対する備えについても競技規則に適合した競技設備を設置すれば足りると判断していると思われるが，これも不当である。

　判決文によると，「ゴールキーパーが球を捕捉するために横飛びに跳躍しても，ゴールポストに身体が衝突することは通常起こり得ない」というが，これ自体がすでに誤っている。言うまでもないことであるが，サッカー選手は決められた導線に沿って動くのではなく，360 度縦横無尽に動いてプレーするものである。シュートのタイミング等によっては，ゴールキーパーは前後左右に移動し，斜めに横っ飛びすることも稀ではない。実際，プロ・アマ問わず，競技中の通常の横っ飛びのセービングにおいて，ゴールキーパーがゴールポストに衝突することはそれほど珍しくない事象である。

　したがって，このような「競技に必然的に随伴する行動」に対する備えとしても，競技規則に適合した競技設備を設置すれば足

りるということはなく，使用する競技者の年齢・レベルや設置状況等に応じて，相対的・個別具体的に事故防止策が検討されなければならない。

　なお，本事案は，冒頭で紹介したとおり，ゴールキーパーをしていた男子中学生が，ゴール枠外5〜6mに外れたボールを取りに行こうと走り出して，ゴールポストに衝突した事案であり，シュートストップのためのセービング動作による事故ではないようである。そうすると，ピッチ外の他の障害物に激突したケース（例えば走っている最中に校庭内の鉄棒に衝突してしまったようなケース）と何が異なるのかという疑問もあり得るかもしれない。しかし，ボールパーソンが多数用意されているプロの公式戦でもない限りシュートが枠外に外れた際にボールを取りに行く行為はサッカー競技において当然に予定されている行為である。したがって，本事例は，このような当然に想定される（広い意味での）競技行為に関する事故事例であるから，プレー中の事故防止という観点から検討して良いと考える。以下では，この前提で検討をすすめる。

(3) 本事案における事故防止策の検討

　それでは，本判決の事案において，同様の事故を防止するためにはどのような対策が考えられるだろうか。

　スポーツを行う以上，事故の危険をゼロにすることはおよそ不可能である。また，事故の危険を低下させるためとはいえ，状況や予算等を踏まえて不可能な対策を強いることもできない。重要なことは，競技者のレベルや一般的に想定される事故態様などのプレーヤー側の考慮要素と，予算や設置場所等の設置者側の考慮要素を総合的に勘案して，設置者に不可能を強いない限度で可及的に事故の危険を低下させる方策を検討することである。

　この点，本判決も，ゴールポストを緩衝材で覆ったり，円柱形のゴールポストを採用する等の対策をすれば，重大事故は避けられた可能性を認めている。そして，このような対策であれば，比較的容易に実行することができたはずである。

　現在では，円柱形のゴールポストが主流であり，角形のゴールポストはあまり見かけることはなくなっている。現在における事故防止策の検討という観点では，緩衝材の設置が最も容易かつ有

効であろう。

　前述のような近年の裁判例の傾向を踏まえれば，現在におい
て，緩衝材の設置すら行われずに同様の事故が発生したとすれ
ば，設置者の責任が肯定される可能性も十分にあり得ると思われ
る。

　なお，かかる私見は，必ずしも全ての状況においてゴールポス
トへの緩衝材の設置を求めるものではないことは付言しておく。
例えば，プロサッカーの試合においてゴールポストに緩衝材が設
置されることはまずあり得ないことである。これは，緩衝材とい
うものは衝突の衝撃低減には有効である一方，競技の技術面に着
目すればむしろ邪魔になる可能性もあるところ，競技者の年齢・
競技レベルや設置場所等を総合的に考慮すれば，何を最重要視す
べきかの判断が異なってくることがあるからである。

　したがって，同じ学校の校庭内であっても，休み時間や通常の
体育の授業においては緩衝材を使用し，サッカー部の試合におい
ては使用しない，といった使い分けもあり得ると考える。

　あるいは，学校の予算との兼ね合いもあるが，通常時は前述し
た“ミニゴール”を設置しておき，サッカー部の練習・試合時
のみ大型のゴールを使用する，といった使い分けも考えられるの
かもしれない。本件は中学校における事故事例であるが，年齢に
応じた危険回避能力（高校生・大学生と年齢が上がるにつれて一般
的に危険回避能力が高まる）を考慮して，例えば小学1年生の年
少の児童も使用することが想定される小学校においてはミニゴー
ルの使用を基本とすべきといった対象年齢による相対的な判断も
あり得るかもしれない。画一的にどこかの年齢で線引きをするの
は困難であるが，少なくとも年齢という要素を考慮に入れること
は重要だと考える。

(4) 近時の裁判例を踏まえた補足

　学生スポーツにおける事故対策が問題となった他の裁判例とし
て，京都地裁平成25年8月28日判決にも言及しておく。

　これは，京都市の体育館で実施された小学生のミニバスケット
ボールの大会で，レイアップシュートをした際に壁の窓枠（ゴール
のバックボードの位置と体育館の壁面との距離は90cm程度）にぶ
つかり骨折して後遺症を負ったのは，体育館を管理する市や主催

団体が適切な事故対策を怠ったためとして，負傷した少年が約1580万円の損害賠償を求めた事案である。

　ゴールポスト事件を検討するうえで注目すべき点は，設備が通常有すべき安全性について，使用態様ごとに個別具体的に検討している点である。すなわち，京都地裁は，「壁に身体が当たりそうになった場合には，通常は，手で壁を押すなどして勢いを弱めるなどすれば，形状が平面であって素材も木製であるため，傷害を負う危険性が高いとはいえず，特段の安全措置を講じなくとも，通常有すべき安全性に欠けているということはできない」と指摘して，試合会場となった体育館が一般的に安全性を欠いているとは言えないと判断している。その一方で，「ゴールから90cm程度しか距離のないゴール裏の近くに設置された床窓の枠については，手で窓枠の上部の壁を押すなどして回避措置を取ることが難しいものであることに加え，上部の壁に手を付けたとしても勢いを殺しきれずに窓枠に足が接触するなどすれば，材質も鉄製で，形状も平面でないことから，骨折等の傷害を負う危険性がある」と指摘したうえで，「走り込んだ勢いが減速しにくいゴール裏近くに床窓の枠が来るような状況でゴールを配置して本件体育館を使用する場合には，窓枠にクッションを設置するなど事故防止のための措置を講じなければ，バスケットの試合中，シュートをする際に勢いよく走り込むという<u>通常の使用方法により</u>，利用者が負傷するおそれがあるといえるから，本件体育館のゴールないしその配置に通常有すべき安全性を欠いている状態があるというべき」（下線部は筆者）として，被告らの事故対策の不備を認めている。

　この裁判例は，ゴールポスト事件を検討するにあたっても大いに示唆に富む。まずは状況に応じた事故対策について個別具体的に検討することによって，法や規則に形式的に反していなければ何でも良いといった極端な議論は否定されることになる。この点で，専ら競技規則に適合した競技設備であるか否かという点のみをもって損害賠償責任の成否を決しているゴールポスト事件判決は，かかる京都地裁判決の考え方とは一致しないといえる。

　そして，（それを設備面の瑕疵の問題として検討するか，個別当事者の安全配慮義務の問題として検討するかはともかく）個別の状況・属性等に応じて要求される設備の安全性や安全対策の内容が

変わってくることもあるだろう。ゴールポスト事件についていえば，前述のように，想定される使用者の年齢・競技レベルや設置場所等を総合的に考慮したうえで，緩衝材等の設置やミニゴールとの使い分けなど，考えられるいくつかの対策につきその要否・程度を検討すべきということになる。

　かかる京都地裁判決は，まさに前述した私見とも方向性が一致する発想である。

（中嶋　翼）

第3節　サッカー競技中ファウル負傷事故

——東京地裁平成28年12月26日判決

1　はじめに

ここでは，東京地方裁判所平成28年12月26日判決[1]を取り上げる。本裁判例は，スポーツ競技中の競技者同士の事故につき，競技者の責任を肯定する判断を示したことから，社会的にも大きな関心を集めた著名な裁判例である。

本裁判例は，試合中の事故であることを理由として，一律に違法性を阻却することなく，不法行為の成立要件を検討した上で競技者の責任の有無を判断しており，一律に違法性阻却を認める従来の考え方とは異なる立場に位置付けられるものとして，また，違法性阻却の判断要素が挙げられており，違法性判断の具体的な基準を示したものとして，同種の事案はもとより実務に及ぼす影響も大きいものと思われる注目すべき裁判例である。

2　事案の概要

（1）本件は，サッカーの東京都社会人サッカーリーグ4部における試合中，原告がけり出されたボールを右の大腿でトラップして手前に落とし，もう一度ボールを左足でけり出そうとしていたところを，そこに走りこんできた相手チームに所属する被告選手が伸ばした左足の裏側と，原告の左脛部とが接触したことにより，左下腿脛骨骨折，左下腿腓骨骨折の傷害を負ったと主張し，被告選手及び同人を指導監督すべき相手チームの代表者である被告代表者に対し，共同不法行為（民法719条1項前段）に基づき，合計689万854円の損害賠償を求めた事案である。

（2）本件事故の詳細な状況は，以下のとおりである。

ア　原告は，相手チームが2点先行している状況下で，後半の途中から出場した。

イ　本件事故の直前，相手チームの選手が原告所属チーム陣内でフリーキックを行い，キーパーが弾いたこぼれ球を，原告の味方選手が，自陣右サイド奥から自陣右サイド前方へと蹴り出した。

（1）判時2392号。

　その時点で，原告所属チーム陣内でフリーキックが行われたために両チームのほとんどの選手が原告所属チーム陣内にいたことから，原告所属チームがボールを保持した場合には，カウンター攻撃を狙って相手チーム陣内に攻め込もうという戦況にあった。

　ウ　自陣前方中央付近にいた原告は，右サイドに移動してボールに追いついて右太腿でボールをトラップし，自身の体よりも1mほど前方にボールを落とすと，バウンドして膝の辺りの高さまで浮いたボールを左足で蹴ろうとして，軸足である右足を横向きにして踏み込み，左足を振り上げた。

　他方，被告選手は，カウンター攻撃を阻むべく，原告の方に走り込んでくると，その勢いを維持したまま，左膝を真っ直ぐに伸ばし，膝の辺りの高さまでつま先を振り上げるように突き出して，足の裏側を原告の下腿部の方に向ける体勢になった。

　ボールは原告の左足が触れるよりもわずかに早く被告選手の左足の左側面付近に当たってはじき出されたものの，上記のとおり，被告選手が左足の裏側を原告の下腿部の方に向けて突き出していたため，振り上げた原告の左脛部がちょうど被告選手が伸ばした左足の裏側に入り込む位置関係になり，原告はその左脛部で被告選手の左足のスパイクシューズの裏側を勢いよく蹴り上げ，反対に，被告選手はその左足のスパイクシューズの裏側で原告の左脛部を下方に向けて勢いよく蹴りつけることになった。

　その結果，原告が左脛部に装着していたレガースが割れて脛骨及び腓骨が折れ，原告の左脛部がつま先側に湾曲するほどの力が加わった。

　エ　本件事故により原告はその場に倒れ込み，試合は一時中断されたが，本件行為に対して審判によるファウル判定，警告及び退場処分はなく，原告がフィールド外に運び出されると，ドロップボール（競技規則のどこにも規定されていない理由によって一時的にプレーを停止したときにプレーを再開する方法）により試合が再開された。

3　判決の要旨

〔故意又は過失の有無〕

　故意に原告の左足を狙ったか否かについて，事故の際，原告は

必ずしもボールをコントロールしていたといえる状況ではなく，被告選手もミートはしていないがボールに触れてはじき出しており，審判もファウルの判定すらしていないことなどから客観的に考慮すれば，被告選手が故意に原告の足を狙って本件行為に及んだとまで断定することはできないとした。

　被告選手の過失の有無について，被告選手は原告がトラップして手前に落ちたボールを蹴り出そうと足を振り上げることは当然認識，予見していたはずであるにもかかわらず，走り込んで来た勢いを維持しながら，膝の辺りの高さまでつま先を振り上げるようにして，足の裏側を原告の下腿部の位置する方に向けて突き出しているのであって，そのような行為に及べば，具体的な接触部位や傷害の程度についてはともかく，スパイクシューズを履いている自身の足の裏が，ボールを蹴ろうとする原告の左足に接触し，原告に何らかの傷害を負わせることは十分に予見できたというべきであり，そうであれば，無理をして足を出すべきかどうかを見計らい，原告との接触を回避することも十分可能であったというべきであったとして，被告選手の過失を認定した。

〔違法性が阻却されるか〕

　ア　確かに，サッカーは，ボールを蹴るなどして相手陣内まで運び，相手ゴールを奪った得点数を競うという競技であるから，試合中に，相手チームの選手との間で足を使ってボールを取り合うプレーも想定されているのであり，スパイクシューズを履いた足同士が接触し，これにより負傷する危険性が内在するものである。サッカーの試合に出場する者は，このような危険を一定程度は引き受けた上で試合に出場しているということができるから，たとえ故意又は過失により相手チームの選手に負傷させる行為をしたとしても，そのような行為は，社会的相当性の範囲内の行為として違法性が否定される余地があるというべきであるとして，故意又は過失行為により相手選手を負傷させる行為について，違法性が否定される余地を認めた。

　イ　そして，社会的相当性の範囲内の行為か否かについては，当該加害行為の態様，方法が競技規則に照らして相当なものであったかどうかという点のみならず，競技において通常生じうる負傷の範囲にとどまるものであるかどうか，加害者の過失の程度などの諸要素を総合考慮して判断すべきであるとして，違法性が

否定される行為か否かについての判断基準を示した。

　ウ　その上で，そもそも本件行為のような態様で強引にボールに挑む必要があったのか否か甚だ疑問であり，競技規則12条に規定されている反則行為のうち，不用意，すなわち注意，配慮又は慎重さを欠いた状態で相手競技者を蹴る行為であるとか，相手競技者に飛びかかる行為であると判定され，あるいは著しく不正なファウルプレー，すなわちボールに挑むときに相手方競技者に対して過剰な力を加えたものであると判定され，退場処分が科されるということも考えられる行為であったと評価できる。原告は，左下腿脛骨及び腓骨という下腿部の枢要部分を骨折した上に，入院手術及びその後長期間にわたるリハビリ通院を要するほどの傷害を負っているのであり，相手競技者と足が接触することによって，打撲や擦過傷などを負うことは通常ありえても，骨折により入院手術を余儀なくされるような傷害を負うことは，常識的に考えて，競技中に通常生じうる傷害結果とは到底認められないものである。被告選手は，不用意にも足の裏側を原告に対して突き出すような態勢で挑んだために原告に傷害を負わせているのであって，故意までは認められないとしても，軽過失にとどまるものとはいえない。として，社会的相当性の範囲を超える行為であって，違法性は阻却されないとした。

〔損害の発生及びその額〕

　原告の被告選手に対する689万0854円の請求のうち，247万4761円（内訳：治療費及び交通費34万7549円，慰謝料170万円，休業損害等64万4200円，訴訟準備費用5792円）を認容した。

〔過失相殺〕

　原告は，先にボールをトラップし，ボールを蹴り出すための動作を開始していた状況にあり，本件事故直前に原告が左足を振り上げる動作と，被告選手が左足を伸ばす動作とがほぼ同時に開始されていることからすると，原告の方が被告選手の動きを見てボールへの接触を控えるべきであったなどという状況にはないから，原告が不注意にも自身の左足を出したがために本件事故が起きたなどということはできないとして，過失相殺を否定した。

〔被告代表者の不法行為責任〕

　被告代表者の不法行為責任について，チームの代表は，代表で

あるがゆえに，当然にチーム内の個々の選手の試合中のプレーに関して一般的に指導，監督義務があるものではなく，本件行為について被告代表が指示ないし命令をしたとか，日ごろ被告選手が本件行為のようなプレーを繰り返しており，予測できたにもかかわらず漫然と指導，監督を怠ったなど，本件行為に即した具体的な注意義務違反の主張立証がなされたともいえないとして，被告代表者の不法行為責任は否定した。

4　分析

（1）本裁判例は，サッカー試合中の事故における競技者の責任について，試合中の事故であることを理由として，一律に違法性を阻却することなく，不法行為の成立要件を検討した上で，競技者の責任の有無を判断しており，スポーツ競技中の事故における競技者の責任について，一律に，違法性阻却を認める従来の考え方とは異なる立場に位置付けられる。また，本裁判例は，サッカー競技規則に対する詳細な検討を加えており，不法行為の個別要件の判断にあたり，競技の特性等特有の事情を勘案して，妥当な結論を導く立場の考え方に沿った判断を示したものといえる。

（2）本裁判例は，試合中の事故であることを理由として，一律に，違法性を阻却するとしない一方で，予見可能性と回避可能性が認められるだけで，競技者の責任を肯定するものではなく，社会的相当性の範囲内の行為については違法性が阻却されるものとしており，故意又は過失行為により相手選手を負傷させる行為について，違法性阻却の余地を認めるものといえ，競技関係者の常識からも相当なものといえよう。

（3）本裁判例では，違法性阻却の判断要素が挙げられており，各要素の論拠や理論的整合性については議論の余地があると思われるが，競技のために必要な行為であっても，それだけでは違法性阻却を認めず，社会的に許されるようなものか，という判断を留保するものといえ，実際には，競技中の危険なプレーや悪質なプレーによる事故から，競技者を保護する機能を果たすものといえよう。

この点，本裁判例は，違法性阻却の判断要素として，①当該加害行為の態様，方法が競技規則に照らして相当なものであったか

どうか，②競技において通常生じうる負傷の範囲にとどまるものであるかどうか，③加害者の過失の程度など，を挙げているが，特に，②の行為の結果については，行為規範の評価において参考とすべきことは当然であるが，結果が重大であれば常に違法性を阻却しないという趣旨であれば異論がある。いかに軽微な結果であったとしても，悪質な行為によるものであれば，違法性を阻却すべきでない場合はあり，他方，重大な結果が生じたとしても，相当な行為によるものであれば，違法性を阻却すべき余地は認められるべきであり，私見では，競技において通常生じうる負傷の範囲にとどまるものでない重大な結果が発生した場合であっても，①③などの諸要素を総合考慮した結果，違法性が阻却される場合もあり得るものと思料する。

　（4）本裁判例は，競技規則に違反する行為がなければ過失はない（違法でない）といった立場を採用するものではないが，サッカー競技規則12条「ファールと不正行為」を引用して，本件行為に対して競技規則上の評価を加えている。選手の安全を確保するために，その競技規則において，選手の安全を確保するためのルールが設けられている以上，過失（違法性）判断においては，問題となる行為の競技規則上の評価は不可欠といえる。本裁判例は，結果として，本裁判例が認定した審判の判定とは異なる評価を加えたが，これは，審判の判定と過失（違法性）判断が当然に一致するものではないことを示唆するものといえよう。審判の判定は，事後的な評価との齟齬が生じ得るものであることは勿論のこと，ファール判定と違法の評価は，その評価基準が異なることから，ファール判定されなくても違法と評価すべき場合や，ファール判定されたとしても違法と評価すべきでない場合，双方の場合があり得ると思われる。

　（5）最後に，本裁判例は競技者の責任を認めたが，その判断においては，残された試合の映像資料が決定的に重要な役割を果たしたものといえる。サッカーに限らず，競技中の一瞬の出来事・事象が問題となる場合には，事実認定自体が困難を伴うものであり，映像資料でも残されていなければ，事後的に検証することは事実上困難であるといえ，本件のような競技中の事故の責任を追及する際には，問題となる行為の映像資料は必須と思われる。

5　関連判例の検討

（1）サッカー競技中のプレーヤー同士の事故について，プレーヤーの責任が否定された裁判例として，東京地裁平成 30 年 2 月 28 日判決がある[(2)]。

(2) 判例タイムズ 1464 号

同裁判例は，社会人サッカーリーグに属するクラブチーム同士の練習試合中に転倒して足を負傷した選手が，相手チーム選手の足と直接衝突したわけではないが，相手チーム選手のスライディングを契機として負傷した事案で，スライディングを行った者には，本件スライディングに起因して本件傷害が発生することについて予見可能性があり，結果回避可能性も認められるものの，スライディングを行ってはならないという結果回避義務を課すべき状況にあったとまでは認めるに足りないとして，加害プレーヤーの過失を否定した。

また，フットサル競技中のプレーヤー同士の事故について，プレーヤーの責任が否定された裁判例として，東京地裁平成 19 年 12 月 17 日判決がある。

同裁判例は，フットサルのゲーム中，原告がドリブルをしていたところ，後方から原告を追いかけた被告の左膝付近が，原告の右膝の側面辺りに衝突し，原告が受傷（右脛骨関節内骨折）した事案で，競技者において，相手方の動作を予想した上で，相手方の身体との衝突によって，相手方に傷害を生じさせる結果を回避すべき義務に違反したことが肯定されるのは，相当程度限られた場合になるものといわざるを得ないとして，加害プレーヤーの過失を否定した。

（2）他方，スポーツ競技中のプレーヤー同士の事故において，プレーヤーの責任を肯定した裁判例として，大学ラグビーの試合中の傷害事故（頸椎損傷）につき，被告選手の不法行為責任を肯定した事案（東京地判平成 26 年 12 月 3 日判決）がある。

同裁判例は，原告が，大学ラグビー部の試合に出場中，対戦校の選手であった被告から危険なタックルを受けて引き倒され，頭から地面に激突し，頸髄損傷による重度の後遺障害を負った事案で，被告は，原告のジャージの襟首又は胸あたりを掴みながら地面に倒れ込み，原告を自分の上半身側に引き込んだことが認められるところ，このような態様で原告を引き倒せば，原告が頭から

地面に叩きつけられること，これにより，頭部，頸部等に傷害を与え得ることは容易に予見でき，いかに一連のプレー中であったとはいえ，掴んだ手を離す，力を緩める等，この結果を回避することも可能であったとして，被告の過失を肯定した。

　(3) いずれの裁判例も，競技中の事故であることを理由として，一律に違法性を阻却することなく，不法行為の成立要件を検討しており，競技中の事故における競技者の責任について，一律に違法性阻却を認める従来の考え方とは異なる立場に位置付けられる。加害競技者の責任を否定した裁判例は，映像資料が残されていなかったため，問題となる行為の態様について詳細な認定が困難であったのに対し，加害競技者の責任を肯定した裁判例は，映像資料が残されていたため，問題となる行為の態様について詳細な認定が可能であった。これらの裁判例の結論の差は，競技者の責任を追及する際の映像資料の重要性を示唆するものといえよう。

6　事故予防のポイント

(1) プレーヤーの安全を確保するためのルールの遵守

　身体的接触を伴うスポーツであるサッカー競技において，選手の安全を確保するために，その競技規則において，選手の安全を確保するためのルールが設けられている。試合中に相手選手を危険にさらすようなプレーを抑止し，試合中の事故を防止するためには，まず，選手が，ルールを正確に理解した上で，ルールを遵守することが最重要である。

　この点，サッカー競技規則では，相手競技者が危険にさらされていることを無視して，または結果的に危険となるプレーを行うこと（無謀）や，競技者が必要以上の力を用いる，または相手競技者の安全を脅かすこと（過剰な力を用いる）に対して，警告や退場が命じられるほか，危険な方法でプレー（ボールをプレーしようとするとき，（自分を含む）競技者を負傷させることになるすべての行動であり，近くにいる相手競技者が負傷を恐れてプレーできないようにすることも含む）に対して間接フリーキックが与えられるとされており，競技規則が，競技者を負傷させることになる全ての行動に対して抑制的であるべきとする点は注目すべきである。

（2）リスペクト・フェアプレー[(3)]

　試合中に相手選手を危険にさらすようなプレーを抑止し，事故を防止するためには，選手のみならず，審判，指導者，サポーター等，サッカーに関わる全ての人が，ルールを遵守し，ルールを守ろうと努力し続けることが重要である。相手選手を危険にさらすような行為は，行き過ぎた勝利至上主義が誘因であると言っても過言ではない。

　サッカーに関わる全ての人々が，互いに互いを尊重し，大切に思いあうことができれば，相手選手を危険にさらすような行為は無くすことができるはずである。スポーツの本質はフェアプレーにあるところ，サッカーに関わる全ての人が今一度，フェアプレーの精神に立ち返り，ルールを守り，フェアプレーの精神とリスペクトの考えを常に胸に留めておくことが重要であろう。

（3）ルール違反に対する懲罰（ペナルティー）について

　悪質な反則や危険なプレーにより，相手選手を危険にさらすようなプレーをした加害選手に対しては，試合中の懲罰として，警告（イエローカード），退場（レッドカード）が用意されているが，1枚のカードが試合に及ぼす影響が少なくないことから，カードの提示には抑制的な傾向があることや，警告を受けても残り時間はおとなしくプレーすることで事なきを得るため，警告をもらうまで相手選手を危険にさらすようなプレーを続ける選手も多いことなどが指摘されている。

　まず，相手選手を危険にさらすようなプレーに対しては，躊躇なくカードが提示されるべきであり，サッカーに関わる全ての人々が，互いが互いを守るために，このような価値観を共有することで，悪質な反則や危険なプレーの抑制に繋がるはずである。

　また，警告・退場の基準についても，年代，レベルに応じて，より競技者を守る方向へシフトさせるべきであり，例えば，小学生の大会でWCと同等の基準を適用すべきでないことが当然のこととして共通の認識とすることが，競技者の安全を守るために有益であろう。

　さらに，例えば，ラグビーやアイスホッケー等のように，相手選手を危険にさらすようなプレーをした加害選手に対して，試合から一時退出を命じるペナルティーを与えることができれば，

[(3)] リスペクト・フェアプレー
https://www.jfa.jp/respect/
　JFAとJリーグは2008年4月，サッカー界におけるリスペクトの重要性を認識し「リスペクトプロジェクト」をスタートした。リスペクトの本質は，常に全力を尽くしてプレーすること。それはフェアプレーの原点でもある。JFAは，リスペクトを「大切に思うこと」として，サッカーに関わるすべての人，ものを大切に思う精神を広く浸透させていく，その一環として，サッカーやスポーツの現場で顕在化する差別や暴力に断固反対し，差別や暴力のない世界をつくるべく，相談窓口を設置するなどのさまざまな取り組みを行っている。

チームにとっては数的不利の状態で戦うことを余儀なくされるため，悪質な反則や危険なプレーの抑制に繋がると考えられる。試合中の危険なプレーに対する制裁として，一時的退場（シンビン）の制度を積極的に活用することは有益であると思われる[4]。

(4) 事後検証資料の保存

　スポーツ競技中の事故，特に選手同士の事故について，加害選手の過失責任が問われること，それ自体が，試合中の危険なプレーに対する抑止力となり，事故防止に繋がるものと思われる。

　このような考え方に対しては，国民のスポーツに親しむ権利を萎縮させ，スポーツ基本法の理念にもとる結果になるなどといった批判的な見解があり，本裁判例に対しても，競技関係者等から拒否反応とも言うべき否定的な反応も散見される。しかしながら，スポーツ競技中の事故であるからといって過失責任を否定することは，むしろ，スポーツの危険性を高めることにつながりかねず，国民が安心してスポーツに親しむことを阻害する可能性があるというべきであろう。競技関係者等は，スポーツを安心して楽しむことができないことが，当該競技の普及の妨げになることを肝に銘じるべきである。

　裁判例の積み重ねにより，スポーツ競技中の事故について，一律に違法性が阻却され，その損害を被害者のみが甘受する，といった理不尽は，克服されつつあるが，本件のような競技中の事故の責任を追及する際に，問題となる行為の映像資料が必須と思われることは上記で指摘したとおりであり，今後，損害賠償責任保険制度の活用や加害者の責任の有無を問わない被害者補償制度の整備などが進んでいくことが期待されるが，このような事後的検証資料の重要性は，ますます増していくものと思われる。

　なお，事後的検証資料の保存等については，現状では，基本的には各自が自らの責任で保存するのが原則となろうが，今後の技術革新等により，大会主催者や指導者等の責任として，また，保険加入・給付の条件として，映像資料の保存が義務付けられるようになることも予想される。サッカーに関わる全ての人々が，事故防止，暴力体罰等防止の観点から，また，自己防衛のためにも，望ましい方向として，積極的に捉えるべきであろう。

（松原範之）

[4] 2017 年 3 月 3 日にロンドンで開催された IFAB の第 131 回年次総会（AGM）は，競技会を開催する国のサッカー協会，大陸連盟または FIFA など該当する機関の承認があれば，ユース，年長者，障がい者およびグラスルーツのサッカーにおいて，警告の項目のすべてまたは警告の項目の一部に対して，一時的退場（シンビン）の仕組みを導入できることを承認した（サッカー競技規則 2021/22）。

第4節　バドミントン競技中負傷事故

——東京高裁平成 30 年 9 月 1 日判決

1　はじめに

　ここでは，東京高裁平成 30 年 9 月 1 日判決 [1] を取り上げる。本件は，バドミントンのダブルス競技中に発生した事故につき，加害者の責任を認めた事例である。裁判例に現れるスポーツ競技中の事故のほとんどは対戦相手との間で生じたものであるが，本件は，加害者と被害者がペアを組む味方同士であり，これが本件の特徴といえる。本件のような事故や，野球で打球を追う守備選手同士が衝突する事故など，団体競技のチームメイト間で事故が発生することも充分あり得るところである。本件は，そうした場合であっても過失責任の一般的な原則に従って注意義務の内容やその違反の有無を検討すべきことを示した点，著しいルール違反がなければ違法性が阻却されるとの主張を退けた点で，意義がある。

2　事案の概要

　本件は，バドミントン教室に通っていた 30 代女性 X（原告，被控訴人，バドミントン経験約 1 年）が，同じ教室に通っていた Y（被告，控訴人，バドミントン経験約 1 年）とペアを組み，バドミントンのダブルスの試合をしていた際に発生した事故である。X が前衛，Y が後衛の位置にいるとき，相手プレーヤー B が打ったシャトルを打ち返そうとして Y がバックハンドでラケットを振ったところ，ラケットが前衛の X の左眼に当たった。X は，本件事故により左外傷性散瞳等の傷害を負い，左眼の対光反射，近見反射ともにほとんど消失との後遺症が残ったと主張し，Y に対し，不法行為による損害賠償として 1500 万円余りを請求した。

　第一審で，Y は，①X はシャトルを打とうとせず見送っていたから，むしろ Y との衝突等の危険を認識して退避すべきであって，Y には過失がない，②スポーツ競技中に生じた加害行為については，その行為がそのスポーツのルールに著しく反するこ

(1) 判時 2402 号 23 頁。

とがなく，かつ，通常予測され許容された動作に起因するものであるときは，そのスポーツ競技に参加した者全員がその危険を予め受忍して承諾しているものと解すべきであって，違法性が阻却される，③Ｙが責任を負うとしても，過失相殺がなされるべきである等と主張した。

これに対し，第一審判決は，Ｙによる①，②の主張を認めず，不法行為が成立すると判断した上で，③の主張を一部認めて損害額の6割のみ認容し，Ｙに対し，789万円余りの支払を命じた。

第一審判決に対しＹが控訴し，さらにＸも附帯控訴した。

3　判決の要旨

東京高裁は，①過失の有無，②違法性阻却については第一審とほぼ同様の判断をした。

①過失の有無については，Ｘがシャトルを打ちに行く動作を始めており，Ｙもその動作を予見できたと認定した上で，「Ｘが前衛，Ｙが後衛に位置し，両者はほぼ前後に並ぶ位置にいたのであるから，ＸはＹの動静を把握することができないのに対し，ＹはＸの動静を把握することができた」と両者の前後関係に着目し，Ｙは「前方にいるＸの動静に注意し，自身が持っているラケットがＸに衝突しないよう配慮しながら競技を行うべき注意義務」を負うとし，Ｙはこれを怠った過失があると判示した。

②違法性阻却については，バドミントンは「ボクシング等のように一方の競技者が他の競技者の身体に対して一定の有形力を行使することが競技の内容の一部を構成するものとは異なる」と，競技の特質に触れ，バドミントン競技の競技者が一定の危険を引き受けているとはいえないと判示した。また，「規則に著しく反しないプレーである限り違法性が阻却されると解すると，ダブルスにおいてペアの一方によるシャトルを打ち返す際のプレーにより他方を負傷させた事故についてはどのような態様であっても違法性が否定されることになる」とＹの主張の欠点を指摘して，違法性は阻却されないと判示した。

一方，③過失相殺等については，バドミントン競技の競技者が一定の危険を引き受けているとはいえないことを重視し，「過失相殺ないし過失相殺類似の法理により本件事故により生じたＸ

の損害の一部を同人に負担させる理由はない」として，過失相殺等を認めず，認定した損害全額（1318万円余り）の支払をＹに命じた。

4　分析

　①過失の有無については，そもそもＸがシャトルを打ちに行っていたのか否かという事実認定の問題があるが，本件では，Ｘはシャトルを打ちに行く動作を始めていたと認定した。このような事実関係の下で，過失とは注意義務違反であるという大原則に立ち返り，Ｙがどのような注意義務を負っていたのかが具体的に検討されている。ここで裁判所が着目したのは，Ｘが前衛でＹが後衛であるというXY間の位置関係であった。位置関係に着目して注意義務の内容を判断した先例としてはスキー事故判決[2]があり，本件はこの判断の枠組みを踏襲していると思われる。

　②違法性阻却については，ママさんバレーボール事件[3]において，本件のＹの主張と同様の判示がなされ，違法性阻却が認められて原告の請求が棄却された。本件でもこれを念頭に主張が展開されたものと思われるが，本件の裁判所は異なる判断をした。スポーツ競技をしているからといって，怪我をすることまで受忍していると断定するのは早計であって，本件の判断は妥当であろう。ただし，本件の裁判所もバドミントンが「一方の競技者が他の競技者の身体に対して一定の有形力を行使することが競技の内容の一部を構成するもの」ではないことを理由としているため，ボディコンタクトが予定されているスポーツ（裁判所が挙げるボクシングのほか，柔道，レスリング，ラグビー，アメリカンフットボール等があてはまると思われる。）では，別途の考慮の余地があり得ることに注意を要する。

　③過失相殺等について，第一審では，違法性阻却はしないもののＸも一定程度の危険を引き受けていたこと，Ｙに故意はなく，競技の流れの中の事故であったことなどを挙げ，損害の公平な分担の理念を理由に，損害額の６割のみ認容した。しかし，競技の性質からしてＸが危険を引き受けていたと考えるべきではないし，過失責任を問う事件ではすべて故意はないのであって，故意ではないことは過失相殺等の理由とはならないであろう。過失

(2) 最高裁平成7・3・10判時1526号99頁。

(3) 東京地裁昭和45・2・27判時594号77頁。

相殺等を認めなかった本件の判断は妥当である。

5　加害競技者の注意義務から導かれる事故予防の ポイント

バドミントンのダブルス競技では，ペアの位置関係が，左右，前後，コートの対角線上など，状況に応じて随時変化する。ポジションごとの守備位置がある程度定まっている野球競技などとは異なる点である。したがって，プレーヤーは，プレー中，自身がどの位置にいるのか（特に，自身が前衛なのか後衛なのか）を常に把握しておかなければならないし，自身が後衛にいる場合には，前衛のプレーヤーは自身の動静を把握できないということに留意すべきである。また，本件では，注意義務の根拠となる事実関係として，飛んできたシャトルを X が打ちに行く動作を始めていた事実が認定されている。したがって，後衛のプレーヤーは，飛んできたシャトルが，前衛のプレーヤーが打ち返せそうな軌道であるか，自身が前進して拾うしかなさそうな軌道であるか，その場で判断しなければならない。

シャトルが高く上がっていると，視線がシャトルに集中し，ペアを組むプレーヤーの位置や動静から注意がそれがちであるが，特に後衛のプレーヤーは，シャトルのみならず，コート全体を見渡すことが求められているといえよう。

また，ペアの間で，打とうと考えるプレーヤーが発声して合図をすることや（本件でも Y は声かけをしたと主張したが，その事実は認められなかった。），両方が合図した場合の優先順位，位置関係ごとにどの場所にシャトルが飛んで来たらどちらが打つのか等を，事前に打ち合わせておくことも重要である。

6　裁判当事者以外の責任主体を踏まえた事故予防 のポイント

本件では，バドミントン競技の競技者が一定の危険を引き受けているとはいえないと判示しているが，他方で，バドミントン競技には一定の頻度で事故発生の危険が伴うこと，特にダブルス競技の場合はペア同士の身体の接触，ペアの一方が振ったラケット

のペアの相手方への接触，ペアの一方が打ったシャトルのペアの相手方への接触といった事故が，不可避的に発生する可能性があることも認められている。すなわち，危険はあるが，競技者は危険を引き受けているとはいえないとの認定となっている。

　しかしながら，危険を回避するためには，上記のように，事前の打ち合わせをしたり，プレーヤー同士の位置関係やシャトルの軌道を確認して動作したりすることが必要であって，これには一定の技能が求められる。

　すると，バドミントン競技の指導者は，競技中どのような危険があるのか，それを回避するにはどうするべきであるかを，適切に指導しなければならないこととなる。特に初心者に対しては，競技技術以前に，安全に競技するための技術を指導すべきであろう。

　バドミントンと同じくラケットを用いる競技であるテニスにおいて，安全に競技するための技術の指導が不充分であったとして，指導者の責任が認められた事案もある。テニス教室の練習中，コーチがボールを送り出して受講者に打ち返させ，ほかの受講者に対しては打ち返されたボールを拾ってコーチに届けるよう指示をしていたところ，受講者が打ち返したボールが球拾い中の別の受講者（テニス経験約5か月）の右眼球に当たり，右網膜振盪症の傷害を負ったというものである[4]。この事件では，コーチは「受講者の生命・身体を損うことのないようその受講者の資質，能力，受講目的に応じた適切な手段，方法で指導をなすべき注意義務」を負っていたのにこれを怠ったと認定されており，裁判所はコーチを雇用するテニスクラブに79万円余りの支払を命じた。この事件では，例えば球拾い中は練習中の受講者に背を向けるなど，球拾いにあたっての留意事項を説明して徹底させるなどの対策が必要であったことになろう。

（岡本大典）

[4] 横浜地裁昭和58・8・24判時1091号120頁。

第5節　技量・経験・運動能力に応じた競技規則の修正と事故予防

1　はじめに

　技量・経験・運動能力に長けた競技者であれば，競技規則が想定しているプレーをすることができ，また，それによって傷害を負うリスクも一般的には低いといえよう。他方で，技量や経験が未熟な競技者，必ずしも運動能力に長けていない競技者であれば，競技規則が想定しているプレーに至らず，無理にそのようなプレーをしようとすれば傷害のリスクが高まる。

　そこで，技量や経験が未熟な競技者，必ずしも運動能力に長けていない競技者が参加する場合に，競技規則に修正を加える必要や，競技規則以外のルールを加え安全に配慮する必要があると思われる。この点について，関連する裁判例を分析し，必ずしも競技・経験・運動能力に長けているわけではない競技者の事故予防の在り方を検討する。

2　裁判例の分析

(1)　長野地裁佐久支部 1995 年 3 月 7 日判決 [1]

〔事案の概要〕

　佐久市ソフトボール協会主催の男女混合ソフトボール大会において，被告である二塁走者が，打者がヒットを打ったため三塁を回りホームに生還しようとして左足からホームにスライディングした際に，ホームベース上で両足を開き捕球体制を取っていた女性キャッチャー（原告）が転倒し，左膝後十字靭帯断裂の傷害を負った事案である。

　このソフトボール大会は，地域住民相互の親睦を目的とし，住民一般を対象とした男女混合の試合で，男女とも 40 歳以上でなければ出場資格がなく，常時 4 名以上の女性が出場していなければならない規則となっており，盗塁やラフプレーも禁止されていた。

〔判決の要旨〕

　判決は，「プロ野球や社会人野球，学生野球（ないしソフトボー

(1)　長野地裁佐久支部判 1995・3・7 判時 1548 号 121 頁。

ル）等，プロスポーツやそれに準ずるような質の競技であれば，違法性を認め得ないのが原則と思われる」であるとしつつ，「本件のソフトボール試合は，地域住民相互の親睦を目的とした催しであり，住民一般を対象とした男女混合の試合で，参加資格者は40歳以上の高齢者で，しかも，常時女性4名以上の出場が義務づけられるというものであったのである。このように高齢の一般人を対象とした，かつ男女という本質的に異なる肉体的条件下にある者を意図的に混在させたスポーツ競技においては，前述したようなプロスポーツやそれに準ずる競技の場合と異なり，勝敗を争ってプレイをする際に許容される行動の限度が，自ずから異なると考えられる。」とした上で，「原告の身体との接触を回避しつつ手でホームベースにタッチすることを試みることも十分に可能であったと考えられ，かつ，被告がそのような行動をとったとしても，試合の興趣が格別損なわれるというものではなかったと思われる。したがって，前述した試合の趣旨にもかんがみれば，得点を得ようとするあまり，被告があえて選択した右の如き危険なスライディング行為に違法性阻却の余地を認めることは困難であると言わなければならない。また，いかに得点の獲得に夢中になってのことであったとはいえ，被告の右行為態様からすれば，原告を負傷させるかもしれないことは予見可能であり，かつそれを回避することも可能であったと考えられるから，被告に過失があったことも優に認められると言うべきである。」と判断した。

　原告の請求金額は約375万円であったのに対し，裁判所は約100万円の範囲で請求を認容した。原告が請求した休業損害額と裁判所が認定した休業損害額とで45万円の差が生じたことや，原告が慰謝料200万円を請求したのに対し，裁判所が以下のように述べて慰謝料は30万円を認容したこと等から，請求額の先の差が生じた。

　「いかに男女混合の試合とはいえ，ひとたび試合が始まり得点を争う局面になれば夢中でプレイをすることになるのはスポーツに共通の本質ともいうべきものであつて，本件は，原告も被告もそのようにして我を忘れてプレイに興じる中で起きた不幸な事故であつたという面を否定できない。また，本件事故を契機に佐久市ソフトボール協会主催の大会では男女混合試合が行われなくなったとのことからもうかがわれるように，身体の激しい衝突を

しばしば伴うソフトボールという競技を，こうした高齢者男女の混合という形で行つたこと自体に問題があつたとも見れるのであり，ひとり被告にのみあまりに甚大な賠償責任を負わせるのは過酷に過ぎると言わなければならない。」と述べている。

〔分析〕

　本件は，まさに体格と運動能力の差がある男性と女性との間で発生してしまった事故であり，キャッチャーである女性（原告）がいるホームに男性（被告）がスライディングをしたという事案である。

　十分な技量や経験を持つ競技者らであれば，ソフトボールの試合において，競技規則において認められているとおりホームに突入する際にスライディングをすることはもちろん想定されるところではあるが，裁判所は，本件のソフトボールの試合の目的・性質（地域住民相互の親睦を目的とした催しで，男女混合で行い，常時女性 4 名以上が出場する）や参加者の属性（男女混合，参加資格者 40 歳以上）等を前提に，被告（男性）は当然運動靴を履いており，被告（男性）と原告（女性）とは体格や運動能力にかなりの格差があったと考えられることから，被告の行為はかなり危険な行為でありスライディングをしたことに注意義務違反があったと判断している。

　すなわち，本来であれば競技規則で認められる「ホーム突入時にスライディングをしても良い」という規範を，上記事情から「ホーム突入時にはスライディングをすべきではない」という規範に変更した上で[(2)]，注意義務違反の有無を判断している。

　判決文において認定されている事実関係からすると，この大会では，「盗塁やラフプレー」は禁止されていたものの，スライディングをすることまで明確に禁止されていたわけではない。したがって，このような事故を未然に防ぐためには，もちろん本件で被告となった男性がスライディングをしなければ良かったということのほか，大会主催者において，上記試合の目的や性質，参加者の属性，すなわち，親睦を目的としたもので勝敗を付けることが最重要な試合ではなかったことや，技量・経験・運動能力に長けた者，長けていない者が参加するという事情を考慮し，スライディングを禁ずるなど競技規則をあらかじめ修正して周知し，事故を予防すべきだったともいえよう。

(2)　一切，という趣旨ではなく，「危険なスライディング」に限定されるようにも読めるが，いずれにせよ規範には変更が加えられている。

(2) 関連裁判例

①　宮崎地裁 1992 年 9 月 28 日判決 [3]

被告ら（宮崎県および地方職員共済組合）が，宮崎県庁職員の厚生計画の一環としての県本庁各課及び宮崎総合庁舎内の各出先機関対抗の 9 人制バレーボール大会を計画し，実施した。この大会で，コート外に向かって跳ね返ったボールを追った訴外選手が，ボールの方向を注視していたため訴外選手に気づかなかった原告にのしかかるようにして衝突して，観戦者が転倒して顔面打撲，鼻骨骨折等の傷害を負った事案である。原告は，サイドラインから 3m 以内の位置で控え選手として観戦していた。

裁判所は，「バレーボールは，一般的には，選手がボールを追ってコート外に出ることも多く，その意味では選手と応援者や観客とが衝突事故を起こす危険を内包している競技であるということができる」とし，また，9 人制バレーボールのコート等についての統一的な定めに関しては，「コートの外方 3m 以内には支柱及び審判台以外には障害物があってはならない。なお，日本バレーボール協会では，サイドラインの外方 5m 及びエンドラインの外方 8m の間は障害物のない空間とするよう指導しており，特に，全国大会又はこれに準ずる大会の施設としては右の規格の施設が要請されている。」とした。その上で，裁判所は，本件大会については，「職員の保健，元気回復その他厚生に関する事項についての事業として実施されたものであるが（地方公務員法 42 条），スポーツ競技大会としての色彩は比較的薄く，どちらかといえば，レクリエーション競技としての意味あいが強いものであった。」「参加選手の選定についても，できる限り多くの職員が競技に参加できるようにとの配慮から，年齢 40 歳以上の者又は女性を常に 3 名以上出場させることをチームに義務づけるなどの定めがされており，職場のレクリエーション競技としての趣旨に沿った特別のルールとなっていた」ことを前提に，「本件試合がレクリエーション試合であって，選手の中には比較的年齢の高い者又は女性が含まれる予定であ」り，「選手と応援者や観客とが衝突事故を起こす危険」が少なく，原告のスポーツ歴や身体能力等の属性に照らして「通常の注意を払って観戦していさえすれば，選手との衝突事故は容易に避け得た」と考えられるといった事情を基礎として，「本件試合に際し，被告らがサイドラインか

(3) 宮崎地判 1992・9・28 判タ 801 号 190 頁。

ら 3〜5m 内への立入りを禁止せず，かつ，コートと観戦者間に防護設備を設けなかったことは，原告との関係で安全配慮義務違反となるものではない。」と判断した。

すなわち，裁判所は「コートの外方 3m 以内には支柱及び審判台以外には障害物があってはならない。」という競技規則，及び日本バレーボール協会の「サイドラインの外方 5m 及びエンドラインの外方 8m の間は障害物のない空間とする」という指導内容に基づく規範について，裁判所は，必ずしもこのような措置を取らなくても良い（競技規則の例外）との規範を前提に注意義務違反の有無を判断している。その理由は，「本件試合がレクリエーション試合であって，選手の中には比較的年齢の高い者又は女性が含まれる予定であった」（すなわち，「選手と応援者や観客とが衝突事故を起こす危険」が低いということにつながる）ということである[4]。

この裁判例も，技量や運動能力に必ずしも長けていない競技者が参加する試合において，競技規則に修正を加えることを前提とした判断をしている。

②　会社間の草野球において，その走者である加害選手のスライディングにより守備選手が受傷した事故につき，その過失責任が否定された裁判例[5]では，競技規則の加除修正については言及がなされていない。

この事案は，草野球といえども全国大会の東京都予選における事案であり，試合の性質として，レクリエーションや懇親を目的とするものではなかったと思われるため，安全に配慮し競技規則を加除修正するという発想が必要となる事案ではなかったものと思われる。

③　県高等学校長会主催の柔道大会で重傷を負った原告生徒とその母親からの県に対する損害賠償請求において，学校の安全配慮義務違反の不履行も担当校長の注意義務違反も否定された裁判例[6]は，技量の未熟な生徒を試合に参加させたとの原告側の主張について，原告生徒が継続的に練習を行っていたことや初段の段位を有していたこと等を理由とし，この点に関する担当校長の注意義務違反を否定している。

裁判所は，結論としては原告生徒の技量について，（担当校長の注意義務違反の基礎となるほどには）未熟ではなかったと判断し

(4) ただし，この点は，「競技者レベルの者が参加していない」または「競技者レベルの者が参加していても，コート外のボールを無理に追わないことを周知している」という前提が加わって初めて競技規則の例外としての意味を持つものと考えられ，その点において裁判所の判断は説明が不足している部分もある。

(5) 東京地判 1989・8・31 判時 1350 号 87 頁。

(6) 長野地判 1979・10・29 判タ 401 号 110 頁。

ている。すなわち，原告生徒の技量の未熟さによっては，大会に参加させることについて注意義務違反を構成する余地を残しているといえる。

④　自衛隊幹部候補生学校内での柔道試合で，柔道歴3か月程度の経験の浅い者と柔道2段の有段者が対戦し，引き込み返しをかけられ頭頂部から転落して死亡した事案について，裁判所は，「試合に参加する学生の技量に相当較差が認められたのであるから，経験の浅い者と有段者が対抗試合において対戦するような企画・プログラムの編成を回避するか少くとも経験の浅い者と有段者と対戦するときには未熟者が対応できないような危険な技を有段者に禁止するなどして学生の生命・身体の安全を確保すべき適切な措置を講ずべき義務を負うことは明らかであるというべき」として，指導した学生の遺族からの請求を認容した[7]。

(7) 東京地判1974・7・26判タ312号247頁。

3　事故予防のポイント

(1) 大会主催者による競技規則の加除修正

大会主催者は，大会・試合の参加者の属性として，技量・経験・運動能力（年齢や性別）がどの程度かを想定し，また，大会の性質として懇親を目的とするものか，好成績を目指すものかを踏まえ，競技規則を加除修正することが求められる。また，特に格闘系の競技においては，技量・経験・運動能力の差がより直截的に傷害リスクに反映されるため，組み合わせにも配慮することが求められる。

スポーツ競技大会としての色彩よりもレクリエーション競技としての色彩が濃い場合には[8]，平素その競技に馴染む機会の少ないものも容易に競技に参加できるようにするという大会の趣旨に鑑みると，競技規則を加除修正することは自ずから主催者に求められる対応といえよう。

(8) 薄津芳「県等の主催するバレーボール大会で補欠選手として場外で観戦中に，出場選手と衝突し受傷した事故につき，主催者側に安全配慮義務違反はないとされた事例」都道府県展望417号64頁（1993年）参照。

(2) 大会主催者による周知徹底

また，大会主催者は，その加除修正された競技規則を参加者や，必要に応じて観戦者にも周知徹底する必要がある。

周知徹底の方法については，大会の規模や予算等にも関わる部分ではあるものの，参加者や観戦者が認識できる程度に周知する

方法を主催者の責任において検討する必要がある。

(3) 審判員・運営スタッフによる制御

　加除修正された競技規則が周知徹底されていることが前提となるが，審判員や運営スタッフは，加除修正された競技規則を正確に把握し，競技を運営する必要がある。

　次で述べるように，プレーヤーはプレー中に競技に夢中になってしまい，とっさに禁止される動作やプレーをしてしまうことも考えられるところであるから，審判員や運営スタッフによる制御が必要な場面もあろう。

(4) プレーヤーによるフォロー

　当然，プレーヤーも，加除修正された競技規則を正確に把握し，競技を行う必要がある。

　もっとも，プレーヤーはプレー中に競技に夢中になってしまい，特に経験者は過去の経験が身に染みついているため，とっさに禁止される動作を取ってしまうこともあり得る。その際は審判員や運営スタッフによる制御だけでなく，一緒にプレーしているプレーヤーらも可能な限りフォローする必要もあろう。

(多賀　啓)

第6節 ゴルフの競技者同士の事故

――東京地裁平成元年 3 月 30 日判決

1　はじめに

　ゴルフにおける競技者同士の事故には，さまざまな態様があるが，打球が当たる事故としては主に①後行プレーヤーの打球が先行プレーヤーにあたった事例，②プレーヤーが打った打球が同伴プレーヤーにあたった事例，③プレーヤーが打った打球が隣のホールのプレーヤーにあたった事例が存する。

　この点，競技者同士の事故のうち，打球が当たる事故についてのプレーヤーの注意義務としては，自己が打った打球が届くであろう範囲に他のプレーヤーなどがいないかを確認する義務があることについて争いはなく，①及び②は主にこの義務に関する判断である。他方，③については，①及び②で認められる義務を超えてコースの状況やプレーヤーの技量も加えた確認義務及びショットを放った後の義務なども問題となる。そこで，本節では，③プレーヤーが打った打球が隣のホールのプレーヤーにあたった事例について，「東京地裁平成元年 3 月 30 日判決 [1]」をとりあげる。

(1) 判タ 713 号 208 頁。

2　事案の概要

　昭和 59 年 7 月 22 日午前 10 時ごろ，栃木県のゴルフ場 4 番ホールのティーグラウンドで，加害プレーヤーがティーショットした打球が同コース 5 番ホールのフェアウェイでプレー中の被害プレーヤーの右腕に当たる事故が発生した事案において，加害プレーヤーに過失があるとして，被害プレーヤーの遺族（本件が原因で被害プレーヤーが死亡した訳ではない）に対し，不法行為責任（民法 709 条）に基づく損害賠償請求が認められた事例。なお，本件は，加害プレーヤー側が治療費として 5 万円を支払った上で，それを超える治療費や慰謝料等について債務不存在を確認したものである。

3　裁判所の判断

「ゴルフ競技は，打球の方向や着球地点を任意に調節すること
が困難であることを前提にして打球の方向や着球地点の正確さを
競うものであり，打球の調節が困難であるから，ゴルフコースの
設置状況いかんによっては思わぬ方向へ打球が飛び，他人にあた
る危険性は否定できないが，ゴルフ競技の存在を認める以上，競
技者としては，その技量，飛距離等に応じ自己の打球が飛ぶであ
ろうと通常予想しうる範囲の他人の存在を確認し，その存在を認
識するか，認識しうる場合に打撃を中止すれば足りるものという
べきである。また，複数のボールの併存と，先行者，後行者の関
係が常に存在するこの競技の特質及び競技人口の増加という現実
に照らせば，競技者の打球が自己の競技するコースを大きくはず
れた場合において，打球の方向，勢い，飛距離，当日のコースの
利用状況，風向き，天候などから考えて他人が競技している可能
性がある他のコースに飛び込むであろうことを競技者が認識し，
または認識しうるときは，打球の他人への衝突を回避するために
大声を出して叫ぶ等その他人の注意を喚起する措置を講じる義務
があるというべきである。」

その上で，本判決は，加害者たるプレーヤーとしては，ドッグ
レッグした 4 番ホールからミスショットすると隣の 5 番ホール
にボールが飛び込むことが予想し得たにもかかわらず，5 番ホー
ルのプレーヤーの安全を確認することなくティーショットをし，
しかもティーショット後 5 番ホールのプレーヤーに対し大声を
出すなどして注意喚起をしない点に過失があるとした。

4　分析

本件における裁判所の判断は，一般論として従前どおりの競技
者の義務を認定しつつ，さらに本件のようなコースにおいて競技
をする場合の追加要素としての競技者の義務を加味しているとみ
ることができる。

すなわち，まず，競技者としては，その技量，飛距離等に応じ
自己の打球が飛ぶであろうと通常予想しうる範囲の他人の存在を
確認し，その存在を認識するか，認識しうる場合に打撃を中止す

れば足りると一般論で論じている。

　そして，さらに本件における追加要素として，打球の方向，勢い，飛距離，当日のコースの利用状況，風向き，天候などから考えて他人が競技している可能性がある他のコースに飛び込むであろうことを競技者が認識し，または認識しうるときは，先行競技者だけでなく，他のコースの安全を確認する義務も認めている。さらに，打球を打った際，他のコースに飛び込む可能性がある場合には，打球の他人への衝突を回避するために大声を出して叫ぶ等その他人の注意を喚起する措置を講じる義務があると判断している。これは，本件のようなドッグレッグしたコースなどのように，他のコースに打球が飛び込む可能性が高いような状況においては，一般的に先行者にあたらないようにする義務を超えて，他のコースに対する安全確認義務まで認めた上で，さらに打撃後の衝突回避措置まで認めたものと評価できる。

5　加害競技者の注意義務から導かれる事故予防のポイント

　本件裁判例が認めた競技者に対する注意義務を踏まえて，競技者同士の事故を防ぐために必要な事故予防のポイントとしては下記のようなものが考えられる。

(1)　後行プレーヤーの打球が先行プレーヤーにあたった事例

　まず，競技者は，自己の技量から自己の打球が飛ぶであろうと通常予測しうる範囲の他人の存在を確認する必要がある。

　この点，後行プレーヤーの打球が先行プレーヤーにあたったという事例において，裁判例は，後行プレーヤーの確認義務について，先行する組の乗用カートの位置のみから推測して先行プレーヤーの位置を確認するのではなく，実際に先行プレーヤーの存在を直接目視して確認する義務があるとした[2]。

　以上のように，後行プレーヤーとしては，意図的か否かにかかわらず，自らの打球が及ぶ（であろう）範囲の他のプレーヤーなどの存在を確認する義務があり，この義務には単に他のプレーヤーはいないであろうという予測だけでなく，具体的な確認義務

[2]　東京地判平成5・8・27判タ865号243頁，東京高判平成6・8・8判タ877号225頁等。

があるということになる。

　しかし、実際には打球の落下予測点まで確認しに行くことは現実的ではないし、先行プレーヤーの存在を確認したとしても、コースのレイアウトやコースの渋滞状態などから打球を打つこともありうる。このような場合には、先行プレーヤーにも、後行プレーヤーの存在を確認した上で危険を回避する措置をとる、先行プレーヤー及び後行プレーヤーのキャディーや打球を打つプレーヤー以外の他のプレーヤーも一緒になって確認するなど、他のプレーヤーにも安全にプレーをするために必要な措置を講ずべきということになる。

(2) プレーヤーが打った打球が同伴プレーヤーにあたった事例

　この場合でも、自己の技量から自己の打球が飛ぶであろうと通常予測しうる範囲の他人の存在を確認する必要があることは同様である。

　この点、同一パーティー内での同伴プレーヤーに対する安全配慮義務について、ショットをする際の同伴プレーヤーとの距離によっても義務が異なるということを示した裁判例が存在する[(3)]。すなわち、この裁判例では、自己と同伴プレーヤーの距離が離れていて、同伴プレーヤーが打球の行方を確認していれば避けることができるような距離にあれば、自己がボールを打つところを同伴プレーヤーが見ていることを確認する義務にとどまるが、自己と同伴プレーヤーの距離が近く、たとえ同伴プレーヤーが打球の行方を確認していても避けることができない距離にいるのであれば、同伴プレーヤーを安全な場所まで下がらせる義務があるということまで認めた。これによれば、同伴プレーヤーが見ているかどうか確認する義務に加え、同伴プレーヤーとの距離によってさらに同伴プレーヤーを移動（後退）させる義務まで存することになる。

　このように、競技者の確認義務は、具体的な場面や状況に応じて具体的に判断されるものであり、抽象的に判断されるものではないため、競技者としては、実際にその義務を果たしていれば事故が予防できるかという観点から具体的に考え、状況に応じた確認義務が求められることになる。

(3) 大阪地判平成 17・2・14 判タ 1199 号 249 頁。

　他方，この裁判例においては，同伴プレーヤーがショットをしたプレーヤーよりも前に出ていたとして６割の過失が認められており，同伴プレーヤーにも，ショットをするプレーヤーよりも前に出ない位置にいることなど，打球が自己に及ばないよう必要な注意を払う義務があると言える。

　さらに，競技者の確認義務は，それが競技者の技量によって異なってくるということである。すなわち，技量が低い初心者ほど，自己の打球をコントロールする能力が低いため，打球が飛ぶであろう範囲が広く，予測しがたいということになるが，そのような初心者ほど，安全を確認すべき範囲も広くなるということになる。

(3) 先行プレーヤー，同伴プレーヤー以外の者にあたった事例

　本件裁判例から明らかなように，競技者としては，一般論から導かれる注意義務を果たしていたとしても，スイング後打球が他のコースに飛び込むなど他人が競技している可能性がある場所に飛んだ場合には，大声を出すなどして注意喚起を行う必要がある。つまり，競技者としては，打撃前の安全確認義務だけでは足りず，打撃後に事故が起こりうる可能性があると判断すれば，事故の結果を回避する義務まで認められることになり，そのための措置を講じる義務が生じることになる。

(4) 実際の対応についての考察

　このように，ゴルフ競技における競技者同士の打球が当たるという事故については，競技者として求められる義務は，コースの状況や競技者の技量などによって異なることになり，競技者が競技をする際にこれを判断することは難しいとも思える。しかし，競技者に求められる義務は，客観的な状況から同種の競技者であればなしえたであろう義務という観点で判断されるものであるから，競技者としては，キャディーや同伴プレーヤーと一緒に安全確認をしたり，キャディーや同伴プレーヤーに安全かどうかを確認してもらったりすることで，求められる義務の程度が相当程度軽減される可能性がある。そこで，実際のプレーの場面においては，競技者は自分自身での確認だけでなく，他人へ確認するなど

考えられるさまざまな方法をとっておくことが必要であろう。

6　裁判当事者以外の責任主体を踏まえた事故予防のポイント

　ゴルフにおいては，競技者間の事故であっても，ゴルフ場などの施設が関係する場合もあるし，キャディーという競技者を補助する役割の者が関わることもあることから，競技者だけの責任ではなく，ゴルフ場運営会社など他の責任主体の責任が問題となることがある。

(1)　施設管理者としてのゴルフ場運営会社の責任

　この点，本件裁判例のように，隣接するコースに打球が飛んで事故になった場合について，隣のホールにボールが飛ぶ可能性が高いのであれば，打球の飛来を防止するための防護ネットを設置すべき管理義務があったとして，それを行わないとゴルフ場として通常有すべき安全性を欠いていたとしてゴルフ場運営会社の責任（工作物責任）を認めた裁判例が存する[4]。

　このうち，東京地裁平成 6 年 11 月 15 日判決においては，①東 10 番と東 18 番とは，東 18 番が右にドッグレッグする部分に，東 10 番のティーグラウンド部分の後方が入り込んでいるという位置関係にあること，②東 10 番脇のスタートハウス付属のトイレの扉に東 18 番からの打球によるものと推定できる打球痕がかなりの数あること，③右スタートハウスと東 10 番のバックティーグラウンドとの距離がさほど遠くないうえ，インコースのスタートハウスからバックティーグラウンドへ向かう場合には，右トイレから数メートルしか離れていない場所を通過せざるを得ない位置関係にあること，④東 18 番のフェアウェイ部分と東 10 番のバックティーグラウンドとの距離は，東 18 番がドッグレッグする部分においては，直線距離で約 40m 程度であり，その間に松の木の茂みはあるものの，その高さは 5，6m 程度のものがほとんどで，東 18 番からの打球の飛来を防ぐための障壁としては十分なものとはいえないこと，からゴルフ場運営会社に対して東 10 番のバックティーグラウンドの後方に東 18 番からの打球の飛来を防止するための防護ネットを設置すべき管理義務が

(4) 横浜地判平成 4・8・21 判タ 797 号 234 頁，東京地判平成 6・11・15 判　タ 884 号 206 頁。

あったと認めた。

　すなわち，ゴルフ場運営会社としては，①コースの設計上打球が他のコースに飛来するような構造になっているか，②実際に他のコースに打球が飛来するような事実があるか，③打球が飛来した場合にプレーヤーに対する危険があるか，④打球が飛来する場合の危険の程度と危険を防止する措置の有無などを考慮した上で，打球が飛来して他のプレーヤーに対する危険が及ぶ可能性があるにもかかわらず，その防止措置が十分といえない場合には管理義務違反が認められる可能性があることになる。当然，ゴルフ場は自然を利用していることや他のコースに打球が飛来する危険が内在していること，あまりにフェンスなどを設置しすぎるとゴルフ場ないしゴルフ本来の魅力を失ってしまう可能性があることなどから，単に危険があるからフェンスを立てればいいというものではないと言える。しかし，実際に他のコースに打球が多数飛来して危険な事案が多数あったが何らの措置も講じなかったというような場合には，ゴルフ場運営会社の管理義務違反による責任が認められる可能性が高いと言える。

(2) キャディーの使用者としてのゴルフ場運営会社の責任

　後行プレーヤーの打球が先行プレーヤーに当たって負傷した事案について，後行のプレーヤーの責任と合わせて，キャディーとしては，先行プレーヤーがいる場合に後行プレーヤーがショットを打とうとしているのであれば，それを制止すべき注意義務があるとしてキャディーの責任を認め，キャディーの使用者であるゴルフ場運営会社に損害賠償責任を認めた裁判例もある[5]。

　この裁判例では，キャディーの注意義務として，先行プレーヤーがいることに気づいていたか，気づくことができたような状況において，後行プレーヤーがそれを無視して打球を打とうとしたのであれば，それを制止する義務があるとした。この判断には，キャディーとしては，まず先行プレーヤーの存在について確認すること，先行プレーヤーの存在を後行プレーヤーが認識しているか確認し，後行プレーヤーが認識していない場合には注意喚起をすることなどの義務があることが前提となっていると思われる。さらにその上で，キャディーとしては注意喚起をするにとど

(5) 東京地判平成５・８・27判タ865号243頁前掲。

まらず，実際に後行プレーヤーがプレーを強行したような場合には，そのプレーを制止する義務まで認めたものとして，キャディーの注意義務を加重していると言える。ゴルフ場運営会社としては，そのような判断がなされる可能性があることを前提に，自らが雇用ないし管理下にあるゴルフ場専属のキャディーに対して，プレーヤーに対して積極的な注意義務があることを指導すべきことになるが，特に上級プレーヤーなどが多いコースや伝統のあるコースなどにおいては，そのようなキャディーの積極的な注意に対して敬遠をするプレーヤーも多くいる可能性があり，難しい運営を強いられることになるであろう。

（堀田裕二）

第7節　市民地区運動会における事故

——東京高裁平成 30 年 7 月 19 日判決

1　はじめに

　ここでは，東京高等裁判所平成 30 年 7 月 19 日判決 [1] を取り上げる。

　本判決は，地区運動会の自転車リングリレー競技（以下「本件競技」という。）に参加した参加者同士の事故である。本件競技は，金属製のスティックで自転車のリングホイール（直径 60cm 弱程度の金属製の輪。以下「リング」という。）を転がしながら，スタート地点の反対側に待機している次走者に向かって走り，リレー方式で往復し，その早さを地区別のチームで競うものである。本件競技は，競技団体が存在しない競技であることから，国内スポーツ団体による競技規則は存在せず，主催者が作成した種目別ルールブックと主催者による事前説明のみが参加者を規律するものであった。そうした事情において，裁判所は，ルールブックや事前説明への違反の有無に限定することなく，加害者の負う注意義務を広く認定した上で，その注意義務の違反があったとして賠償責任を肯定した。

　本判決は，競技のルール内容が不十分，または必ずしも明確でない場合において，「書かれざる」行為規範の内容を示唆するものとして意義がある。

2　事案の概要

　原告 X と被告 Y は，a 地区体育振興会，b 地区自治連合会及び c 公民館の共催による a 地区合同運動会（以下「本件運動会」という。）に参加し，それぞれ別の自治会の走者として，本件競技に出場した。X は，身長 159cm，体重 50kg 程度の体格の 40 代女性であり，Y は，身長 180cm，体重 85kg 程度の体格の 40 代男性であった。

　本件運動会における本件競技では，チームは 10 人で構成され，競技者は左右に男女別に 5 人ずつ分かれて待機し，待機場所には長さが約 30m のゴールラインがそれぞれ引かれており，

(1) 判時 2417 号 54 頁。

2 本のゴールラインの間隔は，直線距離で約 30m であった。各チームが進行すべきレーンは明示されていなかったものの，競技者同士が接触することのないように，本件競技には 6 チームが参加したので，1 チーム当たり約 5m の幅が確保された形となっており，ゴールラインには，各チームごとに次走者にスティックとリングの受渡しをすべき地点がマーキングされていた。本件競技の会場には，ゴールラインや上記マーキング以外の線や目印はなく，レーンを区切る鋲なども設置されていなかった。

　a 地区体育振興会事業部が作成する「自治会対抗種目別ルール」には記載されていなかったものの，本件競技の開始前，進行方向が外れた時はその場所で止めてやり直すことができるが，やり直しをせずに斜めに進むことも認めること，やり直すかどうかの判断を競技者に委ねているのは，斜めに進むと走行距離（30m）が長くなり，他のチームに有利に働くからである旨の説明がされた。

　X は，第 8 走者であった B からスティックとリングを渡された後，スティックでリングを押して第 9 走者として走り始めたが，スタート直後でリングが安定していなかったため，下（スティックとリング）を注視していた。Y は，第 8 走者として，B よりもだいぶ遅れて走っていたが，本件競技は不慣れであったこともあり，下を向き，リングに気を取られていた。Y は，自分がどの方向に向かっているかを認識する余裕がなかったが，結果的には自己の進行方向から外れて，X の進行方向側に斜めにそれなりのスピードで走行していた。X と Y は，X のスタート地点から 5m 以内の地点で正面衝突した（以下「本件事故」という。）。X と Y の双方とも，衝突するまで，相手に気づいていなかった。

3　裁判所の判断

　本件競技の参加者は，競技中，他の競技者らとの衝突を避けるように配慮することが当然に求められていたというべきであって（本件においては，進行方向が外れた場合にやり直しをせずに斜めに進むことも許容されていたが，そうであるからと言って，他者との衝突が許容されていたものとは解し得ず，斜めに進む場合には，他者の進路と重なる可能性が高まるのであるから，なおさら衝突を避ける

ように配慮することが求められていたというべきである。），スポーツ競技中であるからといって，自らの位置方向と付近の状況を可能な限り随時確認して，他の競技者との衝突を回避するように注意すべき一般的な注意義務が存在することを否定することはできない。

　Yは，リングに気を取られて，自分がどの方向に向かっているかを認識する余裕がないまま，Yのゴール地点から約5m離れた他のチームの待機位置に向かってそれなりのスピードで走行した結果，Xの存在に気付くことなく衝突したのであり，このような状況下においては，いったん立ち止まる，あるいは速度を緩めるなどして周囲の状況を確認するなどの方法により，衝突を回避することが可能であったと考えられるから，Yには前記注意義務違反が認められるというべきである。

　本件競技が競技者同士のボディコンタクトを予定したものではない以上，衝突を避けるように配慮することは，本件競技のルールとしても当然の前提として織り込まれていたと解すべきである。また，スポーツ競技中，ルール違反さえなければ常に違法性が阻却されると解することはできず，当該スポーツの性格や事故の生じた具体的状況に即して検討すべきところ，幅広い参加者が親睦目的で気軽に参加するといった本件競技の性格に鑑みれば，本件競技に内在している危険として違法性が阻却されるのは，…ごく軽度の危険や衝突に限られると解するのが相当である。

　主催者の責任と競技者の責任とは，一方のみが成立して他方が成立しないといった択一的な関係にはないから，主催者の損害賠償責任の有無にかかわらず，本件事実関係において，加害者であるYは，その責任を免れないというべきである。

4　分析

　本件の第一審である東京地方裁判所平成30年1月26日判決[2]（以下「本件一審判決」という。）は，本判決と異なり，Xの請求を棄却している。本件一審判決は，本件競技の開始前の説明等から，本件競技の競技者に一般的な注意義務違反（接触回避義務違反）が認められるとしても，スポーツの参加者は一般にそのスポーツに伴う危険の引き受けをしていると解されるから，当該ス

(2) 判時2417号58頁。

ポーツ中の加害行為については，加害者の故意・重過失によって行われたり，危険防止のためのルールに重大な違反をして行われたりしたような特段の事情のある場合を除いて，違法性が阻却されると解するのが相当であると判断したものである。

　これに対し，本判決は，親睦目的で幅広い参加者が気軽に参加するという本件競技の性格から，ごく軽度の危険については本件競技に内在するものとして違法性が阻却される可能性を留保したものの，本件競技の参加者は，自らの位置方向と付近の状況を可能な限り確認して他の競技者らとの衝突を回避する義務があり，その注意義務違反があった場合には損害賠償をするべき法的責任を負うと判断した。本判決は，ルール違反さえなければ常に違法性が阻却されるとの考えを否定し，競技の性格や事故の具体的な状況を踏まえ，違法性を阻却する場面を「ごく軽度の危険や衝突」に限定した上で，その他の場合には，競技者において他の競技者との衝突を避けるという注意義務，すなわち過失責任の有無により法的責任を判断している。

　そして，本件競技がボディコンタクトを予定したものではないことから，衝突を避けることは本件競技のルールとして当然の前提として織り込まれていたとも判断している。すなわち，本判決は，本件競技のルールを，ルールブックと競技前の事前説明のみならず，日常的に広く認められる基本的注意義務としての衝突回避義務をもルールに取り込んで解釈している。この考え方は，競技の性格から免除される回避義務を除き，道路を歩行するなど日常生活において認められる一般的な注意義務は，当該競技の書かれざるルールとなることを示唆していると読める。

　また，Y 側が，主催者の側において，競技者同士が対向して走行する形式を前提とした安全対策を講じるべきであると主張したことに対し，本判決は，主催者の責任と競技者の責任とは択一関係になく，主催者の損害賠償責任の有無にかかわらず，Y は責任を負うと判断している。裏を返せば，主催者が本件競技を開催するにあたって安全対策を十分に講じなかったなど安全配慮義務の違反があった場合には，主催者もまた損害を賠償する法的責任を負うことを明らかにしたものといえる。

5 加害競技者の注意義務から導かれる事故予防のポイント

本件競技のルールブック記載のルールは，その競技性や競技進行の円滑さから規定されたと思われるものもあるが，本件競技の会場なども踏まえれば，競技の安全性を高める目的がみてとれる。競技者における事故予防としては，まずもって，本件競技のルールブック及び主催者の事前説明などを遵守することが挙げられる。

もっとも，本判決を前提とすれば，競技ルールには，競技の性格から免除されると考えられるものを除いた，日常生活上の注意義務が含まれるのであって，そうした「書かれざる」ルールに違反しないことも求められる。しかし，事故予防において「競技ルールとは何か」という境界線を確立することは本質的ではなく，重要なのは，道路を歩く際に他者との衝突を避けるといったような日常生活で求められている注意義務，すなわち「日常生活で避けるべき行動」を競技においても意識することであろう。本件のような親睦目的でボディコンタクトを予定していない運動会の競技種目であれば，競技者の運動能力や体力は一般的なものである以上，なおさら各競技者には日常生活で求められる一般的な注意義務が求められるといえる。

なお，本件において裁判所は，競技に内在する危険が現実化したにすぎない場合は違法性が阻却されるとするが，少なくとも本件競技のようにボディコンタクトを予定していない競技においては，競技者同士の衝突は競技に内在する危険ではないといえる。

6 裁判当事者以外の責任主体を踏まえた事故予防のポイント

(1) 主催者による適切な計画策定と説明

本件においては，Yは，主催者側で競技者同士が対向して走行するといった本件競技の形式に応じた安全対策を講じるべきとの主張がなされている。Yの主張自体は，主催者と競技者の責任が両立するため，裁判所において採用されず，上記のとおり，裁判所は，加害競技者に対して，「書かれざる」行為規範として，衝

突を避けるといった日常生活で求められる注意義務を課した。

　もっとも，本判決の上記判断のみでは事故予防として不十分であるといわざるを得ない。なぜなら競技の参加者にとって，本件競技のような運動会の競技種目において実際に課されうる「日常生活で求められる注意義務」が具体的に何を意味するのか不明瞭で，行為規範として十分に機能しないおそれがあるからである。

　そうすると，事故予防をより実効的なものとするためには，主催者側において「書かれざる」ルールを「書かれざる」状態のまま放置するのではなく，参加者が「何をしてはいけないのか」を容易に理解できるようにルールブックの形式で示すことが強く求められるといえる。

　この点，学校行事としての運動会における事故について，主催者である学校や教員に対し生徒の安全を確保するための措置を講じるべきであると判断した裁判例は少なくない。

　まず，組体操の事故に関し，名古屋地方裁判所平成 21 年 12 月 25 日判決 (3) は，公立小学校の組体操の練習中に小学 6 年生の児童が 4 段ピラミッドの最上段から落下し傷害を負った事案につき，体育の授業を実施・監督する教員には，起こりうる危険を予見し，児童の能力を勘案して，適切な指導，監督等を行うべき高度の注意義務があると判断している。また，東京地方裁判所平成 18 年 8 月 1 日判決 (4) は，区が設置する小学校の 6 年生の児童が，体育授業中に運動会の種目である組体操の練習をしていたところ，転落して前歯を損傷した事案につき，小学校の設置・運営者である区は，学校教育の際に生じうる危険から児童らの生命，身体の安全の確保のために必要な措置を講ずる義務を負うとした上で，担当教諭らには，児童に対し適切な指示を与え，児童が指示どおりに技を行えるまで補助役児童をつけるなどしながら段階的な練習を行うなど，児童らの安全を確保しつつ同技の完成度を高めていけるよう配慮すべき義務があると判断している。

　また，騎馬戦の事故に関し，福岡地方裁判所平成 11 年 9 月 2 日判決 (5) は，運動会での騎馬戦において複数の騎馬が一塊で転倒した際に下敷きになった高校 2 年生が傷害を負った事故につき，高校設置者である県は，校内学校行事の一つである運動会においては，担当教諭を通じて，十分な計画策定，適切な指示・注意，事故が発生した場合の対応等危険を防止し，生徒の安全を確

(3) 判タ 1333 号 141 頁。

(4) 判タ 1243 号 248 頁。

(5) 判タ 1027 号 244 頁。

保するための措置を講じるべき義務を負い，指導担当教諭は騎馬の倒壊の仕方，組み手の外し方等につき説明，指導等をすべき義務があったと判断している。福岡地方裁判所平成 27 年 3 月 3 日判決 [6] は，体育祭の騎馬戦で騎手をしていた高校生が地面に転落して負傷した事案につき，校長及び指導担当教諭らは，事前に生徒に騎馬戦の危険性及び転落時にとるべき安全確保の手段を指導し，かつ十分な訓練をさせ，対戦においては転落方向の急変に対応できるように複数の審判員を配置するなどの義務を負うと判断している。

　これらの裁判例からは，運動会や体育授業の主催者，指導者には，競技種目中に事故が起こらないよう，参加者の能力に応じて，十分な計画を策定し，適切な指示・注意をする義務があることが導かれる。本判決は，学校管理下の事故ではなく，また親睦目的であったことなど上記裁判例と事情を異にする点はあるものの，運動会という，能力に差があり，また日常的に反復継続して競技を行うわけではない者が多数参加するイベントを主催する者が負うべき責任を検討するにあたっては参考となる点が多い。そうすると，本件でも，大会主催者が，競技経験の乏しい参加者の事故を防止するために，競技を安全に実施する計画を策定し，参加者に適切な指示をする責任があったと考えるべきであり，主催者は，参加者に対し，「書かれざる」ルールをルールブックの形式で示し，事前説明を十分に行うことであったといえる。特に，体格，年齢，運動能力，競技経験が異なる競技者（競技者の中には自己の運動能力等を把握せず無謀な行動に出る者もいる）が参加する競技種目，とりわけ運動会のような催事にのみ行われる競技種目においては，参加者の「書かれざる」ルールへの認知と対応力が異なることが容易に予想でき，主催者側の細やかなルール設定が必要である [7]。にもかかわらず，主催者側が，ルール設計や事前説明を適切に行わず，「書かれざる」ルールを不明確なままで放置した場合には，事故予防のための計画策定や指示・注意が不十分であったとして，そのこと自体が主催者側の結果回避義務違反を構成するといわざるを得ないだろう。

（2）主催者による競技環境の整備

　さらに，競技を安全に実施する計画を策定するという観点から

(6) 判時 2271 号 100 頁。

(7) 山車巡行という祭礼に操縦者として参加した男性が死亡した事例において主催者の過失を否定した裁判例として名古屋地方裁判所半田支部平成 23 年 4 月 27 日判決があるが，経験豊富ないわゆる「プロ」のみが参加する場合と，本件のような「素人」を含むあらゆるレベルの競技者が参加する場合とは，主催者の結果回避義務も異なると考えるべきであろう。

は，本件の大会主催者には，参加者同士の衝突を防止するために，レーンを明確にする線を引く，レーンを区切る仕切りを設けるといった競技環境の整備も求められるであろう。この点，千葉地方裁判所平成 11 年 12 月 6 日判決 [8] は，小学校 4 年生の児童が水泳授業でのクロール練習中に他の児童と衝突して頭部を受傷した事案につき，指導教諭らが児童同士の衝突の危険を防止する措置を講じなかった点に注意義務違反を認定している。他方，東京地方裁判所平成 27 年 1 月 21 日判決 [9] は，スポーツセンターの屋内プールを指定された右側通行によりクロールで泳いでいた原告が，反対方向から左側を泳いできた被告泳者と衝突した事案で，被告泳者の過失を認定する一方で，施設側の過失を否定している。水泳は本件競技など陸上競技よりも前方確認が難しいといえ，水泳施設側に求められる安全対策は相対的に大きいが，上記 2 事例からは，施設側が，競技者同士の衝突を避けるための措置を講じたか否かが判断の分かれ目となっているといえ，本件競技を含む陸上競技においても，競技者同士の衝突が起きないようなコース設定，例えば進行方向によって走行レーンを明確に区別するなどの設定をしなければ主催者側は責任を免れないというべきである。

7　まとめ

　以上のとおり本判決からは，運動会に参加する競技当事者には，主催者が策定するルールブックや主催者の事前説明に加え，日常生活上の注意義務が「書かれざる」行為規範として求められるといえる。そして，それだけでなく，学校など大会主催者にも，競技種目に応じた危険に備えた人的，物的な安全対策を行うべき注意義務，とりわけ「書かれざる」行為規範を，ルールブック化する等により競技当事者に分かりやすく示す義務，及び事故が起きないようなコース設計等環境整備を行う義務が課されている。

　事故のない安全，安心な運動会を実施するためには，競技者と大会主催者が，それぞれに課される注意義務をしっかり把握して，安全対策を十分に行うことが重要といえるだろう。

（冨田英司）

(8) 判時 1724 号 99 頁。

(9) ウエストロー・ジャパン。

第 8 節　高校野球部練習中の事故

——大阪地裁平成 11 年 7 月 9 日判決

1　はじめに

　競技団体の競技規則には，当該競技の本質を維持する目的，当該競技の価値を維持する目的，競技における安全を確保する目的などがあることは，第 1 部 2 章 4（1）のとおりである。

　スポーツ事故予防の観点からは，当該競技を行うにあたって，競技規則の遵守が求められるものの，競技規則は，基本的に競技大会における試合に適用されることを前提に策定されているため[(1)]，競技大会における試合でない場面での競技活動においては，競技規則を遵守しているだけでは十分ではなく，そこに競技規則の限界がある。

　その一つが練習の場面であり，練習時においては，基本的には競技規則が適用されるものの，練習時特有の規則・ルールが存在する場合には，かかるルールが優先的に適用されることがある。

　本節でメインに取り上げる「大阪地方裁判所平成 11 年 7 月 9 日判決[(2)]」は，野球部の練習中の事故において，練習時特有の規則・ルールが適用され，プレーヤーの注意義務違反が認められた事例（以下，「本裁判例」という。）である。本裁判例を基に，関連する裁判例もふまえて，練習中（球技）の事故の原因と予防について考察する。

(1) 例えば，公益財団法人日本陸上競技連盟の競技規則では，総則に，「国内で開催されるすべての公認競技会は日本陸上競技連盟（以下本連盟という）の競技規則に基づいて行われなければならない。」と定められている。

(2) 判時 720 号 161 頁。

2　事案の概要

　平成 7 年 5 月 18 日，高校の野球部において，次のようなダブルプレーの守備練習が行われた。監督であった訴外 A がノッカーを務めて本塁付近から三塁に向けてノックをし，三塁手はノックの打球を捕球して二塁に投げ，二塁手又は遊撃手が三塁手から送球を受けた後，受けた球を一塁手に投げ，一塁手がこれを捕球するというものである。なお，一塁ベース付近には，二塁手又は遊撃手から送球を受ける者と，ノッカーからのボールを受ける部員とがおり，ノッカーからのボールを受ける者は，二塁手又は遊撃手からの送球を受ける者よりもやや前方向（本塁方向）に

位置していた。

このダブルプレーの練習では，三塁守備についた部員は，ノックされた打球を捕球した後，二塁に送球しなければならないものであり，ノックしたボールをノーバウンドで直接捕球するような例外的な場合を除いては，直接一塁に送球するようなプレーを選択する余地のないものであった。

当時 1 年生であった被告は，約 30 名いる 1 年生部員の中から選ばれ，原告（2 年生）を含む上級生に混じって，このダブルプレーの練習に三塁手として参加した。他方，原告は，ノッカーからボールを受ける者として一塁ベースのやや前方向（本塁方向）に位置をとっていた。

被告は，訴外 A からノックを受けてボールを捕球した後，捕球したボールを二塁へ送球せずに，一塁に投げたところ，一塁ベース付近にいた原告の右眼に当たった。その結果，原告は右眼失明等の傷害を負った。

そこで原告が被告に対し，不法行為に基づく損害賠償として 3061 万円余りを請求した。

3　裁判所の判断

裁判所は，被告（加害生徒）の過失を認定し，3005 万 4827 円の損害賠償を認めた。本裁判例の主な争点は，被告の過失の有無と，被告の行為がスポーツにおける行為として違法性が阻却されるかであり，裁判所は，それぞれ以下のとおり判断した。

〔過失の有無について〕

判決は，このダブルプレーの練習において，三塁守備についた者は捕球した後は二塁に送球しなければならないもので，ノックしたボールをノーバウンドで直接捕球するような例外的な場合を除いては，直接一塁に投げるようなプレーを選択する余地のないものであったことを前提に，「被告は，ダブルプレーの練習においては，三塁手はノックのボールを捕球した後，二塁に送球しなければならないということを認識していながら，訴外 A や捕手の，ダブルプレーを行う旨の指示を不注意で聞いていなかったため，ノックのボールを捕球した後，漫然とボールを一塁方向に投げて原告の右眼付近に当てたことは明らかである」として原告の

過失を認めた。

〔違法性阻却の有無について〕

　続いて判決は，違法性阻却の有無に関して，まず，このダブルプレー練習が，「試合におけるような，ルールに反しない限りで，自らが行うべきプレーを選手各自が選択することができる場合とは異なり，三塁手が訴外Ａのノックを受けた場合は，これを二塁に送球するというように，各自の行うべきプレーが固定化又は定型化された練習方法であった」と認定した。

　その上で，このような練習方法をとった場合，「練習に参加する者らは，定型化されたプレーに反する行動をとる者が出ることを予想していないのが通常である」とし，「定型化されたプレーに反するプレーをすることについては，試合におけるような，当該試合に出場している各選手がそれぞれ取るべきプレーを選択しており，他の者も，当該選手が選択するプレーが自らの予想に反することがありうることを前提としている場合に比して，その危険性は極めて高い」と述べた。

　以上から，被告の行為は「違法なものであると評価せざるを得ず，本件事故が硬式野球というスポーツを行う際に発生したものであり，被告が行ったプレーが硬式野球のルール上許されたものであるからといって違法性が欠けるものではない」と結論づけ，違法性を阻却しないと判断した。

4　分析

(1)　練習特有の規則・ルール

　スポーツ中の事故の裁判例においては，例えば「そのスポーツのルールに著しく反することがなく，かつ通常予測され許容された動作に起因するものであるときは，(中略)このような場合加害者の行為は違法性を阻却する」[3]とか，「その競技のルールに照らし，社会的に容認される範囲内における行動によるものであれば，右行為は違法性を欠くものと解するのが相当である」として，当該スポーツの競技規則・ルールが，加害行為の違法性を阻却するか否かの，1つのメルクマールとして機能している例がある。

　これに対し，本裁判例は，当該競技（ここでは野球）の競技規

(3) 東京地判昭和45・2・27判タ244号139頁

則に反しているかという基準で過失の有無や違法性阻却の有無を
判断するのではなく，事故が起きた際の練習の内容について認定
し，その練習が，各自の行うべきプレーが固定化・定型化された
練習方法であったことを前提に，こうしたルールに反するプレー
をすることは，他の者も予想していないことが通常であり，その
危険性は極めて高いと認定し，そのようなプレーについては，た
とえ野球のルール上許された行為であったとしても，違法性を阻
却しないと判断した。

　練習時においては，1個のボールを用いて試合をしている時と
は状況が異なり，練習の効率性を上げるため，異なる態様の練習
を同時に行ったり，複数のボールを同時に使用することもよく行
われているところである。また，試合のように状況に応じて各自
がプレーを判断し選択する練習もあるが，あえて，行うべきプ
レーを固定化して練習することもある。

　そのため，練習時には，当該競技の競技規則とは異なったそ
の練習のための特別なルール（本裁判例でいうところの“各自のプ
レーが固定化・定型化された練習方法”）が設けられることが多い。
本裁判例は野球の例であったが，例えばテニスやバドミントン，
サッカー，バスケットボールなど，様々な競技でよくみられるこ
とである。

　特別なルールが設けられている場合には，プレーヤーの行為
が，当該競技の競技規則・ルールに従った行為であったというだ
けでは違法性は阻却されず（ここに競技規則・ルールの限界が認め
られる），特別なルール，すなわち，各自の行うべきプレーが固
定化・定型化された練習方法を遵守したか否かを判断した点に，
この判決の意義があると考える（もっとも，違法性阻却の判断のレ
ベルで考えるのか，過失の有無の判断のレベルで考えるのかは議論の
あるところと思われる。）。

(2) 責任能力

　なお，本裁判例では，加害生徒は高校1年生であり，責任能
力（自己の行為の責任を弁識する能力）の点は問題とならなかった
が，仮に加害生徒が10歳前後（小学校高学年）の場合には，責
任能力が問題となりえよう。責任能力がないとして加害生徒本人
の賠償責任が否定される場合には（民法712条），その監督義務

者（典型的には親）が，その監督義務を果たしていなかった場合
には，責任を負うことになる（民法 714 条 1 項）。責任能力の有
無は，各事案において個別に判断されるものではあるが，従来の
裁判例からすると 10 歳前後が一つの目安と考えられる[4]。

5　関連裁判例の検討

(1) 名古屋地裁平成 18 年 11 月 28 日判決[5]

　高校野球部の練習中に，外野手のノック練習のため野球部員が
打った打球が，同時に行われていたゴロ捕り練習をしていた内野
手の部員の右眼こめかみ付近に直撃し，視力低下や外傷性散瞳等
の後遺障害が残存したことについて，野球部顧問の注意義務違反
の有無が争われた事案である。

　裁判所は，同一グラウンド内において，内野手に向けられた球
と外野手に向けられた球とが同時に移動する練習をするときに
は，部員は，自己が関係する球に対してのみ注意を奪われがちに
なることを指摘した。さらに，このような練習を行う場合には，
参加者全員が事故発生の危険性を認識した上で，とりわけ外野手
へのノッカーは，内野手の動静を十分に把握した上で，自己の打
球が予想外のコースに飛んだとしても内野手が対応できることを
確認すべきであり，内野手がゴロ捕りの練習を行っているか行わ
れようとしている際には，これが終了して，内野手の注意が外野
手へのノック球に向けられていることを確実に確認した後でなけ
れば，ノックをしてはならない，と指摘している。

　そして，指導者においては，ノッカーを部員にさせる場合に
は，一般的な安全に対する注意にとどまらず，上記の具体的な要
請について遵守し，安全確認を徹底するよう注意する義務を負っ
ているとした。

　結論としては，指導者の過失を認めつつ，被害者である部員側
にも，この練習の危険性は予想でき，外野手のノックの状況を一
瞥すれば事故を防ぐことができたとして，過失相殺を認めている
（指導者の過失割合 6 割）。

(2) 横浜地裁昭和 63 年 3 月 30 日判決[6]

　続いては，市立中学校の野球部員が，並列（4 〜 5m の間隔）

(4) 最判平成 27・4・9 民集 69・3・455 では，責任を弁識する能力のない未成年者の蹴ったサッカーボールが校庭から道路に転がり出て，これを避けようとした自動二輪車の運転者が転倒して負傷し，その後死亡した場合において，当該事案で認められた事情から，当該未成年者の親権者は，民法 714 条 1 項の監督義務者としての義務を怠らなかったと判断された。
(5) 判時 1965 号 114 頁。
(6) 判時 1294 号 101 頁。

で，ピッチャーが緩いボールを投げバッターが打ち返す（その距離 7 〜 8m）というトスバッティングの練習を行っていたところ，部員が打ったボールが正面に飛ばず，右斜め前で投手役をしていた部員に当たり，眼に怪我を負った事案において，野球部顧問の過失の有無が問われた。

　裁判所は，このようなトスバッティングの練習では，経験則上，打球は概ねワンバウンドか緩いゴロ又は小フライになってピッチャーの方向に飛ぶのが通常であると推認されるとして，この体形で行うこと自体は危険性を有するものではないとした。また，野球部顧問としては，このトスバッティングの練習において事故の発生を予見することはできず予見すべきであったともいえないとして，過失を否定した。

(3)　神戸地裁尼崎支部平成 11 年 3 月 31 日判決[7]

(7)　判タ 1011 号 229 頁。

　本件は，県立高校野球部において，ピッチングマシンを 2 台並べてフリーバッティングの練習を行っていたところ，ピッチングマシンにボールを入れる係を担当していた部員の眼に，隣のピッチングマシンで練習をしていた打者の打球が当たり，視力低下等の後遺障害を負った事案で，指導教諭の過失の有無が争点となった。ピッチングマシンの前には，主として他のマシンの打撃練習の打球を防ぐための防球用ネット（約 3m 四方の鉄枠とポリエステル 60 本を束ねて作った約 3cm 四方の網目で構成）と，正面の打球を防ぐための防球用ネット（1.75m×1.5m の鉄枠と多数の網目。ただし中央にボールを出すための穴がある。）の二つが設置されていたが，前者のネットが破損しており，その破損した箇所を通過し，後者のネットの中央の穴を通って被害部員に直撃した。

　裁判所は，ピッチングマシン 2 台を並べてフリーバッティングを行う練習方法については一般的であり問題とすべきではないと述べたが，マシンにボールを充填する係の者は，危険な打球に対して防球用ネットで身を隠すことが予定されているのであるから，指導者としては，防球用ネットの損傷の有無を自ら確認し，あるいは部員に対して絶えず確認して損傷がある場合には必要な補修を行うよう指導すべき義務があるとして，本件でかかる義務を怠った過失があると判断した。

　ただし，被害生徒（高校生）も，防球用ネットに損傷箇所があ

ることを認識しながら当該ネットを使用していたとして，その危険性は十分に認識し得たはずであるとして，過失相殺を認めた（指導教諭の過失割合5割）。

6　競技規則の限界をふまえた練習時の事故予防のポイント

　練習時（野球に限られない）における事故を防止するためのポイントについて，競技規則の限界という観点から，プレーヤーに求められることと，指導者・コーチに求められることに整理して検討を行う。

(1) プレーヤーに求められること

　固定化・定型化された練習方法がある場合には，プレーヤーはかかる練習方法を遵守することが求められ，それが事故防止に向けた重要なポイントとなる。

　固定化・定型化された練習方法がある場合には，当該練習を行う自分以外のプレーヤーも，その練習方法で決められたルールに従い行動するものと信頼してプレーするものであり，これに反するプレーが危険であることは，本裁判例で判断されたとおりである。

　本裁判例において加害者である被告は，練習時のルールの認識はあったものの，現在，どのような練習を行っているのか，監督や他のプレーヤーの指示を聞いていなかったことで，ルールに従った行動ができなかった，と主張していたようであるが，監督等の指示の仕方に問題があるようなケースを除き，ルールを認識していなかった（指示を聞いていなかった）こと自体が問題であろう。

　そうすると，プレーヤーとしては，現在，自分がどの練習を行っているのかを常に意識し，指導者・コーチの指示内容をしっかりと聞いておくことはもちろん，自分が被害者とならないためにも，プレーヤー同士，お互いに声かけを行うなどして集中力を高めておくことも必要といえる。

　また，前記関連裁判例（1）では，同一グラウンド内で内野手向けと外野手向けのノックを同時に行う場合にノッカーが注意す

べき点が詳細に論じられている。当然のことではあるものの，参考にすべきである。

（2）指導者・コーチに求められること

本裁判例では問題とされなかったが，事故予防の観点では，指導者・コーチの果たすべき役割は非常に大きい。

ア　練習時のルール設定

前述のとおり，1個のボールを用いて試合をしている時とは状況が異なり，練習の効率性を上げるため，異なる態様の練習を同時に行ったり，複数のボールを同時に使用することもよく行われているところである。事故防止という点では，練習時においても，試合と同様に使用するボールを一つに限定すればそれに集中することができ，安全かもしれないが，それでは練習として非効率であり，現実的ではない。

複数のボールを用いたり，同時にいくつかの練習を並行して行う場合，プレーヤーは，自分が関与していない練習については全くの無防備な状態におかれることになり，自分が関与していない練習のボールの衝突やプレーヤーとの接触を防止する必要がある。本裁判例も，プレーに関与していないで待機していたプレーヤーが被害者となっている。

そこで必要となるのが練習時のルールである。指導者・コーチは，プレーヤーが，自らの関与していない練習には無防備な状態におかれ，危険回避行動をとれないことを前提に，ボールが飛ぶ方向をある一方向に限定する，同時に複数のプレーが行われないよう時間差をおく，防球ネットなどを適切な位置に配置する，といった内容のルールを設定することが考えられる。

関連裁判例（2）は，結論として指導者の責任は否定されているものの，例えば，防球ネットの設置や，同時に隣同士のバッターが打たないように時間差をつけるなどのルールを設定すれば，事故を防ぐことが可能であったと思われる。

なお，関連裁判例（3）にあるように，防球ネットに穴が空くなど故障している場合には，本来有する機能が発揮されず事故に繋がるおそれがある。そのため，用具・備品の点検も怠ってはならない。

以上のとおり，ルールを設定する際には，練習の効果や効率性

の観点だけでなく，安全性の観点からの検討も忘れてはならない。

さらに，ルールの設定にあたっては，対象となるプレーヤーの年齢や習熟度にも配慮しなければならない。例えば，静岡県教育委員会は，中学での柔道の必修化に伴い，重篤な事故のおそれのある大外刈りを禁止するなどの指針を策定している。

また，練習方法というのは，科学技術の発展や研究が進むことにより，安全性に関する評価も時の経過とともに変化するものである。指導者は，信頼のおける新しい情報・知見を入手するよう心がけ，ルール設定する必要があるといえよう。

なお，事故防止にあたっては，ヘルメット，マウスピース，プロテクターといった備品を適切に利用し，万が一のときの被害を最小限にするための対策も必要である。

イ　設定したルールの周知徹底

設定したルールは，全プレーヤーが共通の認識として持たなければ意味がなく，指導者・コーチは設定したルールの周知・徹底を図らなければならない。

練習が切り替わるごとに，練習内容を確認することはもちろんのこと，プレーヤーの様子を注意深く観察し，プレーヤーがルールを正しく理解できていないと思われる場合や，プレーヤーが設定したルールとは異なる行動をとることが予想できるような場合には，特別に注意を促すなどの対応も必要である。

関連裁判例（1）では，指導者が普段の練習から安全に注意するよう指導しているだけでは足りず，具体的に徹底した注意を課すべきと判断している。指導者においては，単なる一般論に終始せず，また，毎回の練習において，プレーヤーに対する注意を徹底することが求められる。

その上で，指導者・コーチが設定すべきルールの内容や，ルールの周知・徹底方法は，プレーヤー自身の年齢や競技レベル，当該競技や練習に対する習熟度によってその判断能力は異なり，プレーヤーに求められるレベルに違いが出てくると思われる。

基本的にプレーヤーが中学生以下の場合には，練習時におけるルールに反するプレーを行う可能性があることを念頭におき，練習時のルールは出来る限りシンプルなものとし，仮にルールに反するプレーを行ったとしても危険が生じない内容にするべきであ

る。小学生については，練習のルールの設定はもちろんのこと，当該競技における怪我や事故の危険というものがどこに潜んでいるか，どうすれば事故を防げるか，という観点からの指導も必要である。

　難しいのは高校生くらいの年代である。高校生については，かなりの程度自らの行動を弁識しこれを自主的に決定する能力を有していたと判示する裁判例[8]がある一方で，関連裁判例（1）では，高校生程度の判断能力では，練習に熱中するあまり，あるいは，自己の技量を過信するあまり，事故防止の観点から必要な要請を無視ないし軽視して十分な安全確認を行わないままプレーすることが稀ではないと判示されており，判断が分かれている。

　このように，高校生といえどもその判断能力は十分といえない場合があり注意が必要である。高校生以上であっても，その習熟度が低い集団であればやはり中学生以下の場合と同様に考えるべきであるし，習熟度が高い集団であれば，基本的にはルールに従った行動をとるものと信頼して練習内容を組み立ててよいであろう。もっとも，同年代であっても習熟度にはバラつきがあることが通常であり，習熟レベルによってグループ分けをして練習内容を設定するなどの工夫も考えられる。

　また，疲労に伴い集中力が低下することが往々にして認められるため，プレーヤーの疲労の具合に常に注意を払い，疲労度合に応じて，練習の難易度を調整することが望ましい。

（飯田研吾）

(8) 東京地判平成 4・3・25 判時 1442 号 121 頁。

第9節　スキーヤー同士衝突事故

──最高裁第二小法廷平成 7 年 3 月 10 日判決

1　はじめに

　最高裁判所第二小法廷平成 7 年 3 月 10 日判決 [1]（以下「本最高裁判決」という。）は，スポーツ中のプレーヤー同士の事故について，最高裁判所の判断が示された重要な判決である。スポーツ中のプレーヤー同士の事故においても，ルールやマナー等に反しないことを理由として違法性を阻却するとするのではなく，加害者の過失の有無を判断し，過失を認定した上で，被害者の請求を認めている点に大きな意義がある。

　さらには，本最高裁判決は，スキー場において上方から滑降してきたスキーヤーと下方を滑降していたスキーヤーとの衝突事故に関して，上方から滑降する者の注意義務を明らかにした点においても意義がある。

　本稿では，本最高裁判決におけるスポーツ中のプレーヤー同士の事故における意義を検討した後，本最高裁判決を踏まえつつ，スキー場での事故予防のポイントについて言及する。

2　事案の概要 [2]

　本件は，北海道ニセコ国際ひらふスキー場において，スキーで滑降していた当時 26 歳の主婦 X（上告人）が，スキーで上方から滑降してきた当時 18 歳の大学生 Y（被上告人）と衝突して転倒し，左腓骨骨折，脛骨高原骨折，頭部打撲等の傷害を負い，約 3 か月の入院治療を要したとして，不法行為による損害賠償として Y に対し 550 万円余の支払を請求した事案である。

　事故の態様は，X が大きくパラレルターンで滑降を継続して，山側を右にした方向からターンして山側を左にして滑降していたところに，上方から小さくウェーデルン等でターンしながら X よりも速い速度で山側を右にして滑降して来た Y と接触したものである。Y は，X が進路前方右側に現れるまで X に気づかなかったため，衝突を回避することができず，本件事故が発生したものである。本件事故現場は急斜面ではなく，当時は雪が降って

(1) 判タ 876 号 142 頁，判時 1526 号 99 頁。

(2) 事案の概要については，判タ 876 号 142 頁，判時 1526 号 99 頁，平成 7 年度主要民事判例解説（有斐閣）98 頁を参照した。

いたが，下方を見通すことはできた。なお，XYともに技術は上級であった。

　一審は，Yが上方からXを発見し得た可能性は否定できないが，Xの滑走方法もYの進路を妨害したと言えなくもない，とした上で，「スキーはレクレーションとしてなされるものであっても」，「スキーの滑走自体に相当程度の危険を包含するものである」から「スキーの滑降によって他人を傷害せしめる結果が生じたとしても，マナーに照らし社会的に容認される範囲における行動によるものであれば，右行為は違法性を欠くものと解するのが相当」としてXの請求を棄却した。

　二審は，一審とほぼ同じ事故原因を認定した上，スキーは「レクレーションとしてなされるものであっても」，「スキー場での滑走には相当の危険を伴うものである。したがって，スキー滑走を行う者にはそれぞれにそのような危険を回避する注意義務がある」が，「スキーは単なるレクレーションにとどまらず，スポーツとしての側面が大きく，特に高度の技術を駆使する上級者の滑走についてはこの点が顕著であるから，滑走に際してはそのような危険が常に随伴することを承知のうえで滑走している」ことを理由に，「スキーの滑走がルールや当該スキー場の規則に違反せず，一般的に認知されているマナーに従ったものであるならば，他の滑走者に傷害を与えるようなことがあっても，それは原則として注意義務の違反と目すべきものではなく，また，行為に違法性がない」として，控訴を棄却した。

　その後，Xが上告した。

3　裁判所の判断

　最高裁判所は，「スキー場において上方から滑降する者は，前方を注視し，下方を滑降している者の動静に注意して，その者との接触ないし衝突を回避することができるように速度及び進路を選択して滑走すべき注意義務を負うものというべきところ」，「本件事故現場は急斜面ではなく，本件事故当時，下方を見通すことができたというのであるから，被上告人（Y）は，上告人（X）との接触を避けるための措置を採り得る時間的余裕をもって，下方を滑降している上告人を発見することができ，本件事故を回避

することができたというべきである。被上告人には前記注意義務を怠った過失があり，上告人が本件事故により被った損害を賠償する責任がある」（括弧内は筆者による）とし，原審の判断には法令の解釈適用を誤った違法があり，右違法が原判決の結論に影響することは明らかであるとして，原判決を破棄し，原審に差し戻した。

4　分析

本最高裁判決を理解するためには，最高裁判所調査官が作成したと考えられる判例の解説（判タ 876 号 142 頁，判時 1526 号 99 頁，両者とも内容は同一）が役立つであろう。

同解説では，「原判決（二審判決）は，スポーツであるスキーには必然的に危険を伴い，各滑降者は危険があることを認識して滑降していること等を理由に，スキー場における規則やスキーのマナーに反しない方法で滑降していた Y の不法行為責任を否定したが，スキー同様に危険を伴い，技量の異なる者が同一の道路を通行する自動車運転の場合を想定してみても，事故につき不法行為責任を負うか否かは，あくまで民法上認められるべき注意義務違反があるか否かをもって決せられるものであって，道路交通法規等に規定された注意義務違反が直ちに民法上の注意義務違反となるものではない。まして，スキー滑降については道路交通法のような法規は存在せず，単にルールやマナーが存在しているに過ぎないから，これらに違反していないことをもって，直ちに不法行為責任を否定した原審の判断には疑義がある。」（括弧内は筆者による）としている。

すなわち，最高裁判所は，不法行為責任における注意義務の判断に関し，自動車運転を例にとって，道路交通法規等上の注意義務違反が直ちに民法上の注意義務違反となるものではないとし，スポーツにおいても同様で，スポーツのルールやマナー，スキー場の規則等に違反しているか否かで不法行為責任の有無を決めるのではなく，あくまで民法上認められるべき注意義務違反があるか否かをもって決するべきであると考えている。

そして，最高裁判所は，ママさんバレーボール事件 [3] 以来，本件一審・二審においても採用されてきた違法性阻却説 [4] を否

（3）東京地判昭和 45・2・27 判時 594 号 77 頁。
（4）第 3 章 3（2）参照。

定し，過失責任説⁽⁵⁾を採用したものである。

(5) 第 3 章 3 (2) 参照。

5　関連判例の検討

　本最高裁判決は，スキー場における一般利用者間の事故に関わる判決であるが，スノーボードクロスの競技会中のスノーボーダー同士の衝突事故についての判決⁽⁶⁾がある（以下「大阪高裁判決」という。）。

(6) 大阪高判平成 18・6・23 平成 17 (ネ) 3497。

　大阪高裁判決の事案は，控訴人 A が，スノーボードクロスの競技中，転倒した被控訴人 B に衝突されて傷害を負ったとして，B に対し前方注視義務違反及び衝突回避義務違反を主張して 1696 万 8646 円余の損害賠償を請求し，競技会主催者である被控訴人 C に対し救護体制整備義務違反を主張して 100 万円余の損害賠償を請求したものであり，大阪高裁は，B に対する請求を一部認容（488 万 7219 円余）し，C に対する請求を棄却した。

　大阪高裁判決では，「一般に，雪面をスノーボードを使用して滑走するものは，その有する技術に相応のスピードコントロールをして適切な滑走ラインを滑走し，前方を注視して，他の滑走者との接触・衝突を避けるべき注意義務を負うというべきである」として，本最高裁判決を踏まえた，一般的なスノーボーダーの注意義務に言及した後，「そして，スノーボードクロス競技の試合中にコース上を滑走する場合であっても，その競技者は，競技中であるとの一事をもって，上記注意義務を免れるわけではない。なぜなら，上記競技において，他の競技者への接触や衝突が発生しやすいとはいえ，それらの接触や転倒がルール上許されているわけではなく，また，競技者において，他の競技者から接触又は衝突されることを容認しているわけでもないからである」としている。

　また，競技会主催者の義務について，「事故発生時の救急体制を整備し，実際に事故が発生した場合は，負傷者を適切に救護する義務」があるとしつつ，本件においては C に義務違反があったとまではいえないとしている。

　競技中においては，他の競技者への接触や衝突が発生しやすいとしても，前方注視義務や衝突回避義務が免除されるわけではないこと，並びに競技会主催者の救護体制整備義務及び救護義務に

ついて明らかにしたことに大阪高裁判決の意義がある。

6　事故予防のポイント

（1）スキー場利用者の事故予防

　スキー場におけるスキーヤー同士の衝突事故を防止するためには，本最高裁判決において指摘されたように，スキー場において上方から滑降する者は，前方を注視し（前方注視義務），下方を滑降している者の動静に注意して，その者との接触ないし衝突を回避することができるように速度及び進路を選択して滑走すべき注意義務（衝突回避義務）があることを理解し，これら注意義務に反しないようにすることが重要なポイントとなる。

　なお，本最高裁判決はスキーヤー同士の事故であるが，スノーボーダーも利用可能であるスキー場においては，スキーヤーとスノーボーダー，スノーボーダー同士の衝突事故が考えられる。スノーボーダーについても，前方注視義務，衝突回避義務という注意義務を有する点では変わらないと考えられる。また，スキーヤーはスノーボーダーの動きが，スノーボーダーはスキーヤーの動きが予測しづらいこともあり得るため，より注意が必要である。

　スキー場を利用するスキーヤーやスノーボーダーは，滑降する場合に，前方をよく見なければならないこと（前方注視義務）は前述のとおりであるが，コース上で停止する場合には，上方だけでなく周囲をよく観察した上で，他のスキーヤーやスノーボーダーの進路を妨害することない場所で停止しなければならない(7)。また，コース上で転倒した場合であっても，できる限り他のスキーヤーやスノーボーダーの進路を妨害することないように努めなければならない(8)。

　以上からすると，スキー場のコースを利用する場合には，滑降していても，停止や転倒しても，他の利用者との衝突を回避するために，常に衝突回避義務を負っているといえ，そのためには前方のみならず周囲をよく確認する必要がある。

　加えて，スキー場の利用者は，自らの技量を把握し，その技量に見合ったコースを選択すべきであろう。例えば，初級者が中級者コースで滑走する場合には，ある程度の技術を習得した上で，

(7) 滑走中の利用者と停止した利用者との衝突事故に関する裁判例を紹介する（東京地判平成7・3・3判時1560号114頁）。X（原告）は，サングラスが曇ったためこれを拭こうと，斜面の変わり目から少し降りたコースのほぼ中央の地点で一度立ち止まり，サングラスを外したが，後から人が幾らかジャンプするような感じで降りて来るので危険と思い，右に寄り，更に下に移動し，スキーをコースに直角に揃えて右側の杉林の方を向いてサングラスを拭き，かけ直して，手袋をはめようとしているとき，Y（被告）に衝突された。これに対し，Yは，滑走中，斜面の変わり目に差し掛かったとき初めてコースの先の様子が判り，視界に4，5人の人が確認でき，そのうちの1名であるXがYの滑走ライン上に立っているのが確認でき，斜面の変わり目の先は段差になっており，このためYはジャンプする体勢になり，Yはこのまま着地すればXにまともに体当たりしてしまうと思い，とっさに左にターンしようと試み，体は横に逃げたが，右足がXの右足に衝突した。判決では，停止したXはコース脇まで移動して衝突回避措置をとるべきであったとしてXの過失割合を3割とした。

より注意深く滑走する必要があり，上級者コースには基本的には立ち入らないようにすべきである。逆に，上級者が初級者コースで滑走する場合には，スピードを出さないようにするなどして，初級者がどのような動きをしても対応できるようにしながら滑走する必要があろう。

(2) その他の関係者のスキー場での事故予防

ア　スキー場管理者・所有者等

スキー場において，利用者としてのスキーヤーやスノーボーダー以外の関係者として，スキー場の管理者や所有者がある（以下，「管理者等」という。）。管理者等は，利用規約，チケット，立看板等において「上方から滑降する者は，前方を注視し，下方を滑降している者の動静に注意して，その者との接触ないし衝突を回避することができるように速度及び進路を選択して滑走すべき」旨の記載をし，周知すべきである。

また，管理者等は，事故の起こりやすい地点を把握できているのであれば，その旨の注意喚起をすることも望まれる。技量が同程度であれば，他の利用者の動静を予測しやすく，事故防止にも繋がりやすいことから，技量ごとに，初級者コース，中級者コース，上級者コースと設定することも検討されてよいであろう。

さらに，管理者等は，事故発生に備えて，救護体制を整備するとともに，事故が発生した場合には，救護隊等を派遣し，負傷者を適切に救護することが重要であろう[9]。

加えて，事故発生時には，負傷者の救護とは別に，事故発生現場において現場検証することが望ましい。というのも，後になって事故態様が争われることも多く，事故後速やかに関係者がいる場で事故態様に関わる事実関係を確認しておけば，争いを未然に防ぐことができ，併せてその後の事故防止策を講じやすくなるからである。

イ　スキー指導者

スキー場において，指導者がスキーやスノーボードの指導をしている場合にも事故予防に努める必要がある。複数人の指導している場合には，被指導者同士の衝突を予防しなければならない。また，一般の利用者との衝突を避けるため，一般利用者が多い場所での指導を避けるなどの対策を講じるべきである。一般利用者

---

(8) 滑走中の利用者と転倒した利用者との衝突事故に関する裁判例を紹介する（二審：東京高判平成24・12・19平成24（ネ）5291，一審：さいたま地判平成24・6・28平成23（ワ）1840）。Y（一審被告）は，スノーボードに乗ってゲレンデの中央付近から右斜め下方向に山側を向いて滑降していたところ，その途中で山側に手をついて四つんばいになる形で転倒し，そのまま右斜め下方向に本件ゲレンデを横断するように滑降していった。X（一審原告）は，ゲレンデの中央からやや右側の部分を小回りのパラレルターンで滑降し，いったん右にターンして右斜め下に向けて滑降した際，自己の左斜め下方向にスノーボードで斜面をXと同様に右斜め下に向けて滑降してくるYを発見し，Xはその場での左ターンをやめてゲレンデ右端のモーグルコースに途中から進入する形で被告との衝突を回避する措置をとったが，途中からモーグルコースに進入すると上方からモーグルコースを滑降してくる者と衝突するおそれがあると考えて，モーグルコースから出るために左にターンして左斜め下方向に向けて滑降を開始したところ，転倒して四つんばいの状態で滑降してくるYと衝突し，Xが傷害を負った事案である。一審判決では，Xが上方から滑降してきたことを重視して過失割合をX：Y＝8：2としたが，二審判決では，Xが一定の衝突回避措置をとったのに対し，Yが転倒した後も危険な状態で滑降し続けたことから過失割合をX：Y＝5：5とした。

(9) 上記大阪高判（平成18・6・23）参照。

と共に滑降せざるを得ない場合には，被指導者に対し前方注視義務・衝突回避義務を十分に説明し理解させるなどの対策が必要となる[10]。

（合田雄治郎）

[10] 東京地判所平成 26・10・21（平成 24 年（ワ）第 18300 号）参照。スキー合宿中の Y₁（当時 14 歳）がスキー滑走中に訴外 A に衝突して A を死亡させ、A の遺族らが、Y₁、Y₁ のコーチ Y₂、Y₂ の使用者 Y₃、スキー合宿主催者 Y₄、スキー場管理運営者 Y₅ に対して損害賠償を求め、Y₁ の責任のみが認められた事案。

第10節　サーフィン中接触事故

——大阪地裁平成 9 年 6 月 13 日判決

1　はじめに

　ここで紹介する大阪地方裁判所平成 9 年 6 月 13 日判決は，スキー事故判決と同様にスポーツのプレーヤー同士による事故類型のうち，海の上のスポーツであるサーフィンとウインドサーフィンとの接触事故について裁判所の判断が示された事例である。

　近年水上スポーツは多様化しており，サーフィンやウインドサーフィンのみならず，スタンドアップパドルサーフィン（以下「SUP」という）やカヌー・カヤックも愛好者が増加しているため，今後事故事例も増加する恐れがあり，注目すべき事故類型であると思われる。

　水上スポーツは，雪山のスキーやスノーボードのように斜面を滑走するという類似した競技形態を持つものだけでなく，推進力にしても波・風・人力と違いがあり，目的も競技それ自体を楽しむものから，SUP やカヤックで釣りをするものまである。また海上はスキー場のように管理者がおらず，整備もされていない。

　スキー場事故と水上スポーツ事故は，スポーツ遊戯者同士の事故という似た面を持ってはいるが，このような違いを認識，理解して事案を検討する必要がある。

2　事案の概要 [1]

　本件は，海上でサーフボードに座って波待ちをしていた X が，左斜め前方からきた Y のウインドサーフィンと衝突し，左側上顎骨折，左頬部裂傷等の傷害を負い，10 級を始めとする複数の後遺障害が残存したとして，Y に対し不法行為に基づき 5300 万円余の損害賠償を請求した事案である。

　本件事故のあった海上は，サーフィン及びウインドサーフィンに適した海況であったため，サーファーは主に岸に近い場所で，ウインドサーファーは沖合で遊戯することが多かったが，遊戯区域が明確に区分けされておらず，遊戯区域が重複することがあり，双方の間で紛争が生じることもあった。本件事故当時，Y は

(1) 事案の概要については，判タ 959 号 193 頁を参照した。

沖から岸に帰ろうとした際，沖に出るときにサーファーの存在を確認したエリアを避け，それよりも数十メートル南側を進行したが，本件現場付近にサーファーがいることを確認したため，これを避けようとして方向転換をしたところ，沖の方を向いて波待ちをしていた原告と衝突し，被告のウインドサーフィンのボードの先端が原告の左頬に当たった。

3　裁判所の判断

　裁判所は「本件現場付近は比較的海岸に近く，多数のサーファーの存在が予想される区域であるから，ウインドサーフィンの遊戯者である被告は，ウインドサーフィンの急制動が困難という特質を考慮の上，サーファーと衝突しないよう，サーファーの有無を十分に確認し，サーファーが存在しない場所を進行すべきであったのにこれを怠り，沖の方へ向かう時に確認したサーファーの位置を前提に，もはやＡ点より南側にはサーファーはいないものと考え，特段の注意を払うこともなく，漫然とウインドサーフィンを進行させた過失により本件事故を起こしたものであるから，被告には大きな過失があったといえる。」として，被告の過失を認定した。

　さらに，裁判所は，原告の過失について「もっとも，本件現場付近には，本件事故以前からウインドサーフィンが進入してくることがあり，原告自身，以前からウインドサーフィンとの衝突の危険性を感じていたというのであるから，原告も波待ちの際にはウインドサーフィンの動向に十分注意すべきであったというべきである。本件においては，被告のウインドサーフィンは，原告の前方から接近しており，当日の波のうねり等の事情を考慮したとしても，被告のウインドサーフィンには4.6mのマストがついていたことからすれば，原告は，より早期に被告のウインドサーフィンの接近に気付き，危機を回避することも不可能ではなかったと考えられるのに，実際には，本件事故の2，3秒前に初めて被告のウインドサーフィンに気付いたというのであるから，原告にも前方不注意の過失があったといわざるを得ない。したがって，過失相殺を行うのが相当であるが，原告の過失割合は，本件事故の態様，ウインドサーフィンとサーフィンの機動性等，その

特性の差異，双方の過失の内容等を考慮すると，1 割 5 分と認めるのが相当である。」とし，原告の過失も 15％認定した。

　裁判所は，前記過失割合の認定に加え，後遺障害も 14 級程度のものにすぎないとして，原告の損害額を約 619 万円とし，15％の過失相殺後，既払い治療費の控除及び弁護士費用の加算を行い，最終的に約 512 万円を認容した。

4　分析

　本件事故現場は，サーフィンとウインドサーフィンが混在して遊戯を行う海域であったため，遊戯区域の区分けがあったかどうかが争われた。原告は慣習上区分けがされていると主張し，被告は区分けは無いと主張して争った。裁判所は，明確な区分けは無かったとしつつも，比較的海岸に近く，多数のサーファーの存在が予想される区域であったとして，本件事故現場に侵入したことを被告の過失の要素としている。湖などではアクティビティの種類によって遊戯区域が明確に分けられていることもあるが，海上だと区分が明確になっているところは少ない。ましてサーフィンとウインドサーフィンとはほぼ同じ海域で，沖か岸近くかというだけの違いであることが多く，明確な区分けは実質上困難である。しかし，明確な遊戯区域の区分けがなかったとしても，岸の近くでサーファーを優先すべき場所か，沖でサーファーの存在を想定しにくい場所かの判別は可能であるため，過失の判断で考慮することはできると思われる。

　また，裁判所は，ウインドサーフィンの特性として，サーフィンに比べて急制動が困難であるという性質を持っているため，サーファーの存在しない場所を進行すべきであったということも被告の過失の要素として挙げている。この裁判所の考え方によれば，ウインドサーフィンとサーフィンの利用区域がある程度区別できる場所においては，ウインドサーファーはサーファーに接近しないよう走行しなければならないという重い注意義務を負っているようにも思える。この点，サーフィンは波に乗っていなければ，パドリングによってある程度小回りが利くのに対し，ウインドサーフィンは原則的に風の力で移動するため，急制動の点ではサーフィンに劣る。またウインドサーフィンは海上を広く自由に

移動できるのに比べ，サーフィンは岸近くの波が割れるポイントに集まることが多く，何度かその海域で遊戯をした者であれば，だいたいどの辺りにサーファーがいるかは分かるはずである。このような両者の関係からすれば，ある程度両者の利用区域が分けられる場所においては，ウインドサーファーの方がサーファーに接近しないことについて重い注意義務を負うことも納得できる。なお，波に乗っている状態のサーフィンと走行中のウインドサーフィンが衝突した場合であれば，一概にウインドサーフィンの方が急制動が困難とは言えず，別の考え方になるだろう。

　また，本裁判例は，波待ちをしており一切自発的に動いていない原告に対して，衝突回避のための行動を取らなかったことをもって1割5分の過失を認めていることも注目すべきである。地上の衝突事故であれば，停止場所に問題が無い限り，全く動いていない者に過失が生じるというのは違和感がある。しかし，船舶や帆船の交通規則を定めた海上衝突予防法においては，動力を停止して漂っている状態の船舶も「航行中」とされ[2]，動力を使用している船舶と同様に回避行動をとる義務を負うため，それと類似の考えによったものと思われる。海上は地上とは異なり，自由に移動ができる空間ではない上，完全に停止するということはなく，常に潮流や風によって移動している。そのため，自発的に動いていない者も，常に自分の周囲を注意し，衝突を防止する義務を負うという考えも妥当であろう。

(2) 海上衝突止法3条9号。

5　水上スポーツにおける事故予防のポイント

　前述のとおり，水上スポーツはサーフィンやウインドサーフィンに限らず多種多様であり，そのいずれとも衝突等の事故を起こす可能性がある。サーフィン同士の事故であれば一般財団法人日本サーフィン連盟が定めるルールやマナー[3]を規範にすることができるが，異なる水上スポーツ同士の事故では各水上スポーツ毎のルールやマナーは参考にはなるものの，ただちに過失の判断に結びつくものではない。

　水上スポーツは遊戯区域が区分けされていることが少なく，利用目的もそれぞれである。さらに，水泳や素潜りなど道具を利用しないものから，カヤックやSUPのように人力で動くものや，

(3) NSAルール&マナーブック (https://www.nsa-surf.org/document/wp-content/uploads/sites/14/2021/08/surfers_rule_manner.pdf)。

サーフィンやウインドサーフィン，ヨットのように波や風を利用するもの，さらにはモーターボートやジェットスキーなど，エンジンを利用するものまで，多種多様の水上スポーツが混在している。水上スポーツの遊戯者は，自身のスポーツのみならず，他の水上スポーツの特徴や危険性を十分に把握した上で，それぞれのルールやマナーに従い，相互に動静に注意する必要がある。

　例えば，各水上スポーツの遊戯区域について見ると，本件でも取り上げられたようにサーフィンは波の割れる岸近く，ウインドサーフィンであれば比較的波の穏やかな沖側という区別は分かりやすいが，SUPやカヌー・カヤックはエリアを選ばずに広い範囲で移動ができるため，遊戯区域の区分けは難しい。特に，SUP遊戯者の中にはSUPサーフィンをするために岸近くのサーファーのいる区域で遊戯する者もあり，サーファーとの間でトラブルになることもある。水上スポーツの種類が異なれば，前述のとおり動力も目的も異なるため，お互いの動きを予測するのが難しく，接近しすぎれば衝突の可能性もある。そのため，それぞれの遊戯区域の違いを理解し，極力他の水上スポーツが盛んな区域には近づかないようにする配慮は事故防止のために必要だろう。

　遊戯区域の区分けについては，海では夏季の海水浴シーズンのみ海水浴場での水上スポーツが禁止されたり，海水浴場内での利用区域が限定されている程度で，ある程度の沖合でのサーフィンやウインドサーフィン，SUPなどの水上スポーツ同士の利用区分が明確に定められているものはほとんど無いと思われる。なお，いわゆるローカルルールとしてサーフィンとSUPの利用区域が分けられていたり，サーフィンの中でもロングボードとショートボードの利用区域が分けられている場所は多く，そのような海域で衝突事故が生じた場合には，このようなローカルルールも慣習として過失割合で考慮される可能性は高い。湖などの内水面においては，そもそもウインドサーフィンやSUPが禁止されている場所も多いが，多種の水上スポーツが可能な場所でも，例えば猪苗代湖では各浜によって進入できる水上スポーツがかなり細かく分けられていたり [4]，諏訪湖ではウインドサーフィンの利用区域が定められ，ボート等との利用区域が区別されるなど [5]，海に比べて区分が明確である印象がある。海に比べて湖は範囲が限定されているため区分しやすく，このような違いがあ

(4) 猪苗代湖利用区分マップ（https://www.town.inawashiro.fukushima.jp/cb/hpc/cbServlet?FRID=fileDownload&id=5351&index=1）。
(5) 諏訪湖安全利用区分図。

るものと思われる。なお，ローカルルールはもちろんのこと，利用区分が定められている場合でも，そのルールを調べることは難しいことが多く，インターネットで検索してもすぐには分からないものも多い。そのため，初めての場所で遊戯する場合は，その場所のルールをインターネットなどで事前によく調べたり，各スポーツのショップなどでローカルルールを確認した上で遊戯に望むことが，事故予防の観点からも望ましい。

　なお，事故予防という本題からは外れるが，水上スポーツにおける衝突事故にあっては，周りに人がいないことが多く，目撃者がおらず，詳細な事故態様が分からないことも少なくない。サーフィンとボディボードの衝突事故で裁判になった事例[6]では，事故態様について双方の言い分が全く異なっていたが，客観的な証拠がなく，いずれも不自然・不合理でない事故態様の説明をしていたため，立証責任を負う原告の主張する態様の事故であったとの立証があるとは言えないとして，請求を棄却したものがある。近年では，遊戯中にアクションカメラで撮影をする者も多く，このような撮影データがドライブレコーダー同様，過失の立証に重要な役割を果たすことになろう。なお，スポーツ事故の調査方法について，本書第５章第３節において詳述されているため，参照されたい。

(6) 東 京 地 判 平 成 26・2・25 Westlaw Japan 文献番号 2014 WLJPCA02258005。

6　まとめ

　水上スポーツの衝突事故の裁判例は少なく，過失割合まで示された事案は本件以外にはほとんど無いと思われる。水上スポーツ自体は，コロナ禍において人と接触せずにできるスポーツとして人気を博し，SUP やカヤックなどは近年競技人口が激増している。そのため，十分にルールやマナーを理解しないままで遊戯する者も多く，遭難などの事故は増加しており，水上スポーツの衝突事故も今後増加することが見込まれる。

　本裁判例は，遊戯区域や競技ごとの特性による過失への影響，及び海上における回避行動の必要性などについて，非常に示唆的な判断を示した事例であると評価できる。

(飯島俊・三輪渉)

第２部　第４章　第10節　サーフィン中接触事故

第3部

スポーツ事故の予防と補償

ここでは，第1部同様に，令和2年10月31日に開催されたシンポジウム「スポーツ事故と法的責任」の終了後に，日本スポーツ法学会事故判例研究専門委員会の検討会で出された意見を基にして，新たに第5章を設け，事故後の賠償制度はどうあるべきか，また事故の検証を通じてスポーツ事故を予防するにはどのような心構えが必要かについて論究を行った。

Contents

第 5 章　スポーツ事故の予防と補償 … 183

第 1 節　スポーツ事故の現状と保険の概要
……………………………………184
　1　日本のスポーツ事故をとりまく現状 ………… 184
　2　スポーツ事故により生じる「損害」…………… 185
　3　保険制度の現況 ……………………………… 186
　　（1）公的保障 ………………………………… 186
　　（2）傷害保険 ………………………………… 188
　　（3）損害賠償責任保険 ……………………… 191
　　（4）その他 …………………………………… 193
　4　訴訟の中での保険金の扱い──弁済，損益相殺
　　について ……………………………………… 194
　　（1）傷害保険金の支払 ……………………… 194
　　（2）損害賠償責任保険に基づく支払 ……… 195
　5　まとめ ………………………………………… 195

第 2 節　スポーツ事故対応の課題と海外の動向
……………………………………197
　1　スポーツにおける重篤な事故の現状と対応 …… 197
　2　スポーツ事故対応をめぐる課題 …………… 197
　3　不法行為責任による被災者の救済とその限界 … 198
　4　海外でのスポーツ事故対応 ………………… 200
　　（1）ニュージーランド ……………………… 200
　　（2）オーストラリア ………………………… 202
　　（3）アメリカ ………………………………… 203
　5　まとめ ………………………………………… 204

第 3 節　スポーツ事故の調査方法
　　　　──スキー場における事故の記録 … 206
　1　はじめに ……………………………………… 206
　2　日本のスキー場における事故直後の対応と記録
　　……………………………………………… 206
　3　アメリカのスキー場での事故調査方法 ……… 208
　　（1）アメリカの事故報告書（Incident Report）
　　……………………………………………… 208
　　（2）スキースクールでの事故報告書 ……… 210
　　（3）対人衝突事故における追加記録の概略 …… 211
　　（4）対人衝突事故の追加記録の内容とその意義
　　……………………………………………… 212
　　（5）リスクマネージャーの判断と A チームによる調
　　査について ………………………………… 214
　　（6）A チームによる事故調査 ……………… 214
　　（7）A チームによる事故調査の方法 ……… 215
　4　事故の態様の把握と裁判での対応 ………… 217
　　（1）モデル人形の活用と動画 ……………… 217
　　（2）記憶の記録 ……………………………… 218
　　（3）類似の衝突場面 ………………………… 218
　　（4）裁判における進行協議期日と実況見分 …… 219
　　（5）衝突の再現実験 ………………………… 220
　　（6）自ら撮影する事故時の証拠映像 ……… 221
　　（7）目撃者を探す方法 ……………………… 222
　　（8）スキー場の定点映像の提供協力 ……… 222
　5　まとめ ………………………………………… 222

第5章　スポーツ事故の予防と補償
——スポーツ活動を安全に行うための社会制度の確立

　2019年，アジア初開催となるラグビー W 杯が日本で開催され，日本チームの大躍進に国民の多くが関心を寄せた。また，新型コロナウイルスの感染拡大によって，1年間先送りになった東京オリンピック・パラリンピックでも，連日，日本人選手の活躍が報じられた。この背景には，スポーツ医学や科学技術の進歩があった。また，その進歩は振興のみならず，事故を未然に防ぐための取り組みにも活かされている。

　その一方で，防ぐことが難しい事故があることも事実である。事故の中には日常生活に大きな影響を及ぼす重篤な障害を負うものもあり，事故被災者とその家族は介護やそれに伴う離職によって，これまでの生活を一変させることになる。また，事故被災者や家族の状況によっては，経済的に困窮することも考えられる。こうした状況を改善するために，災害共済給付，スポーツ安全保険などの各種保険または共済制度が存在している。こうした制度は，事故被災者の救済という観点で大きな役割を果たしているが，なお，いくつかの課題も残っている。

　そこで，第1節では，日本のスポーツ事故に対応した各種保険制度の内容と限界について概観する。続く第2節では，スポーツにおける事故数と，前節の内容から，事故被災者の救済をめぐる課題を明らかにするとともに，海外でのスポーツ事故における取り組みを紹介する。さらに，第3節では，そうした補償の前提となる事実関係の調査について，スポーツ現場における事故発生原因の調査の現状と海外の例をそれぞれ紹介し，今後の日本のスポーツ事故対応の方向性を検討したい。

第 1 節　スポーツ事故の現状と保険の概要

1　日本のスポーツ事故をとりまく現状

　まず，日本のスポーツにおける事故数と保険の普及状況について確認しておきたい。独立行政法人日本スポーツ振興センター（以下，日本スポーツ振興センター。詳細は次項）は，独立行政法人日本スポーツ振興センター法に基づいて設置，運営されている機関で，その業務の一環として「災害共済給付及び学校安全支援業務」を行っている。学校管理下で発生し，災害共済給付への申請が行われたすべての事故（スポーツを含む）の情報が集約・蓄積されており，毎年度の事故数をホームページ上で公表している[1]。それによれば，学校管理下におけるスポーツでの障害が残る事故（障害等級 1 から 14 級の「障害」での申請）は 2018 年度 230 件，2019 年度 204 件，発生している[2,3]。加入者数の推移は，2002 年度の約 1850 万人から，2019 年度の約 1640 万人へと減少の一途をたどっている[4]（加入率は 2012 年度から 95％以上を維持しており，減少の原因は少子化とも考えられる）。また，公益財団法人スポーツ安全協会（以下，スポーツ安全協会。詳細は次項）は，事業の一つとして「スポーツ活動および社会教育活動を行う者のためのスポーツ傷害等の団体保険契約の締結およびこれに伴う保険契約者としての業務に関すること」を行っている[5]。「スポーツ安全保険」の支払内容を毎年度ホームページ上で公開しており，2018 年度の支払件数は 166,455 件となっている[6]。加入者数の推移は 2005 年度の 1000 万人越えをピークに徐々に減少し，2018 年度は約 860 万人となっている。

(1) 日本スポーツ振興センターでは，災害共済給付の実施によって得られる事故情報を活用して，調査研究や情報提供を行い，学校災害の減少を図る「学校安全支援業務」を行っている。その一環として，「学校管理下の災害」を毎年度発刊し，学校管理下における事故の発生数やその傾向について情報発信を行っている。独立行政法人日本スポーツ振興センター，「学校安全 Web」「学校安全支援とは」https://www.jpnsport.go.jp/anzen/anzen_school/tabid/57/Default.aspx（2021.7.26）。

(2) 2018 年度の障害が残る事故については，体育（保健体育）「60 件」，体育的クラブ活動「1 件」，学校行事（競技大会・球技大会・運動会等）「10 件」，課外活動における体育的部活動「159 件」の合算。独立行政法人日本スポーツ振興センター『学校の管理下の災害［令和元年版］』「II　学校の管理下の障害の状況」30 頁（独立行政法人日本スポーツ振興センター，2019 年）。※明らかにスポーツや体育活動とは異なる状況での事故は除く。

(3) 2019 年度の障害が残る事故については，体育（保健体育）「55 件」，学校行事（競技大会・球技大会・運動会等）「10 件」，課外活動における体育的部活動「139 件」の合算。独立行政法人日本スポーツ振興センター『学校の管理下の災害［令和 2 年版］』「II　学校の管理下の障害の状況」28 頁（独立行政法人日本スポーツ振興センター，2021 年）。※明らかにスポーツや体育活動とは異なる状況での事故は除く。

(4) 独立行政法人日本スポーツ振興センター『学校の管理下の災害［平成 25 年版］』「参考資料」225 頁（独立行政法人日本スポーツ振興センター，2013 年）。『学校の管理下の災害［令和 2 年版］』「参考資料」245 頁（独立行政法人日本スポーツ振興センター，2021 年）。

(5) 公益財団法人スポーツ安全協会「協会について」（https://www.sportsanzen.org/about_us.html）。

(6) 公益財団法人スポーツ安全協会『スポーツ安全協会要覧 2020-2021』「スポーツ安全保険の傷害保険」7 頁（https://www.sportsanzen.org/content/images/1about_us/yoran.pdf）。

表5-1　スポーツ中の事故による死亡・障害件数

年	死亡（人）	障害（人）	年	死亡（人）	障害（人）
2019	13	204	2011	33	199
2018	18	230	2010	29	221
2017	20	234	2009	26	226
2016	13	226	2008	19	217
2015	17	256	2007	26	219
2014	17	220	2006	27	219
2013	21	197	2005	37	194
2012	11	200	2004	36	223

（日本スポーツ振興センター『学校の管理下の災害［平成 17 年版～令和 2 年版］』
をもとに中村が作成したもの）

2　スポーツ事故により生じる［損害］

　具体的な補償制度を紹介する前に，まず，スポーツ事故におい
て選手が死亡または負傷した場合，いかなる項目が補償の対象と
なるのかを確認したい。

①選手が死亡した場合

　この場合，選手が死亡したことについての慰謝料と，「逸失利
益」すなわち得べかりし利益として選手が存命であれば稼働して
得たであろう収入の金額が，主な補償対象となる。また，選手の
近親者が被った精神的苦痛に対する慰謝料も補償対象となる。

②選手が負傷した場合

　ア　選手に後遺障害が残らなかった場合

　選手が完治するまでに要した治療費や，完治するまでの期間
に治療のために稼働できなかったために得られなかった逸失利
益，傷害を負ったことに対する慰謝料（「入通院慰謝料」とも呼ば
れる。）が主な補償対象となる。

　イ　選手に後遺障害が残った場合

　上記（ア）と同様に，症状固定までに要した治療費，逸失利
益，入通院慰謝料のほかに，後遺障害が残ったことについての慰
謝料（「後遺障害慰謝料」とも呼ばれる。），後遺障害が残ったこと
による逸失利益が補償対象となる。

　このうち，後遺障害が残ったことによる逸失利益は，後遺障害
により当該選手の労働能力がどれほど低下したかを見定めたうえ
で，就労可能年齢まで稼働したであろう期間（就労可能年数）に

応じて決定されることになる[7]。

　また，重篤な後遺障害が残った場合は，以上に加えて，介護のための費用として，住宅等の改造費用や，将来的な介護に要する費用（「将来介護費」とも呼ばれる[8]。）も大きな補償対象となるうえ，この場合には，選手の近親者が被った精神的苦痛に対する慰謝料も補償対象として認められる場合もある。

　スポーツ事故による損害の算定もまた，原則として民事の不法行為法により解決されることになり，交通事故の場合と本質的な相違は無い。つまり，スポーツ事故によって死亡や重篤な後遺障害といった結果が引き起こされた場合，交通事故の場合と同様，損害の金額は膨大なものとなり得る。

　例えば，実務では，死亡事故の場合，損害は死亡慰謝料だけでも 2000 万円を超え，さらに逸失利益も加わる[9]。

　一般人にとって損害額は膨大なものであり，損害賠償を履行することが実質的に極めて困難となってしまった場合，結果として，死亡・負傷した選手の損害が回復されず，加害者側にとっても，加害者となってしまった選手がスポーツ競技の継続を断念することにもつながる。

　そうした事態を防ぐための手段として，スポーツ保険への加入が必要と言える。

　以下，本節では，選手自身が負傷・死亡した場合に補償を受けるべく加入する傷害保険と，選手がプレー中に他の選手を負傷・死亡させてしまったことにより生じる損害賠償義務を履行するために加入する損害賠償責任保険とをそれぞれ紹介する。そのうえで，次節以降において，現状の限界も踏まえ，損害への補償としてより望ましい方策の可能性について紹介することとする。

3　保険制度の現況

(1) 公的保障

　まず，スポーツ中の事故に適用される日本の公的保障について概観すると，怪我をした場合には公的医療保険（職域保険の健康保険や，地域保健の国民健康保険）が整備されており，業務中の傷害と認められれば，労災保険による保障の対象となりうる。

　また，事故に遭った者が公的年金に加入していれば，怪我によ

（右欄注）

(7) 逸失利益の計算では，就労可能年齢に応じたライプニッツ係数を乗じて計算するので，単純に（事故時の年収）×（就労可能年数）とはならない。詳しくは不法行為法の書籍を参照されたい。

(8) 近親者による介護の場合も発生し，常時介護を要する場合は日額 8000 円程度とされる。原則として，平均余命までの期間において要する介護費を積算するので，他の損害項目と比較しても膨大な金額となる。

(9) 死亡の場合の逸失利益の計算では，生活費として一定割合を控除し，さらに就労可能年齢に応じたライプニッツ係数を乗じて計算するので，単純に（事故時の年収）×（就労可能年数）となるものではない。詳しくは不法行為法の書籍を参照されたい。

表 5-2　日本の公的保障

	社会保険					社会福祉	保険医療・公衆衛生	公的扶助
例	国民年金	厚生年金	公的医療保険（国民健康保険／健康保険）	労災保険	その他；雇用保険等	高齢者福祉児童手当等	医療体制，公衆衛生等	生活保護等
対象者	国民年金加入者[10]	厚生年金加入者	全日本国民	労働者を使用する事業者		児童，母子，心身障害者，高齢者らに対して，公的な支援を行う	全日本国民が対象。公衆衛生は，感染症対策（予防接種等），各種健康診断等	貧困・低所得者等を対象に，国民の生存権を保障する制度
怪我をした際の給付の概要	障害基礎年金	障害厚生年金	3割の自己負担分を超える医療費や高額療養費等	療養補償・休業補償給付，傷病補償年金，傷害補償給付等				

　る後遺障害が残った場合に障害年金を受給できる可能性もある。

　諸外国に比較しても，日本は資本主義諸国の中では公的保障が広く行き渡っていると言われており，その補償の範囲は広いと言える。しかし一方で，日本の公的保障は，いわゆる縦割りの建付けとなっているため，それぞれの補償内容にばらつきがある。

　例えば，若年者がスポーツ中に事故に遭遇し，後遺障害が残存した場合は，その後に受ける障害年金は最低限の補償[11]にとどまる。学生スポーツの場合は，事故被災者は厚生年金には未加入で，なおかつ年収も0であるケースが多いが，その場合もやはり最低限の補償しか受けられない。

　その一方で，厚生年金加入者であり相応の年収を得ていた者がスポーツ事故に遭遇した場合は，従前の収入額を基準として障害厚生年金額が算定されるため，補償内容が，障害基礎年金に比べて高水準になるケースもありうる。労災保険が適用される場合も，後遺障害が発生した場合の補償は従前の収入額が基準となるため，比較的高水準となる。

　とはいえ，厚生年金の被保険者数は全国民の半数以下[12]であり，また，スポーツ事故が労災事故と認定されるのは稀である現状からすれば，日本では一般にスポーツ事故への補償としては，公的保障は手薄と言わざるを得ない。また，公的保障による場合は，死亡結果に対する給付は準備されていない。この点からみても，私的な保険による備えが必要と言える。

　したがって，これらの点を補うべく，私的に保険に加入するこ

(10) ただし，障害基礎年金については，特に20歳に達する前に重篤な障害が残る怪我を負った場合は，国民年金に加入していなくとも年金は支給される。国民年金の社会福祉的性格による。障害厚生年金の場合にはこのような給付はない。

(11) 時として，生活保護の給付水準をも下回る金額となる。

(12) 令和元年度末現在で，厚生年金被保険者数（第1〜4号）は，約4500万人である。

とにより手当てせざるを得ないのが現状となっている。

(2) 傷害保険

　傷害保険は，選手が予め加入して保険料を支払うことで，スポーツ中の事故によって生じる傷害あるいは死亡といったリスクが顕在化した場合に，保険会社からの保険金の支払を受けることにより，損失を補うことを実現するための保険である[13]。

　主な傷害保険には以下のものがある。

①スポーツ安全保険の傷害保険＝スポーツコミュニティ・大学スポーツの事故の場合

　ア　概要と規模

　公益財団法人スポーツ安全協会（1970年12月設立）が加入のとりまとめ機関かつ契約者となる保険である。東京海上日動火災保険株式会社を幹事会社とする，損害保険会社8社との共同保険契約となっている。2015年度で全国の約28万団体が加入している。所属団体別の加入割合は地域スポーツクラブが23.3％，少年スポーツクラブが18.8％，スポーツ少年団が11.0％として上位50％を占める。

　イ　保障の内容

　4名以上のアマチュアの団体・グループの構成員が被保険者となり，団体での活動中の事故や団体活動への往復中の事故が対象となる。死亡保険金は64歳以下のスポーツ活動中の事故であれば2000万円，後遺障害は最大3000万円とされている[14]。これに対し，山岳登攀，アメリカンフットボール等の「危険度の高いスポーツ」は掛け金も比較的高額となり，死亡保険金，後遺障害保険金はともに低額となる[15]。

　ウ　限界

　上記の通り，一般のスポーツ活動中の事故の死亡保険金は2000万円が支給されるが，これは死亡慰謝料の金額と同等であって，死亡の場合の逸失利益も含めた金額に比較すると相当低額の補償内容にとどまる。

　また，後遺障害の場合は保険金の上限が3000万円となっており，後遺障害慰謝料，後遺障害の逸失利益の合計額すら補填できないケースも多い。さらに将来介護費も必要となる事案では到底補填しえない水準といえる。特に，前述した「危険なスポーツ」

[13] 傷害保険において，被保険者が死亡した場合も保険金を支払うものが普及している。

[14] 保険料や保険金等の金額は本稿執筆時の約款の内容に基づく。以下同じ。

[15] たとえば，2021年度では，一般のスポーツ活動の場合，1人当たりの年間掛け金は1850円，死亡保険金は2000万円，後遺障害保険金の上限は3000万円となっているが，「危険度の高いスポーツ」は1人当たりの年間掛け金は1万1000円，死亡保険金は500万円，後遺障害保険金の上限は750万円となっている。

の場合は補償額が不足するのは明らかである。

②**学生教育研究災害傷害保険（学研災）＝大学スポーツでの事故の場合**

　ア　概要と規模

　公益財団法人日本国際教育支援協会（1957 年 3 月設立）が加入のとりまとめ機関・契約者となり，東京海上日動火災保険株式会社を幹事会社とする損害保険会社 4 社との共同保険契約となる。学生が教育研究活動中に被った災害に対して 必要な給付を行い，学校の教育研究活動の充実・発展に寄与することを趣旨として，昭和 51 年度から始められた災害補償制度である [16]。

　全国の大学生・短大生の 8 割以上が加入しているとされる。

　イ　保障の内容

　課外活動中の死亡保険金として上限 2000 万円が支給され，後遺障害保険金は 60 万円〜 1500 万円とされている [17]。

　ウ　限界

　上記①と同じく，支給金額については不十分といえる。また，「危険なスポーツ（山岳登攀（ピッケル等の登山用具を使用するもの）・ボブスレー・スカイダイビング等）」中の事故や，「学校が禁じた行為」を行った際の事故は補償の対象外とされている。

③**競技団体ごとの見舞金制度＝会員の事故の場合**

　ア　概要

　公益財団法人日本ラグビーフットボール協会（以下「日本ラグビー協会」）や公益財団法人全日本柔道連盟（以下「全柔連」）が設けている制度であり，それぞれのスポーツ中の受傷者に対して見舞金を支給する制度である。

　イ　保障の内容

　死亡見舞金は，ラグビー事故，柔道事故はともに 200 万円の見舞金がそれぞれ支給される。後遺障害については，ラグビーでは上限 150 万円，柔道事故は上限 2000 万円が支給される。

④**災害共済給付制度——主に学校におけるスポーツ事故の場合**

　ア　概要と規模

　日本スポーツ振興センターが 1960 年 4 月に開始した制度であり，義務教育諸学校，高等学校，高等専門学校，幼稚園，幼保連携型認定こども園，高等専修学校及び保育所等の管理下における災害に対して医療費，障害見舞金又は死亡見舞金の支給を行

（16）　学研災ウェブサイトより。

（17）　「A タイプ」と「B タイプ」が用意されており，本文中のものは「A タイプ」である。

う。

なお，先述の通り，毎年度の事故数と災害共済給付の支給状況等は同センターのホームページにおいて公開されている。

イ 保障の内容

上記の通り，医療費や障害見舞金，死亡見舞金が支給される。

死亡見舞金は，学校の管理下において発生した事件に起因する死亡の場合には，4000万円を上限として支給される。障害見舞金は障害等級に応じて支給され，1級の場合は4000万円が支給されることとなっている。

ウ 限界

上記①と同じく，支給金額については不十分といえる。また，大学生の事故は対象外である。

一般的に「スポーツ保険」といえば，傷害保険が念頭に置かれており，自らが負傷した場合に備えて加入するものと位置づけられているであろう。これらによりスポーツ事故発生に対する一定のリスクヘッジがなされることになる。

しかし，実際には，以上の①〜④のいずれも給付額に限度がある。特に後遺障害が残るような傷害を被った場合，それによって生じる損失をすべて補填するには到底足りないのが現状である。自身が加害者となり，他の選手に後遺障害が残るような傷害を負わせてしまった場合，当該選手が傷害保険に加入していたとしても，それで補填できない損害については，自身が賠償を受けることになるのである。

以上の概略をまとめると表5-4の通りとなる。

表5-4 日本の保険制度の概略

損害項目	公的保障による補填	私的な保険による補填			
		スポーツ安全保険	学研災	競技団体の給付金	災害共済給付
死亡	適用なし	最大2000万円（ただし危険度の高いスポーツは500万円）	最大2000万円	ラグビー，柔道は200万円の見舞金	最大3000万円
後遺障害	障害年金の給付。ただし金額は高低差が大きい。	最大3000万円（ただし危険度の高いスポーツは750万円）	最大1500万円	ラグビーでは最大150万円，柔道では最大2000万円	最大4000万円
外傷・障害	健康保険の医療給付，傷病手当金	入院・通院・手術保険金	医療保険金及び入院加算金		医療保険診療を受けた場合の医療費総額の3割に，療養費用として1割を加えた金額を支給

（3）損害賠償責任保険

　損害賠償責任保険は，事故の加害者側が法的に損害賠償責任を負うと認められる場合に，加入している保険会社がその損害賠償責任を履行する保険である。

　主な損害賠償保険制度として以下のものがある。

①スポーツ安全保険

ア　概要と規模

　（1）の①と同じである。被保険者が日本国内で行う団体での活動中および往復中に，またはそれらを行うために被保険者が所有・使用・管理する動産に起因して，他人にケガをさせたり，他人の物を壊したことによって，法律上の損害賠償責任を負った場合に対象となる[18, 19]。

イ　保障の内容

　対人・対物賠償は合算で 1 事故 5 億円，ただし対人賠償は 1 人 1 億円までとなっている。また，弁護士費用等の争訟費用や，他人から損害賠償を受ける権利の保全・行使，またはすでに発生した事故に係る損害の発生・拡大の防止のために支出した必要または有益な費用等も補償の対象となる。

　補償の対象となる者は，試合の対戦相手に限らず，例えば，野球の打球が道路走行中の他人の自動車に損害を与え，打者が損害賠償責任を負う場合の自動車の所有者や，団体活動への往復中に，自転車で過って通行人とぶつかりケガをさせた場合等の当該被災者への損害賠償も補償の対象となる。

　なお，先に述べた通り，スポーツ安全保険には約 860 万人が加入している中で，2018 年度の賠償責任保険の支払状況は 6432 件となっている。

ウ　限界

　上記の通り，対人賠償が 1 人 1 億円となっているなど，支払金額も無制限ではない。とはいえ，傷害保険に比べれば高額な補償が実現される。

　ただし，賠償責任の承認または賠償金額の決定前に東京海上日動保険株式会社の同意が必要とされており，同意なしに示談を成立させても保険金が支払われない結果となる（過失相殺や不可抗力による損害賠償の免責あるいは減額の可能性があるゆえに事前に東京海上日動保険株式会社の同意が求められる旨，ウェブサイトで説明

(18)　スポーツ安全保険のウェブサイトより。
(19)　保険区分によっては，「団体での活動中およびその往復中」以外に発生した賠償事故も補償の対象となる。

されている）。

　そのほか，学校，保育所の管理下の児童，生徒，学生または幼児の活動に起因する損害は対象外とされ（ただし，大学，短大，専修学校，各種学校の学生，生徒が行うクラブ活動に起因する損害には保険金は支払われる。），被保険者が，団体活動を行い，または指導することを職務とする場合にその職務遂行に起因する損害も対象外となっている[20]。

　エ　保険金が支払われない場合

　保険の性質上，法律上の賠償責任が発生しない損害は当然に保険金支給の対象外とされている。例えば，サッカーで蹴ったボールが相手に当たり，ケガをさせた場合や，かけている眼鏡を破損させた場合は，保険金支給の対象外とされている。

　これについては，スポーツ安全保険のウェブサイトでは，「スポーツそのものが多少の危険を伴っているだけに，たとえこれらのルールを守ってプレーをしていても，不可避的に起こってしまう事故もあります。このような事故については，多くの場合，法律上の賠償責任はないものと考えられます。」と記載されている。

　体育施設そのものの構造上の欠陥や管理の不備が原因で，構成員などがケガをした場合も，「施設の管理・運営者に賠償責任が発生し，団体員個人に賠償責任は発生しないものと考えられる」ことから，賠償保険金は支払われない扱いとなっている。

　そのほか，被保険者の故意による場合，被保険者または被保険者の指図による暴行・殴打の場合[21]は保険金が支払われない。自動車（自動二輪車，原動機付自転車を含む。）・航空機（グライダー，飛行船およびモーターハンググライダー，マイクロライト機，ウルトラライト機，パラプレーン等の超軽量動力機を含む。）・船舶（人力または風力を原動力とするものを除く。）の所有，使用または管理による場合は，保険料率算定ないし保険認可条件上の理由から支給の対象外とされている。

　オ　ほかの保険や共済との調整

　他の保険契約等で保険金や共済金が支払われていない場合は，他の保険契約等とは関係なく，スポーツ安全保険の契約内容に基づき保険金が支払われる。他方で，他の保険契約等で保険金や共済金がすでに支払われている場合は，その保険金や共済金を差し引いた残額に対し，この保険契約の契約内容に基づいて保険金が

(20)　ただし，被保険者が他人に使用されて団体活動を行い，または指導している場合は除かれる。

(21)　スポーツ安全保険の賠償責任保険普通保険約款の第７条，第８条

支払われる⁽²²⁾。受傷者が自己の傷害保険と相手方の損害賠償責任保険のそれぞれの保険金を二重に受け取らないように調整される。

②スポーツファシリティーズ保険

　ア　概要と規模

（1）の③アと同じ。

　イ　保障の対象

「施設賠償責任保険」と「スポーツ災害補償保険」がある。前者は体育施設を所有・使用・管理する者が体育施設の欠陥や施設の指導員の業務遂行に起因する事故が発生し，被保険者が法律上の損害賠償責任を負担することにより被る損害に対して保険金が支払われる。契約の種別により異なるが，最大 1 名につき 5 億円，1 事故につき 10 億円が支払われる。後者は体育施設において急激かつ偶然な外来の事故による傷害が発生し施設管理者が災害補償の規定等に基づき見舞金を支払う場合に，その見舞金に対して保険金が支払われるもので，死亡・後遺障害の場合は最大 200 万円が支払われる。

　ウ　限界

上記イの施設賠償責任保険は施設管理者の法律上の責任が認められる場合に限り保険金が支払われる。スポーツ災害補償保険は法律上の責任が認められなくとも施設管理者が災害補償の規定等により見舞金を支払うことになる場合には保険金が支払われるが，金額は低廉である。

（4）その他

　以上の（2）（3）のほかにも，民間の任意保険として，スポーツ中の事故についての傷害保険や損害賠償責任保険は続々と登場しており，今後，そのサービスの内容も多様化することが見込まれる。

　とはいえ，損害賠償責任保険については，その性質上，やはり（3）の①エ，②ウで紹介した通り，スポーツ安全保険やスポーツファシリティーズ保険以外のものも，原則として補償の対象は法律上の賠償責任が発生する損害に限られ，補償を認めるにあたっては保険会社の事前の同意が要件となることには変わりはないであろう。

（22）　スポーツ安全保険の賠償責任保険普通保険約款の第 27 条

表5-5　日本の損害賠償保険の概略

	民事損害賠償制度	スポーツ安全保険	スポーツファシリティーズ保険	その他賠償保険
補償の範囲	損害の実額の補填 過失相殺あり	責任あるスポーツパーソンの賠償保険 1名につき1億円，1事故につき5億円支給対象に制限がある	責任ある施設の賠償保険 1名につき5億〜3000万円，1事故につき10億〜1.5億円	保険契約の内容次第

　それゆえ，保険会社が事前に保険金の支払に同意すべきか否かに迷うようなケース，すなわち法律上の賠償責任が発生するか否かが争われる事案，あるいは賠償責任の発生は明確であってもその賠償額に争いがある事案は，やはり訴訟の場において決着をつけることとなる。それゆえの限界については，とくに重篤な事故が発生し賠償額が多額になるケースで現れることになる。この点は第2節に委ねたい。

　以上の概略をまとめると表5-5の通りとなる。

4　訴訟の中での保険金の扱い──弁済，損益相殺について

　以上紹介した傷害保険と損害賠償責任保険について，その保険金が支払われた場合の訴訟における扱いは，以下の通りである。

(1)　傷害保険金の支払

　傷害保険での保険金の支払が事故当事者同士の法的な紛争が継続中になされた場合，これによって訴訟等において事故の加害者が支払う損害賠償の金額が減額される扱いとなるか否かは，裁判例をみると，その保険金の支払が被災者の損害を補填する趣旨でなされたものか否かにより決まる。すなわち，傷害保険により何らかの金銭が支払われていようと，これが被災者の損害を補填する趣旨でなされたものと認定されなければ加害者側からの弁済があったとは扱われないし，損益相殺も認められていないのが裁判実務である。

　この点，損害保険において「保険者代位」の制度が存在するものがある。これは，保険会社が被災者に対して保険金を支払った場合，その支払った保険金と同額の範囲内で被災者が事故の相手方に対して有する損害賠償請求権に代位して，被災者に対して請求する制度であり，保険約款において明記されていることがあ

る。この保険者代位によれば，事故加害者は保険会社から請求を受けることになるので，保険金により被災者自身の被害が回復されようとも，やはり自身の賠償義務を免れない結果となる（この点からも，やはり損害賠償責任保険に加入しておくべきだといえる）。そして，この保険者代位が保険約款に明記されている場合は，裁判例においても，損害の填補があったと認められ，損害賠償額からの減額が認められる扱いとなっている[23, 24]。

　たとえば，上記3（2）の③のスポーツ団体による見舞金については，実務上，弁済があったと扱われず，損益相殺も認められない。これらは，保険者代位が想定できないこと[25]から，損害を補填するものではないことが主な理由とされている。

　なお，上記3（2）の④の災害共済給付による医療費や見舞金は，訴訟において損害の填補がなされたものとして扱われている。これは，独立行政法人日本スポーツ振興センター法施行令第3条1項において，同項各号の給付金が，受傷した生徒らに生じた損害のうち限定された範囲の損害を填補することを目的としているものと解されることから，当該見舞金が損害の填補を目的として給付されたものとされるためである[26]。

(2) 損害賠償責任保険に基づく支払

　上記の通り，損害賠償責任保険に基づく損害賠償は，事故当事者同士の法的紛争が訴訟の判決等により一定の解決を見てから実施される。当然ながら，ここでの保険会社による損害賠償の履行は，加害当事者による履行と同じ，弁済としての機能を有する。

5　まとめ

　以上検討した通り，公的保障の給付水準は，制度ごとにばらつきがあり，特に若年層のスポーツ事故の場合には給付が低廉にとどまるという問題点が指摘できる。

　また，スポーツ事故の被災者の被害回復のための手段として，傷害保険によってリスクに備えることには一定の意義が認められるが，傷害を負う危険性がある者自身が保険料を負担しなければならない。しかも，傷害保険については，保険金の額が損害に対して概ね低廉であり，あくまで最低限度の補償額としての役割し

(23) この点，スポーツ事故と異なり交通事故の事案であるが，最判平成元・1・19判時1302号144頁は，交通事故の被害者が所得補償保険契約に基づく休業補償金の給付を受けたことについて，休業補償分について保険者代位が認められていること等から，損益相殺を認めている。
(24) スポーツ安全保険の傷害保険は，傷害保険普通保険約款の第31条において保険者代位を排除している（ただし，特約により代位を認めている区分もある）。
(25) たとえば，柔道事故において全日本柔道連盟から見舞金が支給される場合，見舞金の支払は保険会社と全柔連の契約が根拠となっている。しかし，損害賠償請求権を有するのはあくまで被災者であり，全柔連が損害賠償請求権を持つわけではない。したがって，保険会社が代位できる損害賠償請求権が無いのである。東京高判平成25・7・3判時2195号20頁。
(26) 大津地判平成25・5・14判時2199号68頁。

か果たしていないのが現状である。この点で，選手としては，スポーツを楽しむためにも，自身が加害者となり損害賠償請求を受ける場合も想定し，損害賠償責任保険にも加入する必要性があると指摘できる。

また，生命保険，損害賠償及び損害賠償責任保険のいずれにおいても，激しいボディコンタクトを伴うスポーツは，危険なスポーツとして，そもそも保険加入が認められない，あるいは，保険に加入できたとしても，保険料がほかのスポーツに比べて高額になるというのが現状である。いわば，スポーツの危険性と掛け金の金額は比例関係にあるのに対し，スポーツの危険性と保険給付金額は反比例し，しかも危険なスポーツでは掛け金が高い割に給付額は低いという問題が生じているのである。そうすると，危険なスポーツそのものに取り組もうとする選手が減り，保険料が負担できないという経済的な理由によって当該スポーツから遠ざけられる選手も現れる点が懸念される。

そうした傷害保険，損害賠償責任保険に拠っては解決できない諸問題について，諸外国ではどのような制度によって対処しているのであろうか。

次節では，主に，重篤な事故が発生したケースを念頭に置き，以上の課題について検討する。

（相川大輔・中村周平）

第2節　スポーツ事故対応の課題と海外の動向

1　スポーツにおける重篤な事故の現状と対応

　前節で述べたスポーツ事故の中には，日常生活に影響を及ぼす重篤なものも存在する。日本スポーツ振興センターによれば，学校管理下におけるスポーツでの障害が残る事故（障害等級1から14級の「障害」での申請）と死亡事故は，2018年度230件（死亡18件），2019年度204件（死亡13件），発生している[1, 2]。また，スポーツ安全協会によれば，2018年度は後遺障害408件・死亡15件（全体の0.25%・0.01%）となっている[3]。さらに，日本ラグビー協会や全柔連は各団体のホームページ上で事故数を公開している。それによれば，ラグビーでは，2018年度19件（死亡1件），2019年度11件（死亡1件）の重症傷害事故が，柔道では，2018年度1件，2019年度3件（死亡1件）の急性硬膜下血腫を伴う頭部重大事故が発生している[4, 5]。

　この現状を踏まえ，各団体は事故を未然に防ぐための対策を講じている。日本スポーツ振興センターは，2014年度から「文部科学省委託事業スポーツ事故防止対策推進事業『学校でのスポーツ事故を防ぐために』」を実施している。学校体育活動中に発生した重大な事故について，発生原因・背景，防止のための留意点の把握，現地調査等による分析・研究を行い，その成果をまとめた冊子やDVDを配布している[6]。また，ラグビーや柔道でも安全に関する講習会への参加をチーム登録の必要条件にしたり，スポーツ医学の観点を取り入れた指導を行うための冊子を配布したりするなど，安全に関する様々な取り組みを進めている[7, 8]。特に，重篤な事故については，各団体が海外の怪我予防プログラムや，スポーツ医学などを取り入れ，様々なアプローチが行われるようになってきた[9]。しかし，重篤な事故の「撲滅」・「根絶」を掲げる日本ラグビー協会や全柔連にとって，「0」とならない現状は，各団体の今後の課題となっている[10, 11]。

2　スポーツ事故対応をめぐる課題

　以上を踏まえ，スポーツ事故対応をめぐる課題を検討していき

(1) 2018年度の障害が残る事故については，体育（保健体育）「60件」，体育的クラブ活動「1件」，学校行事（競技大会・球技大会・運動会等）「10件」，課外活動における体育的部活動「159件」の合算。死亡事故については，体育（保健体育）「5件」，学校行事（競技大会・球技大会・体育的行事等）「2件」と課外活動における体育的部活動「11件」の合算。独立行政法人日本スポーツ振興センター『学校の管理下の災害［令和元年版］』「II 学校の管理下の障害の状況」30頁，「I 学校の管理下の死亡の状況」14頁（独立行政法人日本スポーツ振興センター，2019年）。※明らかにスポーツや体育活動とは異なる状況での事故は除く。

(2) 2019年度の障害が残る事故については，体育（保健体育）「55件」，学校行事（競技大会・球技大会・運動会等）「10件」，課外活動における体育的部活動「139件」の合算。死亡事故については，体育（保健体育）「4件」と課外活動における体育的部活動「9件」の合算。独立行政法人日本スポーツ振興センター『学校の管理下の災害［令和2年版］』「II 学校の管理下の障害の状況」28頁，「I 学校の管理下の死亡の状況」14頁（独立行政法人日本スポーツ振興センター，2021年）。※明らかにスポーツや体育活動とは異なる状況での事故は除く。

(3) 公益財団法人スポーツ安全協会『スポーツ安全協会要覧』「スポーツ安全保険の傷害保険」7頁（公益財団法人スポーツ安全協会，2020年）。

(4) 公益財団法人日本ラグビーフットボール協会，「2021年安全・インテグリティ推進講習会-重症傷害件数の推移」，https://www.jrfuplayerwelfare.com/2021/02/17/2021（2021.7.24）

(5) 公益財団法人全日本柔道連盟『柔道の未来のために──柔道の安全指導』「1. 頭部のケガ」6頁（公益財団法人全日本柔道連盟，第5版，2020年）。

(6) 2015年度からはスポーツ庁委託事業となり，2017年度からは事業名も「学校における体育活動での事故防止対策推進事業」へ変更になった。独立行政法人日本スポーツ振興センター「学校安全Web　スポーツ庁委託事業の趣旨・目的」，https://www.jpnsport.go.jp/anzen/anzen_school/bousi_kenkyu/tabid/1808/Default.aspx（2021.7.26.）。

(7) 公益財団法人日本ラグビーフットボール協会『チームの登録等に関する規程』「第6条1（3）」2頁（公益財団法人日本ラグビーフットボール協会，2020年7月1日改正，2020年）。

197

たい。

　その課題の一つがまず，既存のスポーツ事故の補償制度の内容が，重篤な事故被災者の十分な救済に繋がっていないことである。スポーツ事故によって重度の障害を負い，介護が必要な状態になった場合，経済的な面で問題を抱えることになる。自宅のバリアフリー改修，障害のケアのために必要な通院や医療器具の購入など，普段の生活を送るうえで様々な費用を負担しなければならない。社会人の場合，職種によっては復職がかなわず失業することもある。加えて，事故はその家族の生活を一変させてしまう出来事でもある。事故被災者の介護が生活の中心となり，状況によっては離職を余儀なくされ，世帯収入が大幅に減少することになる[12]。

　前節で概観した「災害共済給付制度（4000万円）」や，「スポーツ安全保険（3000万円）」の給付金額は，手術費や入院費といった事故直後の費用に充てることはできるが，障害を抱えたその後の生活を考えた場合，十分なものとはいえない[13]。このことは前節で指摘された通りである。また，重度の障害を負った者に国から給付される金額も月額10万円程度である[14]。最終的に，事故被災者やその家族が経済的に困窮する状況に追い込まれてしまうのである。

　既存の補償制度以外に事故被災者を救済する手段として，損害賠償を求める民事訴訟がある。ある事故において，関係者のいずれかに落ち度がある場合，落ち度があった者に民法709条の不法行為に基づく損害賠償責任が発生する。民法709条は「故意又は過失によって他人の権利又は法律上保護される利益を侵害した者は，これによって生じた損害を賠償する責任を負う」と規定しており，スポーツ事故にも適用される[15]。近年では，大学ラグビー試合中の頸髄損傷事故について，タックルをした相手選手に9706万円の損害賠償の支払を命じた事例がある[16]。

3　不法行為責任による被災者の救済とその限界

　事故被災者やその家族に対する経済的な救済という意味において，裁判は有効な手段の一つとなる。しかし，ここで注目すべきは，この裁判による被災者の救済は，過失ある当事者に責任を負

(8) 公益財団法人全日本柔道連盟『柔道の未来のために「柔道の安全指導」』（公益財団法人全日本柔道連盟，第5版，2020年）。

(9) 日本ラグビー協会では，協会へのチーム登録に必要な安全に関する講習会に参加する前提として，World Rugby のe-Learning である「Rugby Ready」，「Concussion Management」の受講を義務付けている。公益財団法人日本ラグビーフットボール協会「2021安全・インテグリティ推進講習会について」，https://www.jrfuplayerwelfare.com/2021/02/17/2021 (2021.9.8)。

(10) 佐藤晴彦「ラグビー競技における頭部事故と安全対策：日本ラグビーフットボール協会重症傷害報告書より」神経外傷38巻1号20頁以下（2015年）。同「ラグビー競技における脊髄事故の現状と予防対策：日本ラグビーフットボール協会重症傷害報告書より」神経外傷38巻2号94頁以下（2015年）。公益財団法人全日本柔道連盟『柔道の未来のために「柔道の安全指導」』（公益財団法人全日本柔道連盟，第5版，2020年）。そのほか，ラグビーと柔道の事故数の傾向を把握するため，以下の資料を参照した。独立行政法人日本スポーツ振興センター『学校の管理下の災害（平成17年～令和2年）』。公益財団法人日本ラグビーフットボール協会「2021年安全・インテグリティ推進講習会-重症傷害件数の推移」，https://www.jrfuplayerwelfare.com/2021/02/17/2021 (2021.7.24)。

(11) 日本ラグビー協会では，重症傷害事故および死亡事故の「撲滅」を掲げている。公益財団法人日本ラグビーフットボール協会『ラグビー外傷・障害対応マニュアル』「発刊にあたり」2頁（公益財団法人日本ラグビーフットボール協会，改訂版2019年1月25日，2019年）。全柔連では，重大事故の「根絶」を掲げている。公益財団法人全日本柔道連盟『柔道の未来のために──柔道の安全指導』「巻頭言」ⅰ頁（公益財団法人全日本柔道連盟，第5版，2020年）。

(12) 筆者らは，スポーツ事故被災者や家族の現状を把握するため，2015年から「ラグビー事故勉強会」を開催してきた。事故に遭った本人や家族，遺族をゲストスピーカーとして招き，事故の経緯や相手側の対応，経済的支援の有無や現在の生活の様子などについて報告いただいている。その勉強会でも，事故によって経済的に困窮する事故被災者やその家族の方々の現状が語られていた。

わせるという点である。不法行為制度は，①過失あるものがその責任を負う，②これにより被害者を救済する，③こうして不法行為を抑止する，という極めて合理的な考え方に立っているが，殊，スポーツ事故についてはその制度の趣旨が必ずしも適切に機能しない。その理由は以下のとおりである。

　第一に，事故被災者や家族への負担である。スポーツ事故で裁判を行うことは，チームメイトや指導者，あるいはスポーツコミュニティ（スポーツで繋がる仲間）や学校の過失に対して，その責任を問うことになる。その結果，それまでに築いてきた人間関係が崩壊することも少なくなく，被災者や家族は精神的に大きな負担を強いられる。

　第二に，指導者やスポーツコミュニティ・学校側のジレンマである。スポーツ事故の対応をめぐり，事故被災者やその家族と指導者やスポーツコミュニティ・学校側が対立することは，新聞報道でも取り上げられている[17]。事故調査や情報開示に対しての消極的な姿勢が，「真摯に事故と向き合っていない」，「責任逃れをしようとしているのではないか」という疑念を事故被災者やその家族に抱かせることになる。指導者やスポーツコミュニティ・学校側の消極的な姿勢の背景には，被告として賠償責任を負わされることへの不安がある。事故の原因究明において自らの過失を認めていくことは，民事訴訟での立場を悪くするという構造に着目する必要がある。たとえ，事故被災者やその家族に誠意を示し，寄り添いたい気持ちがあったとしても，こうした構造的な問題から消極的にならざるを得ないのである。

　第三に，スポーツ事故被災者の救済を目的とした不法行為責任の限界である。争いになる事故の多くがスポーツに附随するものであり，かつ重篤な結果を引き起こしたものである。こうした事故の過失責任を損害賠償責任という形で負うことが，スポーツ事故の処理にふさわしいのかを今一度考える必要がある。一般の事故については，過失あるものに賠償責任を課すことで損害の公平な負担を実現しつつ，加害者の不法行為の抑制に繋がる効果が期待できる。しかし，これまでにみたように，バドミントン，サッカー，ラグビーで過失ありとされたプレーヤーに賠償責任が容認されたことについて，参加者に過重負担を負わせる結果に違和感を持つ人もいるだろう。スポーツ活動においてプレーヤーの過失

(13)　重篤なスポーツ事故の被災者と既存の補償制度の関係性については，以下の論文を参照した。中村周平「スポーツをめぐる重篤事故と補償制度の課題と今後の方向性」日本スポーツ法学会年報21号187頁以下（日本スポーツ法学会，2014年）。

(14)　月額10万円程度は，障害基礎年金と特別障害者手当を合算した金額。日本年金機構，「障害基礎年金の受給要件・支給開始時期・計算方法」，https://www.nenkin.go.jp/service/jukyu/shougainenkin/jukyu-yoken/20150514.html（2021.7.24）。厚生労働省『特別障害者手当について』，https://www.mhlw.go.jp/bunya/shougaihoken/jidou/tokubetsu.html（2021.7.24）。

(15)　潮見佳男『基本講義 債権各論II 不法行為法』2頁（新世社，第3版，2017年）。

(16)　本件で東京地裁は1億6177万円の損害を認定したうえで，タックルをした相手選手に対して6割の負担（9706万円）が相当とした（東京地判平26・12・3）。なお，高校サッカーの試合中の落雷事故で学校および引率教員らに対して3億700万円の賠償責任があるとされたケースもある（高松高判平20・9・17判時2029号42頁）。そのほか，スポーツ事故をめぐる賠償金が1億円を超えた事案は以下のものがある。高校器械体操部での鉄棒からの落下事故（大阪高判平29・12・15判時2370号54頁），高校体育祭の騎馬戦での落下事故（福岡地判平27・3・3判時2271号100頁），高校柔道部での同級生の投げ技による事故（東京高判平25・7・3判時2195号20頁），柔道教室での指導者の投げ技による事故（長野地松本支判平23・3・16判時2155号75頁）。

(17)　朝日新聞『体育教諭対応巡り，協議続く　骨折の中2保護者側と直方市教委』2020年12月26日朝刊。朝日新聞『（子どもたち，守れますか　学校の死角）繰り返される，学校の事故』2019年5月5日朝刊ほか。

責任を問い，賠償責任を課すことは，そのスポーツ活動そのものを抑制してしまう可能性があるからである[18]。

他方，誰かの損害賠償を問えない場合には，被災者側がコストをすべて引き受けるということになる。日本では，被災者と加害的立場となった「事故当事者」のみに，過度の負担を強いる現状があり，このことがスポーツ振興における障壁となっているのである。

4　海外でのスポーツ事故対応

この点について海外では，どのような対応がなされているのだろうか。以下では，ニュージーランド，オーストラリア，アメリカについて見ていきたい。

(1) ニュージーランド

ニュージーランドでは，自動車事故や労災事故，医療事故といった国内で発生したすべての事故による損害に対して，国家が補償を行う制度がある[19]。その根拠法となる「事故補償法」が1972年に成立し，事故補償公社（Accident Compensation Corporation：ACC）が同法に基づき，補償制度の運営を行っている[20]。財源は，国民（使用者・自営業者，就労者，自動車の所有者など）からの賦課金と政府からの一般税収によって賄われている。

この補償制度は，ニュージーランド国民と一時的な滞在者（留学生や観光客）の「事故による身体的傷害」を対象としており，捻挫・骨折・火傷のほか，事故によって死亡に至った場合や，怪我・性犯罪による事故後の精神的傷害なども含まれる。

ニュージーランドにおける補償制度の特徴の一つは，事故を起こした加害者の過失（または故意）の有無に関係なく，被災者が補償を受けられる点である[21]。これを無過失補償制度という。就労者が事故で働けなくなった場合，事故前の収入の80％（NZ\$604.80（約4万5000円）〜NZ\$2,066.58（約15万5000円））が毎週給付される（就労者でない者は最低賃金の80％）。また，事故で障害を負った場合，その障害レベルに合わせた給付が継続的に行われるほか，一時的な補償（NZ\$2500（約19万

(18) それゆえにアメリカの多くの州では故意や重過失がある場合にのみ加害者の賠償責任を認めるという立場に立っている（川井圭司「スポーツ事故の法的責任とリスクマネジメント──『コミュニティー』スポーツにおける参加者同士の事務処理の問題を中心として」同志社スポーツ政策フォーラム編『スポーツの法と政策』207-208頁（ミネルヴァ書房，2001年）。

(19) ニュージーランドの補償制度については，内海和雄・川井圭司・中村周平「ニュージーランドのスポーツ傷害補償制度」広島経済大学研究論集43巻2号9頁以下（2020年）を参照した。

(20) 事故補償法は，1982年，1992年，1998年の改正を経て現在の「2001年事故補償法」が施行されている。ACC, "Our history," https://www.acc.co.nz/about-us/who-we-are/our-history/ (6 Aug 2021). そのほか，ACCに関する以下の情報は，ホームページを参照。"Injuries we cover,", "Injuries we don't cover,", "Getting paid if you can't work - weekly compensation,", "Financial support if you have a permanent injury,", "Financial support if someone has died from an injury,", " Types of ongoing support,"

(21) ACC, "Our history," https://www.acc.co.nz/about-us/who-we-are/our-history/ (6 Aug 2021).

円）～NZ$100,000（約750万円））も給付される[22]。さらに，事故で死亡してしまった場合，死亡者の配偶者（未婚も含む）（NZ$7043.38（約53万円）），18歳以下の子どもや経済的支援を受けていた障害者（NZ$3521.71（約26万5000円）））は一度限りの給付を受け取ることができる。このような経済的な補償に加えて，「生活に必要な装具」，「在宅ケア」，「交通機関の利用料のサポート」，「子どものいる保護者又は学齢期の子どもが怪我をした際のサポート」，「治療やリハビリテーションを目的とした移動」，「カウンセリングとセラピー」など，経済的な補償以外の給付も行われている（NZ$1＝75.14円 ※2021年8月19日現在）。

　ニュージーランドでは，すべての事故が公的な補償対象とされる一方，被害者の加害者に対する損害賠償請求権が否定される。こうして事故をめぐる個人レベルの対立コストを削減し，かつ以下で見るように国レベルで事故防止に向けた取り組みがなされている点が，ニュージーランドの特徴といえる[23]。

　また，独立の行政機関であるACCが「事故補償法」の運営を行うと同時に，事故の再発防止における重要な役割を担っている。ニュージーランドでは，スポーツの中でラグビーユニオンとラグビーリーグでの補償コストが最も多くなっている。2018年の報告によれば，5年間（2012～2016年）で「重症（Serious Injury Claims）」と判断されたラグビー事故関連の「請求数・補償コスト」は，スポーツ全体の「約0.1％・約11％」である。スポーツ全体の「重症」では「約100％・約98％」を占めており，ニュージーランドにおけるラグビー事故関連の重症度と補償コストの現状が垣間見える[24]。こうした補償コストは，国民への賦課金や国家財源への負担に繋がり，持続的な制度運営に支障をきたすことになる。そのためACCは，補償コストが高い事故の種別を調査・分析し，事故を未然に防ぐための「怪我予防プログラム」を開発・実施している[25]。スポーツの分野では，スポーツ全般の事故を予防するために「ACC SportSmart」と呼ばれる「怪我予防プログラム」が1999年に開発された[26]。その後，そのプログラムをベースに各競技に合わせたものが開発され，現在では，ラグビーユニオンやラグビーリーグ，サッカーやネットボールなどで実際に取り入れられている[27, 28, 29]。

　たとえば，RugbySmartは，ACCがニュージーランド・ラグ

(22) 障害程度が10％であれば2,500ドル，80％以上であれば100,000ドルが給付される。New Zealand Legislation, "Accident Compensation Act 2001, 56 Amount of lump sum compensation for permanent impairment," https://www.legislation.govt.nz/act/public/2001/0049/latest/DLM105414.html (6 Aug 2021).

(23) ACC, "Our history," https://www.acc.co.nz/about-us/who-we-are/our-history/ (6 Aug 2021).

(24) 本論文では，事故の請求数の多いスポーツ種目として，ラグビーユニオン・ラグビーリーグ・サッカー・ネットボール・クリケットが挙げられている。D. King et al, "Sports-related injuries in New Zealand: National Insurance (Accident Compensation Corporation) claims for five sporting codes from 2012 to 2016, "British Journal of Sports Medicine. 53 (2019). pp.1026-1033 (http://dx.doi.org/10.1136/bjsports-2017-098533).

(25) 2016年の統計によれば，ACCへの補償請求額において，交通事故傷害よりもスポーツ事故傷害が上回ったとの新聞報道があった。Olivia Caldwell, "Cost of injuries soars to $542m" (21 July 2017). The Dominion Post.

(26) ACC SportSmart, "PLAY SMART. GO THE DISTANCE," p. 3, https://www.accsportsmart.co.nz/assets/assets-final/resources-final/7cd4c8b614/ACC7170-ACC-SportSmart-reference-resource-the-nine-principles.pdf.

(27) LeagueSmart, https://nzrl.co.nz/get-involved/leaguesmart/ (3 Aug 2021).

(28) Fit4Football, https://fit4football.co.nz/ (3 Aug 2021).

(29) NetballSmart, https://www.netballsmart.co.nz/ (11 Sep 2021).

ビーフットボール協会と協働で 2001 年に開発した，ラグビーユニオンでの怪我予防を目的としたプログラムである。怪我予防のほか，事故発生後の初期対応や，プレーに戻るまでのプロセスを資料や映像教材などを使い説明しており，その内容には大学研究者やドクター，スポーツの専門家が関わっている。主な取り組みとしては，「パフォーマンスの改善」，「怪我の予防およびマネジメント」，「フィールド外での取り組み（ルールの遵守やフェアプレー精神の育成など）」，「ラグビー傷害への初期対応に関する資格の発行と登録」を行っている[30]。選手，指導者，レフリーのほか選手の家族も対象となっている。現在，Under13 以上のレベルに関わるすべてのレフリーと指導者には，シーズン毎に RugbySmart Injury Prevention Courses の受講が要請されている。また，12 歳以下のチームに関係する指導者は Small Blacks Coaching Course を受けなければならない[31]。近年の RugbySmart の成果としては，スクラムでの深刻な怪我や脳振盪が減少したとの報告があり，ラグビーでの怪我予防に大きく役立っている[32, 33]。

(2) オーストラリア

　オーストラリアでは，オーストラリア・ラグビーフットボール協会（以下，豪州ラグビー協会）が，「National Risk Management and Insurance Program」を採用している。各ラグビーチームが豪州ラグビー協会への登録を行う際，上記の保険の掛け金を含む登録費を支払うこととなっている。これにより，選手や指導者だけでなくトレーナーやマネージャー，チームの管理者やボランティアスタッフなど，ラグビー関係者全員が必ず同じ保険に加入する，いわば強制保険の仕組みが取り入れられている。

　怪我による後遺障害の場合，四肢麻痺および下半身麻痺は A$750,000（約 5900 万円），その他の永続的な障害は最大 A$300,000（約 2400 万円），片目の失明は A$150,000（約 1200 万円）の一時的給付金を受け取ることができる。死亡の場合は，A$100,000（約 780 万円）（18 歳以下は A$20,000（約 160 万円））となっている。また，就労者が怪我で働けなくなった場合，最大 52 週間に渡って上限 A$300（約 2 万 5000 円）が

(30) RugbySmart, https://www.rugbysmart.co.nz/ (3 Aug 2021).

(31) NZR, "RugbySmart," https://www.nzrugby.co.nz/about-nzr/what-we-do/our-initiatives/rugbysmart/ (3 Aug 2021).

(32) スクラムによる深刻な怪我が約 90％減少した。ACC, "Fewer injuries suffered on the rugby field: Here's why," https://www.acc.co.nz/newsroom/stories/fewer-injuries-suffered-on-the-rugby-field-heres-why/ (3 Aug 2021).

(33) 2018 年の脳振盪の報告が約 7 ％減少した。ACC, "Does contact sport have a future in New Zealand?," https://www.acc.co.nz/newsroom/stories/does-contact-sport-have-a-future-in-newzealand/ (3 Aug 2021).

給付される[34]。(A$1=78.78 円 ※ 2021 年 8 月 19 日現在)

　ところで，オーストラリア・ニューサウスウェールズ州（以下，NSW）では，1978 年に「スポーツ傷害保険法」が州法として定められた[35]。これにより，重篤な事故と死亡事故を対象とする補償制度を導入し，競技団体がその保険料を負担するという仕組みを確立したのである。さらに，NSW の民事責任法（Civil Liability Act 2002）は，スポーツを含むレクリエーション活動において，それに伴う危険については，参加者は過失責任を負わないと明記している。このように，スポーツ事故をめぐる加害者の過失責任を免責しつつ，他方，保険整備によって被災者の救済を図っているのである。

(3) アメリカ

　アメリカでは，大学スポーツを統括する全米大学体育協会（National Collegiate Athletic Association; NCAA）が特定の基準を満たした学生アスリートに対して，「Catastrophic insurance program（重篤な事故を対象とする保険プログラム）」を提供している。NCAA は，アメリカ国内の大学スポーツを統括する最大組織であり，約 1100 校の大学によって構成されている。このプログラムの保険料は全額 NCAA が負担しており，事故によって発生した $90,000（約 1000 万円）を超える医療費を給付するほか，障害に関する給付等も行っており，それら給付全体の上限は $20,000,000（約 22 億円）となっている。

　また，イリノイ州では，2013 年に「ロッキーズ法（Rockey's Law）」が施行されている。イリノイ州の高校スポーツ協会が主催する大会で選手が負傷した場合，$50,000（約 550 万円）を超える医療費について最大 $3,000,000（約 3 億 3000 万円）まで補償を行っている[36]。保険料は全額学校負担となる。

　さらに，アリゾナ州では，アリゾナ州高校スポーツ協会が「Student Catastrophic Insurance」を採用している。$25,000（約 270 万円）を超える医療費について最大 $4,000,000（約 4 億 4000 万円）まで補償される。保険料は全て学校負担となっており，アリゾナ州内でこれらの保険料を支払わない高校は，このスポーツ協会から除外されることになる[37]。($1=109.84 円 ※ 2021 年 8 月 19 日現在)

(34) 詳細については「Rugby National Risk & Insurance Programme – Plan Summary & Cover Benefits Overview」を参照。https://ra.aon.com.au/RugbyAustralia/media/Rugby/RugbyDocuments/Rugby-National-Risk-Insurance-Programme-08-09-2020.doc,(6 Aug 2021) .

(35) New South Wales Government NSW legislation, "Sporting Injuries Insurance Act 1978 No 141, 25 Payment of benefits for injuries," https://legislation.nsw.gov.au/view/html/inforce/current/act-1978-141#sec.25, (6 Aug 2021) .

(36) Mitch Smith, "Governor signs law requiring major-injury insurance for school athletes," Chicago Tribunals, https://www.chicagotribune.com/news/ct-xpm-2013-08-04-chi-pat-quinn-signs-rasul-rocky-clark-school-athlete-insurance-bill-20130804-story.html (4 Aug 2013).

(37) ARIZONA INTERSCHOLASTIC ASSOCIATION, "Important Facts Regarding Membership," https://www.aiaonline.org/files/11494/what-is-the-aia.pdf (21 Aug 2021).

　なお，スポーツ事故について，各州で取り扱いが異なるものの，多くの州において，危険の引き受け，同意などの法理をもとに，スポーツ参加者の過失責任を免責している[38]。

　アメリカの特徴は，原則として自己責任としつつ，一定以上の重篤な事故について手厚い補償を用意していることである。補償対象を重篤な事故に特化することで掛け金を抑え，年間に数件発生する事故に備えているのである。

5　まとめ

　本節では，日本のスポーツ事故対応をめぐる現状と課題を見てきたが，あらためてポイントを整理しておきたい。まず現状では，「事故当事者」のみに，スポーツ事故による損害（コスト）を負担させることになる点に課題がある。これにより，当事者間のコスト分担をめぐり対立が生じ，ひいては人間関係の崩壊に至る場合も少なくない。こうした中で，被災者への真の救済，そして事故の原因究明に繋がりにくいという点に課題が残る。スポーツ保険の普及によりこれらの問題が大幅に改善されてきたが，こうした課題が完全に解消されるわけでない。傷害保険の上限が3000〜4000万円となっており，これで不十分な場合は損害賠償を請求する道があるが，加害者の過失を主張し，裁判所でこれが認定されなければならず，この過程で，上に見た大きな負担が被災者にのしかかることになるのである。

　この点，ニュージーランドでは，無過失補償制度により事故関係者への負担を軽減し，迅速な被災者救済とともに，実質的な原因究明を可能にしている。オーストラリアでは，ラグビー関係者が同じ保険に加入する強制保険制度を採用している。またNSWでは，法律により重篤なスポーツ事故を対象とした無過失補償制度を導入している。アメリカでは，「危険の引き受け」の考えから，事故関係者（所属するチームの選手や指導者など）への責任追及を否定する一方で，重篤な事故に特化した保険制度を整備し，事故被災者が救済される環境を担保している。

　これらの国々では，「スポーツ事故は起こる」ことを前提とした制度設計になっており，重篤な事故について，迅速かつ簡易な補償を実現する一方で，当事者間の対立を回避する仕組みを導入

(38)　川井圭司「スポーツ事故の法的責任とリスクマネジメント──『コミュニティー』スポーツにおける参加者同士の事務処理の問題を中心として」同志社スポーツ政策フォーラム編『スポーツの法と政策』202頁以下（ミネルヴァ書房，2001年）。

しているのである。

　なお，事故補償と防止の関係についてニュージーランドから重要な示唆を得ることができる。国内すべての事故による損害を補償するACCには，事故数のみならず，事故に関する詳細な情報，事故後の被災者へのケアに関する状況など，莫大なデータが集積されている。そして，国民からの賦課金および税金によって運営するシステムゆえに，コスト削減の動機が怪我の予防対策の開発にダイレクトに結びついている。また，事故をめぐるデータが１か所に集約されていることで，その調査・分析を効率的に行うことができる。さらに，怪我防止によるコスト削減を目的に，ACCが調査・分析に対して費用を捻出することで，より質の高い怪我防止対策の開発促進に繋がる。以上のように補償，分析，防止がACCにおいて有機的に機能し，それぞれにおいて実質を高めている点が注目される[39]。

　事故が起きることを前提に補償制度を整備し，補償を実施する機関が事故の分析，防止の検討を行うことで，事故当事者の負担の軽減と事故防止の実質化を実現することができる[40]。そしてこうしたシステムが生み出す「安心・安全」こそが健全なスポーツ振興の礎になるといえよう[41]。

（川井圭司・中村周平）

(39) その一方で，すでに日本でもスポーツ事故の再発防止を検討する基盤が，「学校管理下」を限定に作られつつある。学校における事故の発生を未然に防ぐとともに，学校の管理下で発生した事故に対し，学校及び学校の設置者が適切な対応を図ることを目的として，文部科学省は2016年３月に「学校事故対応に関する指針」を各都道府県の教育委員会教育長や各国立大学法人学長等に通知した。学校管理下で発生した，死亡および重篤な事故に対して学校管理者による調査や，必要に応じて第三者委員会を設置し，より詳細な調査を行うことなどが明記されている。文部科学省，『学校事故対応に関する指針』，https://anzenkyouiku.mext.go.jp/guideline-jikotaiou/index.html（2021.8.9）。しかし，通知後も事故被災者や家族と学校側との対立は解消されず，この指針が十分に効果を発揮していないことが報じられている。朝日新聞『（子どもたち，守れますか　学校の死角）我が子の死，事実知りたい　詳細報告１割，検証進まず』2019年５月５日朝刊。

(40) 前述のRugbySmartの効果として，ACCやNZ Rugbyは事故を「0」にするのではなく，事故数や補償に関するコストの減少，脊髄損傷や重度の脳損傷といった重篤な事故の減少を掲げている。K. Quarrie et al, "RugbySmart: Challenges and Lessons from the Implementation of a Nationwide Sports Injury Prevention Partnership Programme," Sports Medicine, 50 (2020), p. 229 (https://doi.org/10.1007/s40279-019-01177-8).

(41) この点，日本スポーツ振興センターに寄せる期待は極めて大きい。補償制度の国際比較と日本への具体的な提言については別稿で論じることにしたい。

　本節の内容はJSPS科研費JP18H03161の助成を受けた研究を反映したものです。

第3節　スポーツ事故の調査方法

—— スキー場における事故の記録

1　はじめに

スポーツをしている者同士で発生した事故の調査に関して，ここではスキー場での事故の調査方法について紹介する。

スキー場では様々な態様で事故が発生する。スキーヤーやスノーボーダーの対人衝突や障害物との衝突事故など，事故の責任を求めてトラブルとなるものも多い。中でも対人衝突事故の被害者が損害の補償を求めて相手方に請求する場合，証拠が不十分でどうすればいいか分からないというケースもある。事故により負傷した人が，事故発生直後にもっと事故の状況を調べておけばよかったとか，事故の記録を取っておくべきだったと悔やむことも多々ある。事故による被害者は事故後の救急の対応に追われ，事故の態様に関して調査することは困難である。そのためスキー場側が事故の記録を残しておいてくれればよかったのにと嘆くことも多いが，結局，事故から時間が経過してから当事者や代理人の弁護士等が調べることになる。交通事故では警察や消防の救急隊が事故の記録を残すが，スポーツの場面では事故に関する調査は当事者や関係者が行わなければならない。スポーツに臨む場面でそのようなことを予め考えることはないと思われるが，万が一のこととしても覚悟しておかなければならい。本稿では，スキー場での事故の記録と調査方法に関して，アメリカの取り組み，そして裁判での対応等について述べるが，他のスポーツにおける事故の調査にも参考となると考える。

2　日本のスキー場における事故直後の対応と記録

スキーやスノーボードでは一瞬の過ちが大きな事故につながる。スキー場では滑走者が思い思いのスピードで自由にすべるため対人衝突事故もたびたび発生している。時には背後から衝突され大怪我を負うこともあり，本人は何も見ておらず目撃者もいない例も少なくない。事故に備えてスキー場には事故の負傷者を救助するスキーパトロールが存在する。事故発生後，救助に当たる

スキーパトロールは，事故現場から麓のパトロール詰所に負傷者を運び，手当をしたりしてから救急車に引き継いだり関係者の車で病院に搬送することが一般的な対応である。その対応で精一杯というのが現状である。我が国のスキー場におけるスキーパトロールの数は，十分な人数が確保されていないこと，事故の調査までは行うことが業務の範囲に含まれないことが多い。事故調査に関するノウハウも不十分で，正確な事故の記録が残されるシステムがない。そのためそれを裏付けるように現場では悲惨なことも発生している。パトロールの傷害記録には「衝突事故」と記録されているのに，裁判になると，ぶつかった相手が，自分はぶつかっていない，こちらがぶつかられたのだと主張したりする。パトロールに詳しい記録を求めると，パトロールの事故記録には「衝突事故」としか書かれておらず，どのように発生したのかについては，一切記録されていないこともある。パトロールによると，「そもそもパトロールは責任問題には介入しません。」と返答される。それでは泣き寝入りを強いられることになる。あるスキー場の事故記録には，当事者の氏名と連絡先が記入された書類に「当スキー場においてAとBが衝突してBが怪我をしました。AとBは話し合い解決してください。」と印刷されており，最初からパトロールは無関係ということを示している。このような書類では，事故の内容や原因を明らかにしたり責任を追及しようとする当事者にとっては，何の役にも立たない。スキーヤー同士の対人衝突事故においてはスキー場は関知しないで済まされるかもしれないが，スキー場側が責任を問われるような場合もあるだろう。そのような場合に備えるためにも，事故の調査をスキー場が運営するスキーパトロールが担い，救助と共に事故の正確な記録を残す体制が，スキー場経営の面からも必要だと考える。また，対人衝突事故の補償をめぐって，虚偽の事故を呈して保険金を詐取しようとする事件もスキー場で発生している。そうした状況を鑑みると，事故直後の調査を適切にスキーパトロールが行うことが必要と考える。さらにスキーパトロールによる事故の調査は，消費者保護の観点からも重要である。スキーやスノーボード中に怪我をしてもスキーパトロールが救助してくれる保障がなければ，安心して滑ることはできない。不幸にも事故が発生した場合，事故直後でないと事故に関する原因や状況が調べ難くなる

し，事故後に責任を求めることがあることについても当事者自身が調べるには難がある。事故の調査に関して，我が国には具体的に対応できるスキー場はほとんどないのが現状である。もっとも，重大な事故の場合には地元の警察が現場を規制して検証を行うことが希にある。長靴を履いた警察官が巻き尺を持ってツボ足で斜面を行き来したりする。雪の斜面での行動力に長けたスキーパトロールの方が要領良く移動したり計測ができるのにと思う。また，斜面で怪我をした人を迅速に救助し搬送することは，消防の救急隊員ではできないからスキー場のパトロールが存在するわけであり，消防と警察の一部分の役割をスキーパトロールは担わなければならない存在であることの認識も必要である。

3　アメリカのスキー場での事故調査方法

(1) アメリカの事故報告書 (Incident Report)

　アメリカのコロラド州のスキー場における事故報告書について紹介する。

　スキー場で事故が発生した場合，スキーパトロールが現場に急行し救急手当が行われる。そこで負傷者より事故の概略の説明を聞き，搬送用のソリに乗せて麓のスキーパトロールの救護室まで搬送する。救護室ではさらなる手当を行いながら，並行して，救助を担当したパトロールの１人が事故報告書の項目に従って質問し，回答事項を記述することになっている。単独で転倒して発生した事故，対人衝突事故，障害物との衝突事故等の事故の種類にかかわらず，この事故報告書 (Incident Report) には次の基本的な事項が記録される。基本的にスキーパトロールが，負傷者に直接インタビューしながら記述し，最後に負傷者が間違いないことを確認して署名して完了する。NSAA（全米スキー場協会）の統一書式もあるが，ここで紹介する W スキー場では，パトロール隊の編成やゲレンデのレイアウトの関係から，若干改良した独自の書式を用いている。基本的には内容は同じだが，スキー場の体制に合致した形で工夫された記録となっている。事故報告書の用紙は，A4 サイズよりもやや長く，3 枚の複写式になっていて，記入後はスキー場の保管用，保険会社用，そして本人用とされている。

　事故報告書は表 5-6 の項目で構成されている。

　表面には全部で 25 項目の記入箇所が設定されている。裏面には，衝突の相手の住所，氏名，現場の見取り図などの記入欄が設けられている。

　14 の「処置を断った場合：サイン（本人・関係者）」は，事故で傷害を負ったスキーヤーが，パトロールの手当に対して，手当をしないように要請した場合に，本人あるいは保護者や同行者にサインを求めて記録を残すことに関する項目である。宗教上や経済的な問題やプライバシーの観点から処置を断る負傷者もいるため，後になってスキーパトロールが処置をしなかったから容態が悪化したなどという訴えが起こされた場合に対応するためである。

　そして，この事故報告書の欄で注目すべきなのは，18 の負傷者の「事故についての陳述」という項目である。事故がどのようにして起こったのかについて負傷者が説明するもので，その記述は，負傷者を主語として書くようになっている。つまり主語を「私（I）」で始め，「私は，……して負傷した。」という具合に負傷者自身が述べたように記述する。たとえば，「私はコブでバランスを崩して転倒し右脚を強く捻った。」という文章のようになる。

　そして，19 の負傷者の「事故を防ぐにはどうしたらよかったか？」の質問も同様，主語を「私（I）は」で始める。「私は，……すべきだった。」という文章となるように負傷者自身が説明

表 5-6　アメリカの事故報告書（Incident Report）の項目

1. 事故日付	15. 治療先（病院・自宅等）
2. 時刻	16. 搬送手段（スキー場から）
3. 滑走中事故か否か	17. 搬送手段（ゲレンデから）
4. 氏名	18. 負傷者の「事故について」の陳述
5. 住所	
6. 年齢	19. 負傷者の「事故を防ぐにはどうしたらよかったか？」の陳述
7. 性別	
8. 居住している州	20. 事故発生場所
9. 身長	21. 事故の状況
10. 体重	22. 技能レベル
11. 職業	23. 事故時の行動
12. 負傷者の症状	24. 本人のサイン
13. 負傷部位	25. 記録者のサイン
14. 処置を断った場合：サイン（本人・関係者）	

し，それを記述する形式が取られる。例えば「私はもう少し前を
よく見てスピードを落としてターンを行うようにすべきであっ
た。」という具合である。この記述によって，事故の態様と事
故原因に負傷者自身がどのように関わったかが説明できる。単
に「転倒」や「スピードオーバー」というような単語の記述より
も，事故の状況を説明し，且つ，事故への負傷者自身の関与につ
いて，負傷者の責任やミスを認めるようなことを示すことができ
る。そして，報告書の下欄に負傷者本人がサインすることになっ
ているが，事故についてどのように防ぐことができたかというこ
とに関して，自分自身で述べたことを認めるものであり，事故に
関する本人の関与について，証拠となる記録となり得るものであ
る。

(2) スキースクールでの事故報告書

　事故がスキースクールの講習中や競技に関わる行事中，ある
いは障害者の指導プログラム中である場合には，指導者や監督，
コーチなどが記入すべき書類として，下記の三つの書類がある。
　①スキースクール事故報告書
　②競技部門傷害報告書
　③障害者プログラム事故報告書
　ちなみに①のスキースクールで事故が発生した場合の報告書
(SKI SCHOOL INCIDENT REPORT) の内容は表5-7のように
なっている。担当のインストラクターが作成する。スキースクー
ルの校長が確認し，最終的にスキーパトロールに提出され，ス
キー場のリスクマネージャーが将来の訴訟の可能性を判断し，訴
えられる可能性があると判断すると，さらなる詳しい調査が行わ
れることになる。
　さらに対人衝突事故にあっては，①目撃者情報報告用紙，②衝
突事故追加報告用紙，また，建物内等での転倒事故では，③ス
リップ・転倒事故調査用紙がある。質問項目の中には，スキー靴
のタイプ，バックルをしていたか否か，眼鏡をかけていたか否
か，などに関する項目など，記録の必要な項目が列挙されてい
る。

表 5-7　スキースクールにおける事故報告書（SKI SCHOOL INCIDENT　REPORT）の項目

1.　負傷した生徒の氏名 2.　技能レベル 3.　レッスンのタイプ：アルペンスキー，スノーボード，クロスカントリー，グループ，プライベート，クリニッククラスレベル（　　） 4.　事故発生場所 5.　天候と雪の状態 6.　圧雪斜面・非圧雪斜面 7.　事故が発生した状況の説明 8.　あなた（担当教師）は事故を目撃したか？　はい・いいえ 9.　受講生の人数は（　　）人 10.　あなた（担当教師）は事故が発生した際に何をしていたか，そしてどのような行動を取ったか？ 11.　事故が発生した際に受講生は何をしていたか？ 12.　あなた（担当教師）は事故のあったコース／リフトに受講生を連れて何回行（乗）ったか？	13.　事故が発生する前に生徒からの要求あるいはあなたからの指導があったか？ 14.　事故に遭った生徒または他の人からの発言内容 15.　あなた（担当教師）は負傷した生徒がどのようにしていれば事故に遭わなかったと思うか？ 16.　担当教師署名・日付 17.　スキー学校校長署名・日付 18.　負傷した生徒の受講クラス，生徒の氏名，電話番号，住所，郵便番号 19.　現在宿泊しているホテル名，電話番号，住所，郵便番号 20.　同じクラスで受講していた生徒の氏名，電話番号，住所，郵便番号 21.　現在宿泊しているホテル名，電話番号，住所，郵便番号，（受講生徒の人数分） 22.　事故発生場所の見取り図

（3）対人衝突事故における追加記録の概略

　事故が対人衝突によって発生して負傷した場合には，追加の質問事項がある。A4 程度の大きさの用紙に質問事項が列挙されており，事故報告書を記入したスキーパトロール（救助を担当したパトロール）が引き続き質問して回答を記述する。そして回答が終了した時点で，負傷者が内容を確認してサインをする。この対人衝突事故の追加の質問事項の内容は，衝突に至るまでの行動や身体状況に関するものである。質問事項は，全部で 32 項目。この質問とは別に，冒頭には個人の名前や住所の他，スキー場での滞在先や連絡先，そして運転免許証等の番号を尋ねる欄がある。運転免許証番号や ID の番号は，他人の名を偽ることを防止するためのものである。スキーパトロール以外の者では尋ね難いことであり，スキーパトロールの任務として尋ねなければならないことになっている。これはコロラド州のスキー安全法（Safety Ski Act）でも規定されており，法的にも裏付けされている。もっとも損害賠償を求める交渉を行ったり，訴訟となった場合に出頭を要請しなければならない事情も生じるわけであり，身分証明書と本人確認を行うことは重要である。

　対人衝突事故の追加記録の項目には表 5-8 のような事項がある。

表 5-8　対人衝突事故の追加記録の項目

1.　あなたのスキーの技能は？	17.　用具はスキー・スノーボード・その他・どれだった 　　か？
2.　衝突した相手との関係は？知り合いか他人か？	18.　衝突前に何か警告（叫び声など）を相手滑走者に 　　与えたか？
3.　衝突はどのようにして発生したか？	19.　滑走経験は何年？
4.　この事故の発生をどうしたら防ぐことができたと思 　　うか？	20.　このスキー場では何年滑っているか？
5.　どこに行く予定だったか？	21.　最後に乗ったのはどのリフトか？
6.　どのコースでスキーをしていたか？	22.　本日最初に乗ったのはどのリフトか？
7.　以前このコースで滑走したことがあるか？	23.　本日事故時に滑走した以外のコースを滑ったか？
8.　何回あるか？	24.　ビンディングは解放したか？
9.　このコースは能力の範囲内だったか？	25.　解放したとすれば衝突の前か後か？
10.　進行方向はどの方向だったか？	26.　眼鏡かコンタクトを普段しているか？
11.　何か標識に気付いたか？	27.　衝突した際，眼鏡かコンタクトをしていたか？
12.　何か警告の標識（SLOW，注意，合流，その他） 　　に気付いたか？	28.　本日どれくらいの時間滑走していたか？
13.　現場の雪の状態はどうだったか？	29.　最後の食事はいつか？
14.　どれくらいの速さで滑走していたか？	30.　本日何かドラッグやアルコールを飲んだか？
15.　コントロールして滑っていたか？	31.　リフト券の種類は 1 日券？シーズン券？
16.　衝突する前に相手滑走者を見たか？	32.　昨夜の睡眠時間は？

（4）対人衝突事故の追加記録の内容とその意義

　対人衝突事故の追加記録の各項目が，対人衝突事故の責任を考える上での重要となる事項である。技能や経験，事故を起こしたコースの滑走回数を尋ね，衝突時の速度や視野が衝突を避けることができる滑走であったか，衝突防止に関わる標識について見落としていなかったかなど，自分で滑り方を制御できていたかを確認する質問である。また，衝突前に相手を視認していたかについては，前方を注視して滑走する注意義務と関連する事項であり，相手に対して叫び声を上げたかによって，認知した地点や衝突回避の行動をどう取ったかということが推測できる質問となる。

　また，乗車したリフトについて質問することは，その日の行動を知るとともに，リフトの乗車時にそのコースの難易度に関する表示がなされていることから，スキー場の安全に関わる情報提供を見落としていなかったかということにも関わる。

　ビンディングが解放したか否かという質問は，ビンディングの調整を行った者の責任も関わってくる。衝突する前にビンディングが解放したのであればいわゆる誤解放（ミスリリース）や調整のミス，転倒したのにビンディングが解放しなかったことで脚が捻られて怪我をしたのであれば，解放値を強く設定しすぎていたことが考えられ，それぞれビンディングを調整した人やレンタル店の責任も関与してくることがある。

本人の視力との関係では，普段は眼鏡かコンタクトを使用しているのに衝突した際に眼鏡もコンタクトもしていないとなると，滑走者自身の責任が大きくなると考えられる。

また，アルコールやドラッグによって滑走する能力が損なわれたりする状態ではなかったかについて確認することも必要である。アルコールやドラッグを服用しての滑走は，コロラド州スキー安全法（Safely Ski Act）においても禁止されていることである。

事故報告書の内容と重複する質問であるが，4の「この事故の発生をどうしたら防ぐことができたと思うか？」の質問に対して，事故報告書と同様，主語を「私（I）は」で始め，「私は，……衝突を防ぐことができた。」という文章となるように負傷者自身が説明し，それを記述する形式が取られる。「私は，斜滑降をしていたときにもっと早く上方から滑ってきた相手スキーヤーに気付いていれば，方向を変えるか停止することによって，衝突を防ぐことができたと思う。」というような記述になるよう回答を引き出すように質問するようにしている。この項目では，あくまでも衝突した相手を主語としないで自分を主語とすることが求められる。相手のことを述べるには3の「衝突はどのようにして発生したのか？」の項目で説明することになる。これらの質問は，事故からあまり時間が経過していない段階で記録されなければならない。記憶は薄らぐものであり，丁寧に尋ねることが必要とされている。また，衝突した当事者の双方に同じ質問をしなければならない。一方には尋ねてもう一方には尋ねなかったとなると，整合性がとれない場合も生じる。例えば，18の「衝突前に何か警告（叫び声など）を相手滑走者に与えたか？」という質問を両者にすることによって，叫び声をあげたが，相手には聞こえていなかった，あるいは聞こえていた，ということが確認できる。もし，この質問を一方の滑走者にだけしかしないと，叫び声に関しては状況が確認できないままになってしまう。同じ質問紙を用いてインタビューすることで，漏れのない事情聴取ができることになる。後になっては確認し難いことであり，事故後に質問する場合には欠かしてはならない。それゆえその方法として質問紙の意義は大きい。

(5) リスクマネージャーの判断とＡチームによる事故調査について

　事故報告書および対人衝突事故の追加の質問事項に関する書類は，スキーパトロール部門を監督するリスクマネジャーに提出される。リスクマネジャーは内容を確認し，さらなる調査が必要かどうかを判断する。天候の関係で無理な場合は翌日に行われることがあるが，大概は負傷者の手当が行われ，事故報告書がリスクマネジャーに提出された直後に指示されることになる。迅速に対応しなければ，事故現場の状況が変わってしまうことがあるからである。もっとも，重傷死亡事故やスキー場の施設等の障害物の衝突等では必ずＡチームが出動することになっており，事故発生からＡチームが到着するまでの間は，応急手当を行っていたスキーパトロールのうちの何人かが現場に残って，事故現場の保全を行うべく，一般のスキーヤー等の立入を規制して，証拠となるシュプール等が消されないような措置を講じたりしている。

　ＡチームとはAccident Investigation Team（A.I.T），すなわち事故調査を担当するスキーパトロールの略称である。リスクマネジャーは，対人衝突事故の原因にスキー場の管理が関与するような場合を報告書から読み取って，将来スキー場が訴えられるような事故の可能性があると判断すると，Ａチームに調査を行うことを指示する。これは，事故後に事故の態様を調査し，あるいは目撃者から事情を聞き出すことは困難なこと，そしてスキー場がその証拠となるものを示すことができなかった場合にはスキー場が被る損失が大きくなるため，将来の損失を極力軽減させる目的もある。対人衝突事故においては前記（3）の追加の質問事項の回答を見て判断することになる。なお，Ａチームの事故調査が担当できるスキーパトロールは，事故調査に関する研修を受け合格した者である。

(6) Ａチームによる事故調査

　事故が発生した場合，前述の通り責任をめぐり訴訟事故に発展することが予想される事故に関しては，Ａチームが編成されて，事故の記録を作成することが業務の一部となっている。通常は2名で事故調査にあたるが，人数が必要な場合には応援のスキーパトロールが加わる。Ａチームが調べるべき対人衝突事故につ

いては，調査事項が示されたマニュアルがあり，調査すべき事項について，調査の概要とどのような写真を撮影するか，そして何について計測を行うかについて示されている。このマニュアルはNSAA（全米スキー場協会）が作成したもので，スキー事故に詳しい弁護士や，スキーパトロールに長年関わってきた部門の専門家が作成したものである。

そのマニュアルでの指示の内容は，対人衝突事故に関する調査を行う方法と注意点に関して，衝突に至る双方のスキーヤーの経路を図示し，衝突前の滑走者双方の行動について目撃者を通して調べること。衝突に関与するすべての人の名前と住所，そして話について記録すること。衝突の原因が何か人工物（閉鎖のロープ，ネット，コースの合流など）の結果であるかもしれないという場合は，それらの写真を撮ること。さらに，スキーヤーは，衝突する前に転倒していたか。スキーヤーが異なったコースを滑走していたなら，両方のスキーヤーの進む方向からの写真撮影と距離や斜度の計測をすること。そして，パトロールは，衝突事故の当事者と名前，住所，および電話番号等の情報を聴取することになるが，それらの情報を他人等に与えるべきでない。以上のことについて記載されている。

そして，写真については，撮影方法に関して表 5-9 のように 1 から 11 の項目について指示されている。

なお，表 5-9 の「11．距離の計測」に関しては，次の表 5-10 に示した事項が指示されている。これらの計測箇所に関しては必ず写真に含むように撮影することが求められている。さらに，事故に関する証言として次の人たちからの証言を得るよう指示されている。

　　①怪我人と共にスキーをしていた人々
　　②関係するスキーヤーのすべて
　　③他のすべての目撃者

(7) A チームによる事故調査の方法

　A チームによる事故調査では，コースの難易度やゲレンデの情報に関する標識についてまず対象となる。スキーパトロールは当日始業前の点検の際に標識を設置しているはずなので，それを滑走者が見落としていたか否か。見落としていれば滑走者当事者の

表 5-9　対人衝突事故の調査における写真の撮影方法

1. コースの難易度を示す標識
2. 途中の関連する移動式の標識
3. 事故現場が最初に目で見える写真
4. 双方のスキーヤーの滑走経路と衝突位置の両方を示している写真
5. 双方のスキーヤーの滑走の経路に沿った 100 フィート（30m）手前からの写真
6. 可能ならば現場に通じるスキーヤーのシュプール（旗またはスプレイにより軌跡を示して）
7. 三角測量による計測と写真
8. 現場のクローズアップ写真
9. 関連する他の写真
10. 現場から双方の滑走経路を示す上方の写真
11. 距離の計測方法

表 5-10　距離の計測に関する指示

1. 三角測量した地点
2. 現場が最初に見える地点，100 フィート（30m）手前の地点，現場における傾斜 角度
3. すべての関係する標識の 100 フィート（30m）上方の地点
4. 現場が最初に見える双方の滑走者の方向からの距離

責任の比重が大きくなると考えられる。設置していなければスキー場管理者の責任が浮上することもある。

　衝突現場周辺の写真や滑走ルートについては，100 フィート（30m）という距離が目安となる。この距離は，スキー安全法において，30m 手前で見えるものについてはスキーヤーが避けなければならないということが示されており，事故当時にどのような見え方であったかに関して検討する資料として重要な意味を持つ。また目撃者の証言を得るためには，事故現場周辺にいる滑走者の協力を得なければならない。最初に救急活動を行っていたスキーパトロールの連携も必要となる。そして，衝突地点や相手を初めて視認した地点等，特定の場所を示す方法として三角測量法（triangulation）を用いて場所を恒久的に示すようにする。この三角測量法は二つの固定物からの距離の交点で表す測量法で，アメリカのスキーパトロールでは一般的に行われている方法である。衝突事故発生地点など特定の地点についてピンポイントで示すことができるように考えられている。リフトの支柱や樹木等，複数の固定目標物からの距離を計測し，それらの距離の交点によって衝突現場等の位置を示す。事故時点から時が経過したり天候や積雪量により状況が変わったとしても，位置を割り出して明

確に示すことができる。簡便な方法であり，事故に関する場所を特定したり，その位置を図面上および現場において示すことができることは意義が大きい。また，事故現場での調査に関して，記録事項の取りこぼしがないようにするため，調査項目を列挙したカード（tag）をラミネートの防水加工をし，ゴムバンドを付けて腕に装着して，それを見ながら調査作業を行っている。事故直後の現場における調査は非常に重要であり，調査項目の漏れのないよう厳密に行われなければならないために考えられた方法である。

4　事故の態様の把握と裁判での対応

(1)　モデル人形の活用と動画

　事故がどのような態様で発生したのかを正確に理解し当事者が共通認識をすることは重要である。しかし，陳述の文章だけでは正確には伝わり難いこともある。スキー場での対人衝突事故の場合，ぶつかられたのは背後からなのか，あるいは側面からなのか，衝突時の状況に関するイメージが一致しないと，責任について検討するには問題である。衝突した双方の滑走方向やスピード，斜度等を含めた状況の説明を理解し正確に記録することは難しい。衝突に至った状況をより正確に伝えるためにはモデル人形（図5-1）を活用することで，正確な衝突に至るイメージに近づけることができる。モデル人形は関節を自由に動かすことができポーズ（姿勢）を固定できるものである。衝突した当事者や目撃者に事故の状況を聴取する際にモデル人形を活用すると，より状況が分かりやすくなる。

　さらに衝突に至る双方の衝突直前の様子をモデル人形で，1秒

図 5-1　モデル人形

前，2秒前，3秒前で表現し，それをカメラを固定して写真撮影する。その写真をパソコン上でコマ送りで再生するとアニメーションの動画のように見ることができる。当事者や目撃者の証言に基づいて忠実に示すことが重要である。衝突に至るイメージが鮮明化され，双方の衝突を回避すべき事項が明確になる。

　参考 URL (https://youtu.be/LSV0QtY2oyA 図5-2) は，スキーヤーとスノーボーダーの衝突事故をモデル人形を用いて模擬的に再現した動画である。実際には，当事者や目撃者等の証言を元に忠実に表すことが重要であり，衝突に至るイメージが共有でき，衝突を回避すべき事項等の検討に役立つ。

図5-2　モデル人形を用いた衝突再現例 (https://youtu.be/ItVoG4LMBs8)

（2）記憶の記録

　目撃者の証言等は，事故から時間が経つと記憶が薄れるため，できるだけ早い段階で聴取することが必要である。またその様子をビデオで撮影し記録として残すと，後から繰り返し再生して当時の様子を蘇らせて確認することができる。

（3）類似の衝突場面

　対人衝突事故の態様について表現することが難しい場合には，類似の衝突場面を提示することも有効である。類似の衝突場面を提示する方法として次のような方法が考えられる。

　①事故現場を見通せる所にビデオカメラを設置して定点観測する。当該事故と同じような衝突場面やニアミス場面を収録する。長時間の撮影が必要となるが，衝突場面が収録できなくても，当事者双方に似た滑走スピードや滑走コースを抽出することで事故発生時の態様のイメージをつかむことができる。

　②YouTube で「スキー事故」「ski collision」等で検索すると膨大な数の国内外の衝突場面が出てくる。その中で類似の衝突を探すことで事故のイメージを表現できることもある。

(4) 裁判における進行協議期日と実況見分

　進行協議期日とは，裁判所が口頭弁論の期日外において，その審理を充実させることを目的として，当事者双方が立ち会うことができる進行期日を指定することができるもので，口頭弁論における証拠調べと争点との関係の確認や訴訟の進行に必要な事項について協議するものである。裁判所が相当と認めるときは，事故が発生した現場において，事故の態様等について検証されることもある。図5-3は，スキー場における対人衝突事故の訴訟で，裁判官及び原告，被告が立ち会いのもと事故の実況見分をおこなっている様子である。事故の現場は，斜度約15度から20度の斜面でスキーヤーAが直滑降で滑り降りた際，となりのゲレンデからの連絡通路を低速で移動していたスキーヤーBとX地点で衝突してAが死亡した事故（図5-4参照）で，Aの遺族がスキー場に対して事故現場の上方に「止まれ」の標識を設置しておくべきであったと訴えたもので，裁判長自ら現場の地勢や人の流れを見分している様子である。

　この検証では，事故直後に救護に当たったスキーパトロールがAのシュプール跡を確認していたことから，検証の際はこのスキーパトロールがAのシュプールのとおりに滑走し，その様子を裁判長をはじめ関係者が観て事故当時の状況を確認した。筆者はこのパトロールに次いで同じコースを滑ったが，かなりの速度が出て制御不能寸前の驚怖を感じる滑走であった。2人の滑走者により再現滑走が行われた結果，Aの滑走は暴走であり，「止まれ」の標識があったとしても衝突は避けられなかったと判断された。

　事故現場での実況見分は，天候の状況，積雪や雪質，混雑状況等が事故当時とは異なることのリスクがあるが，裁判官による状況把握は意義がある。また，裁判官のスキーの技量とも関係するかもしれないが，雪上での実況見分を実施するか否かは，裁判所から遠方であることが多く，雪上での移動や経費の問題等もあり実施されることはごく稀と考えられる。大概は，事故の研究をしている者を専門証人として意見を聴取したり，意見書という形で事故の責任について専門的立場からの意見が求められたりすることが多い。

図 5-3　A のスタート地点から衝突事故現場（×）付近を確認する裁判長（左から 3 人目）

図 5-4　衝突に至るスキーヤー A と B の軌跡（衝突地点は×）

図 5-5　A の滑走を再現するスキーパトロールと衝突事故現場（×）付近で滑走の様子を観る裁判長ら関係者

(5) 衝突の再現実験

　衝突に至る状況，原因究明のために前項のように事故の再現実験が必要となることがある。事故発生現場で実施する場合もあれば他の場所で同じような条件を設定しておこなうこともある。どのような滑走経路をとって衝突に至ったのか，どのようなスピードで滑ったのか，そのときの視野の範囲はどの程度であったのか，等々，確かめたいことを実際に再現する。

　筆者は，次のような衝突事故で再現実験をおこなったことがあ

る。スノーボード上級者C（女性）が連続小回りターンで滑走中に，右方向から斜面を横切ってきたスキーヤー（D）が目の前で急停止したため激突し，Cが頭に大怪我をした事故である。Cは大手術の後，奇跡的に回復した。そしてCは，事故はDがCの進路上に突然現れて急停止したために激突したことが原因だとして訴訟を提起した。それに対しDは，Dが立ち止まっていた所に上方から来たCが激突したことが原因だとして反訴すると主張した。そこでCの弁護士の依頼で筆者は，実際の事故が発生した場所で原告のC本人の頭頂部に小型のビデオカメラを装着して事故当時のように現場を滑走し滑走時の視野を撮影する実験をおこなった。この実験で，Cが安定して前方を注視しながら滑走していたことが確認できた。次いでDの滑りを担当する代役Dが側方から進路上に突然急停止する実験をおこなった。実際に激突させるわけにはいかないためCの進路のすぐ脇に停止させる衝突寸前の実験をおこなった。結果，Cは目の前に現れた代役Dを視認してから衝突を回避できる余裕はないことが分かった。この実験結果を証拠資料として提出した。裁判長は，Dに対して「あなたは停止する前に上方を確認しましたか？」と質問したところ，Dは確認しなかったと返答し，事故はDがCの進路を塞ぐ形で停止したために衝突を回避する余裕もなくCの頭部がDの肩部分に激突し頭部を強く打ったために起きたものと判定した。このように再現実験によって事故の原因が究明できることもある。しかし，CにはPTSDの相当な心理的な負担をかけることになった。

(6) 自ら撮影する事故時の証拠映像

　近年では自らの滑走の様子をヘルメット等に小型ビデオカメラを装着して動画撮影し，滑走後に鑑賞して楽しむことが，スキーヤーやスノーボーダーらで普及している。衝突したり転倒したりする状況も動画で記録される。対人衝突事故の発生した様子も記録されることもある。事故発生時の状況の映像が記録されていると事故原因究明のために非常に役に立つ。車のドライブレコーダーのような用途にも利用できると考えられる。背後から衝突されたり目撃者を確保できない衝突も多々ある。事故の発生の様子を伝えることができる方法としても非常に有効と考えられる。自

己防衛のためにも推奨が検討される。

(7) 目撃者を探す方法

　対人衝突事故が発生し目撃者を探したい場合，次のような方法も考えられる。動画カメラ装着滑走者の撮影映像に，当該対人衝突事故の当事者の滑走の様子が含まれているかもしれない。事故の瞬間の映像はないかもしれないが，事故発生前の当事者の滑走が映っているかもしれない。それにより当事者の滑走の様子や技能レベルが分かることもある。衝突相手が現場から逃げたりした場合には，ウエア等の特徴から割り出す手がかりにつなげられる可能性もある。場合によっては事故当日に当該スキー場で滑走していた人に SNS 等で呼びかけ，動画撮影者に提供の協力をしてもらうことで，衝突相手を探しだす可能性が高められる。

(8) スキー場の定点映像の提供協力

　近年ではスキー場がインターネットでゲレンデの様子をネット配信していることが多い。スキー場の全コースを撮影，保存することは難しいが，衝突事故の態様が分からないケース等でその映像の中に衝突事故の現場が含まれている場合には，保存してある映像の中から当該事故を抽出して事故の態様等を明らかにするための提供協力が得られるサービス体制が構築されれば，スキー場利用者にとっては安心して滑走を楽しむことにつながることが期待できる。

5　まとめ

　スキー場で発生する事故について，我が国のスキーパトロールは負傷者の救助は行うが事故の正確な記録を残すことに関しては行われていないのが現状である。そのため対人衝突事故について当事者が事故の態様等について調査することは難しい。一方，アメリカのスキー場においては，事故直後にスキーパトロールが救助活動と共に事故の記録が正確に記録される体制が整えられており，たいへん参考になる方法である。これらは事故の責任を究明したりする際には非常に重要な記録となるものである。また，近年我が国でも愛好者が増えている動画による滑走中の撮影は，事

故場面の証拠や参考となり得るもので，事故の態様等を明らかにするための活用は有効と考えられる。

　スキーやスノーボードは，自らの意思で自由に滑走コースやスピード，滑走技術を選んで楽しむスポーツである。その大前提として他の滑走者と衝突してはいけないことがルールであり，ノンコンタクトスポーツである。もしも衝突事故が発生した場合，なぜ衝突が起きたのか，どのようにすれば衝突を避けることができたのか，衝突回避の行動ができなかったのはなぜか。衝突事故の責任を追究するためにはその根拠となる事項が必要である。そのために事故後の調査は重要となることを認識しておかなければならない。また，スポーツの楽しみを提供するスキー場経営者等は事故防止や救急活動に努めることは当然であり，事故の補償につながる事故記録の提供できるような体制を整えておくことも必要である。決して事故の被害者が泣き寝入りすることのないようなシステムを築いておくことが重要であると考える[1]。

（水沢利栄）

(1) 参考文献：水沢利栄「スキーの対人衝突事故の調査方法——アメリカのスキーパトロールの事故報告書作成システム」120-132 頁（日本スポーツ法学会年報第 18 号，2011 年）。
水沢利栄「リスクマネジメント」，『スキー指導手帳』（日本スキー学校協議会編，2016 年），106-134 頁。

おわりに

スポーツ事故の予防に向けた今後の課題

　冒頭で述べたとおり，本書は，日本スポーツ法学会事故判例研究専門委員会が，スポーツ事故を可能な限り防止するため，スポーツの現場の実情をより意識した研究の一環として，国士舘大学大学院法学研究科と共催したシンポジウムを出発点とするものであった。

　日本スポーツ法学会初代会長の千葉正士教授（東京都立大学名誉教授）は，現代の我が国においてスポーツ法学を確立し，充実させる必要性を論じる中で，予防法学の成熟を具体的な目標の一つとして掲げ，「意思ある者のすべてがスポーツを安全かつ公正に享受できることに奉仕する総合的かつ実践的な法学，具体的には事故の危険の可能性および事故の現実性を観察・分析しこれらに対する実践的対策を提供する法学，言ってみれば応用法学を樹立すること」が重要であると説いた。まさに，本書は，千葉教授の論じるところと志を一にし，事故の現実的な側面に着目した上で，予防に向けた施策を提供するために，執筆されたものである。

　本書を通じて，未だ不十分ではあるが，競技者同士のスポーツ事故の予防に向けた実践的かつ総合的な施策を提供し得たが，反面，今後の課題も明らかにされた。

　まず，第１部で整理されたスポーツ事故における法理論や競技規則との関係，また，第２部で具体的に分析した判例・裁判例については，競技者同士のスポーツ事故に関する法理論のさらなる洗練と並行して，裁判例の集積とこれに関連した研究の継続が望まれる。社会情勢の変化を背景とした交通事故裁判の集積とともに過失に関する法理論が発展したように，スポーツに関する社会意識の変化を前提として，競技者同士のスポーツ事故における過失等の位置付けも今後議論が発展していく必要があろう。事故予防の目的とは一見矛盾するが，法学の実践の一つとしての司法判断を集積する必要性は，否定できない。特に，第３部で論じた事故補償に対する保険対応の課題に関係し，司法判断の集積と発展が望まれる。

　ただし，スポーツ事故を予防する実践的観点から考えた場合，判例・裁判例をもっぱらの参考とした予防だけでは役に立たないどころか，有害となり得る場合があることには，留意すべきである。

　なぜなら，民事訴訟における裁判手続では，事故の本質的な原因となった背景を解き明かすことが目的では無く，被害者が被った損害の賠償を受けることが第一義的な目的だからである。そのため，被害者とその代理人である弁護士は，民

事訴訟においては，必ずしも事故をもたらした本質的な原因を追及するのではな
く，むしろ現実的に賠償請求が認められ得る主張と，現実的に賠償金を支払得る
相手を選択せざるを得ない。また，被害者と代理人弁護士が，事故の本質的な原
因となった背景や問題の構造を分析した主張をしたとしても，訴訟手続において
はその全ての当否を立ち入って判断する必要は無く，裁判官も，訴訟の結論，す
なわち損害賠償の可否，を導くために判断が必要ではないとした事項について
は，当否を判断しないことが多い。

　したがって，裁判手続においてスポーツ事故で発生した損害を賠償すべき特定
対象の賠償責任が判断された場合，その事故においてその特定対象が負うべき法
的責任とその具体的な責任内容が示されることになり，同時に，その裏返しと
して，本来は，どのような行為をすればその事故が防げたかが示されることになる
はずだが，スポーツ事故の本質的な予防からは，必ずしもその本質を突いた判断
が示されるわけではない。

　例えば，学校水泳での跳び込みスタート事故の事例は多く，最高裁判決昭和
62年2月6日が，公立中学校の体育授業で行われた跳び込みスタートによる頸
椎損傷事故に対する自治体の損害賠償責任を認めた最初の判例だが，ここでは，
教師の指導方法に事故の原因が帰責され，そもそも学校の浅いプールで跳び込み
を行わせること自体が問題であるとの判断には至っていない。そうすると，問題
とされた指導方法を採らないことが事故防止の方策であるとされ，学校プールで
の跳び込みスタート自体は継続されることとなる。

　跳び込みスタートでの事故について，浅いプールであること自体が公の営造物
の瑕疵であることを示した裁判例は，浦和地裁平成5年4月23日判決（埼玉県
立熊谷高校水泳部事件）が初めてである。跳び込みスタート事故においては，教
師の指導方法が問題の本質では無く，十分な水深がないプールで跳び込みスター
トを行うこと自体が問題であるとの指摘がされない限り，予防の観点から正しい
施策を採ることはできない。

　現在の学習指導要領では，高校の体育授業であっても，水泳でのスタートは水
中からのスタートを義務づけられることとなったが，繰り返されてきた跳び込み
スタート事故の本質的原因は，従来の学校施設プールの水深で跳び込みを行うこ
とにあり，浅い水深のプールでの跳び込み指導には限界があることを自ずから物
語るものである。

　他方，勘違いしてはならないのは，事故の本質的原因を探ること無く，事故の
危険が存在するのであれば，その競技やスポーツを全て止めてしまおうとする姿
勢である。こうした姿勢は，意思ある者のすべてがスポーツを安全かつ公正に享
受できることの実現には，何ら繋がらない。これまで重ねてきた競技やスポーツ
については，事故を防ぐ方法を客観的かつ科学的な分析によって模索することで
事故の危険を最小化する努力を行いながら，継続するべきであろう。もちろん，

スポーツや競技が内包する事故の危険そのものを排除することは不可能である。プールでの跳び込みスタートは，十分な水深があるプールであれば，禁止すべきでは無いが，それは，跳び込みスタートによる事故を根絶することを意味しない。

例えば，学校の運動会や体育祭で行われる組立体操であれば，生徒の体格や技量だけでなく，上の段に位置する生徒の高さ，下の段で支える生徒にかかる荷重等の各要素から，許される種目と内容を定めた上で，実施するべきであり，組立体操そのものを廃止するべきではないといえる。

裁判例を前提としてスポーツ事故の予防策を検討する場合，以上のようなスポーツ事故の背景まで分析した上での検討が必要である。

さらに，判例・裁判例はあくまでも個々の事案における個々の具体的な判断でしかないため，判例・裁判例が個別に評価した規範を抽象的に一般化し，それを前提とした事故予防策を検討したとしても，その競技やスポーツの本質から乖離したものにしかならない危険もある。スポーツ競技の現場から司法に向けて寄せられるこうした批判については，スポーツ競技関係者と法曹実務家が協働して解消に努めることが，スポーツの安全かつ公正な享受の実現に至る道であろう。

その意味で，第2部で判例・裁判例を分析することに合わせ，試論として各執筆者が述べた法的観点からの事故予防の施策は，あくまでも試論であって，今後の課題として，さらなる分析と吟味に基づいた研究を継続する必要があることは，言うまでもない。スポーツの普及と振興発展には，事故予防が不可欠なのである。

可能な限り被害を小さくし，できるだけ発生しないように努めたとしても，スポーツの本質から，事故を根絶することは不可能である。したがって，止む無く発生した事故の被害者を救済するためには，社会的な政策として補償を充実させる必要があることは，第3部で述べたとおりである。事故予防のみならず，被害者救済に向けた事故の迅速な解決が，スポーツの振興発展にはセットで不可欠となる。

我が国におけるスポーツ事故に対する保険制度は，被害者が加入する傷害保険と加害者が加入する賠償責任保険の2種に大別されるが，両種の各種保険の補償が不十分なだけではなく，後者の一部では保険会社の同意が必要であり，また，ルール内でのプレーによる事故が対象外であることなど，まさに本書で論じたような事故に対する司法判断の蓄積と発展によって保険会社の対応の変化を促す必要がある。我が国では，労働事故災害を「特権階級」とした事故種別に対する公的社会保険制度に大きな格差が生じており，スポーツ事故「災害」に対する不十分な公的社会保険を補完する制度としての保険制度の重要性を指摘し得る。

また，事故予防の観点からは，事故調査による事実の集積によって，具体的か

つ現実的な事故防止対策を検討し，実現することが求められる。第3部第3節で具体的な証拠収集方法まで紹介した事故調査は，事故予防のみならず，司法判断や保険による補償の点でも非常に重要だが，スポーツ事故の調査において必要な点は，証拠の散逸や記憶の変遷を防ぎ，事実を早期に可能な限り明らかにすることで，当事者の負担を軽減し，適正手続の下での責任主体を定め，その結果として被害者の救済に向けた迅速な解決に資することにある。事故調査は，単なる責任追及の手段として捉えられるべきではなく，責任追及自体は，被害者の救済のために保険による補償とセットで考えるべきである。したがって，事故発生直後において中立的な立場から調査を実施する者が必要となるが，中立性を含めた諸制約の下で既存の警察組織に期待することはできず，事故に関わるスポーツ関係者や周囲の他競技者の関与は欠かせないため，調査実施者や調査制度について，社会制度の問題として克服する必要がある。

　スポーツ事故に対する補償を経済的観点以外からも広く俯瞰した場合，スポーツコミュニティとの関係の在り方を通し，被害者のみならず，「加害者」にとっても，スポーツコミュニティの崩壊防止や感情的救済までが望まれるため，司法判断による救済や保険による補償だけでは限界がある。海外の在り方も参考としつつ，社会コストの負担軽減の観点から，スポーツ事故に対する補償と予防に向けた社会制度を構築していく必要があり，学校災害安全給付とスポーツ安全保険の拡充や，事故調査制度の構築も含め，スポーツ行政の在り方は，今後の大きな課題である。

　以上の課題を挙げて本書を終えるに当たり，少しでもスポーツ事故が減り，全ての者がスポーツを安全かつ公正に楽しめる社会が実現することを心から願うと共に，本書を手に取った読者の皆様が，スポーツ法学の発展と充実に向け，研究者，法曹実務家，スポーツ競技関係者間の連携と協力に1人でも多く参加されるよう願うものである。

阿部　新治郎

（弁護士　井澤・黒井・阿部法律事務所）

スポーツ事故の法的責任と予防

──競技者間事故の判例分析と補償の在り方

2022 年 3 月 30 日　初版第 1 刷発行

編集 © ＝日本スポーツ法学会事故判例研究専門委員会
編　著＝望月浩一郎・棚村政行・入澤　充
発行者＝片桐文子
発行所＝株式会社 道和書院
　　　　東京都小金井市前原町 2 -12-13（〒 184-0013）
　　　　電話 042-316-7866
　　　　FAX 042-382-7279
　　　　http://www.douwashoin.com/
デザイン・印刷＝大盛印刷株式会社

ISBN978-4-8105-2141-2　C3032　　　　　　　Printed in Japan
定価はカバー等に表示してあります　　　　　Douwashoin Co.,Ltd

スポーツ・体育 指導・執務必携

笠原一也・園山和夫（監修）／入澤充・吉田勝光（編・著）

体育・スポーツ指導・スポーツ行政関係者，座右の書。最新の法令・通知・ガイドラインを網羅。重要判例や小・中・高の学習指導要領も収録。コンプライアンス徹底の第一歩。
［目次］法令，スポーツ政策，行政機関の通知等，オリンピック・パラリンピック，指導者のためのガイドライン，各競技団体規則，判例。　　　　　　　　　472頁／2,700 円

養護教諭の職務と法的責任　判例から学ぶ法リスクマネジメント

入澤 充・菅原哲朗（著）

体育科教諭，スポーツ指導者，学校管理職も必読！ スポーツ法学の専門家が体育授業・部活動の事故例を多数紹介，危機管理の方策を説く。付録：学校保健安全法　　　　2,600 円

新版 スポーツの歴史と文化

新井 博（編・著）

原始社会から今日まで，人間はつねにスポーツと共にあった。その壮大な歴史と政治・経済・社会との関わり。スポーツの歴史に対する興味・関心の高まりに応える充実の 1 冊。
［執筆者］井上洋一，榎本雅之，及川佑介，清原泰治，楠戸一彦，後藤光将，田端真弓，都筑真，藤坂由美子，山田理恵，山脇あゆみ，吉田勝光，和田浩一　　　　　　　　　2,300 円

健康・スポーツ科学の基礎知識〈第3版〉

スポーツサイエンスフォーラム（編）／二杉茂，秋田和彦，菊本智之，西脇満，津田真一郎，小林義樹，灘英世，伊藤淳，上谷聡子（著）

基礎編・理論編に健康作りの実践も加えたハンディなテキスト。スポーツ・健康の概念，ストレスと運動，人体の構造と運動，運動と栄養，スポーツ障害，救急蘇生法など。　2,300 円

中学・高校 陸上競技の学習指導　「わかって・できる」指導の工夫

小木曽一之（編著）／清水茂幸，串間敦郎，得居雅人，小倉幸雄，田附俊一（著）

記録向上だけでなく，達成感や体を動かす楽しさを味わえる学習の場を目指して。体の動きを科学的に理解し（わかって），適切に動ける（できる）授業展開例多数。　　　2,400 円

柔道実技指導のヒント　初心者・生徒を安全に指導するために

尾形敬史・小俣幸嗣（著）

学校教育，教室・クラブの指導者必携。指導の場で直面するさまざまな課題に実践的にアドバイス。すぐ使える指示言語の例も。安全で効果的な指導を目指す。　　　　　1,200 円

臨床スポーツ心理学　アスリートのメンタルサポート

中込四郎（著）

アスリートとしての活躍と，自分らしく生きること。矛盾する課題を抱えた競技者のストレスや困難を臨床スポーツ心理学の立場から支援する。豊富な事例つき。　　　　　3,400 円

サッカーピラミッドの底辺から　少年サッカークラブのリアル

後藤貴浩（著）

「サッカーだけで飯は食えない」。厳しい競争と経済のもと苦闘する指導者たち。日本サッカーを底から支える彼らの生き方と運営の実践・哲学を，社会学者が丹念に追う。経済原理では見えてこない，もう一つの未来。　　　　　　　　　　　　　　　　　　　　　2,200 円

レルヒ　日本にスキーを伝えた将校〈増補新版〉

新井博（著）

明治末期，日本軍の要請でスキー講習を行ったハプスブルク帝国の参謀将校レルヒ。その波乱万丈の生涯と，レルヒ後の日本スキーの発展を描く。滑走技術の進歩や雪山を楽しむ文化と共に，日本のスキー文化が花開く。　　　　　　　　　　　　　　　　　　　　　2,000 円